A VOZ DE UMA NAÇÃO

A VOZ DE UMA NAÇÃO

MAIS DE SETE DÉCADAS DE LUTA CONTRA A CHINA POR MINHA TERRA E MEU POVO

SUA SANTIDADE, O
DALAI LAMA

Tradução
Natalie Gerhardt

Rio de Janeiro | 2025

Copyright © 2025 by Gaden Phodrang Foundation of the Dalai Lama.
Todos os direitos reservados.
Copyright da tradução © 2025 por Casa dos Livros Editora LTDA.
Todos os direitos reservados.

Título original: *Voice for the voiceless*

Todos os direitos desta publicação são reservados à Casa dos Livros Editora
LTDA. Nenhuma parte desta obra pode ser apropriada e estocada em sistema
de banco de dados ou processo similar, em qualquer forma ou meio, seja eletrô-
nico, de fotocópia, gravação etc., sem a permissão dos detentores do copyright.

COPIDESQUE	Fernando Alves
REVISÃO	Elisabete Franczak Branco e Juliana da Costa
CAPA	Adaptada do projeto original de Anna Dorfman
ADAPTAÇÃO DE CAPA	Beatriz Cardeal
IMAGEM DE CAPA	© guvendemir/Getty Images
DIAGRAMAÇÃO	Abreu's System
MAPA	Alexis Seabrook
ILUSTRAÇÃO FRONTISPÍCIO	@ 心灵艺坊/stock.adobe.com

Todas as fotografias do encarte são cortesia do Tibet Museum, Dharamsala.

Dados Internacionais de Catalogação na Publicação (CIP)
(Câmara Brasileira do Livro, SP, Brasil)

Lama, Dalai
  A voz de uma nação: mais de sete décadas de luta contra a
China por minha terra e meu povo / Dalai Lama; tradução Natalie
Gerhardt. – Rio de Janeiro: HarperCollins Brasil, 2025.

  Título original: Voice for the voiceless.
  ISBN 978-65-5511-688-5

  1. Bstan-'dzin-rgya-mtsho, Dalai Lama XIV, 1935- 2. China
- Política e governo 3. Homens - Autobiografia 4. Tibete (China) -
Política e governo 5. Vida religiosa - Budismo I. Título.

25-250703   CDD-294.34

Índice para catálogo sistemático:
1. Líderes religiosos : Budismo   294.34
Bibliotecária responsável: Eliane de Freitas Leite – CRB 8/8415

HarperCollins Brasil é uma marca licenciada à Casa dos Livros Editora LTDA.
Todos os direitos reservados à Casa dos Livros Editora LTDA.

Rua da Quitanda, 86, sala 601A – Centro
Rio de Janeiro/RJ – CEP 20091-005
Tel.: (21) 3175-1030
www.harpercollins.com.br

Sumário

	Prefácio	9
	Introdução	11
CAPÍTULO 1:	A invasão e nosso novo mestre	19
CAPÍTULO 2:	Encontro com o presidente Mao Tsé-Tung	29
CAPÍTULO 3:	Uma visita à Índia	39
CAPÍTULO 4:	Fuga do país	49
CAPÍTULO 5:	Uma reflexão geopolítica	59
CAPÍTULO 6:	Devastação do Tibete e reconstrução no exílio	73
CAPÍTULO 7:	Caminhos para o diálogo	92
CAPÍTULO 8:	Apoio do nosso quarto refúgio	104
CAPÍTULO 9:	Desdobramentos da tragédia da Praça da Paz Celestial	120
CAPÍTULO 10:	Práticas que me ajudam diante do sofrimento	131
CAPÍTULO 11:	O fim do milênio	138

CAPÍTULO 12:	A última rodada de conversas	149
CAPÍTULO 13:	Balanço geral dos acontecimentos	163
CAPÍTULO 14:	Minhas esperanças	172
CAPÍTULO 15:	A situação atual e o caminho para o futuro	177
CAPÍTULO 16:	Apelo	184
	Agradecimentos	191
APÊNDICE A:	Tibete: um resumo da história	193
APÊNDICE B:	Tratado de 821-822 entre o Tibete e a China	200
APÊNDICE C:	Cartas aos líderes chineses Deng Xiaoping e Jiang Zemin	203
APÊNDICE D:	Memorando sobre a autonomia genuína para o povo tibetano	233
APÊNDICE E:	Uma observação acerca do "Memorando sobre a autonomia genuína para o povo tibetano"	253
	Notas	271
	Bibliografia selecionada	285

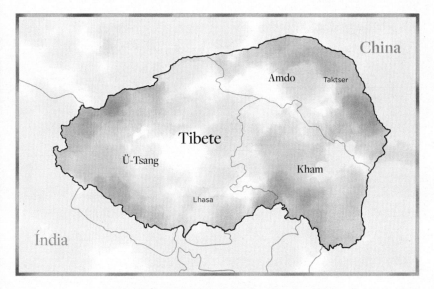

O Tibete histórico tradicionalmente compreendia as regiões de Ü-Tsang, Kham e Amdo.

Aviso: este mapa não está em escala e é apenas para fins ilustrativos. Os limites mostrados não são autenticados nem pretendem refletir a posição oficial de nenhum governo. Para limites oficiais, consulte o Survey of India ou fontes confiáveis relevantes.

Prefácio

Em 17 de março de 1959, na calada da noite, fugi para o ar gélido e passei pelo portão principal do palácio Norbulingka disfarçado de homem comum, usando uma *chuba*, que são as vestimentas simples de uso diário do povo. Esse momento deu início ao que seriam mais de seis décadas de uma vida no exílio, longe do Tibete, minha terra natal. Embora a semente que cresceu e deu origem à necessidade da minha fuga tenha sido plantada quando a China Comunista invadiu meu país na década de 1950, o que realmente me obrigou a fugir foi a tensão crescente em Lhasa, a capital tibetana, que culminou com o levante de 10 de março de 1959. Por quase nove anos depois da invasão, tentei entrar em algum tipo de acordo com o regime comunista da China pelo bem do meu povo, mas isso se provou uma tarefa impossível. Alguns dias depois da minha partida, o Exército de Libertação Popular da China bombardeou a cidade. Foi assim que se desenrolou a trágica história da minha terra e do meu povo no decorrer da segunda metade do século XX e início do século XXI.

Desde que cheguei ao meu primeiro exílio, na Índia, em 1959, minha principal obrigação foi, e continua sendo, a causa e o povo tibetanos. Estou prestes a entrar na minha nona década de vida e a questão do Tibete continua sem solução, já que meu país continua sob o julgo repressivo do regime comunista chinês. Os tibetanos que ainda vivem no país continuam destituídos da sua dignidade como povo e da liberdade de viverem de acordo com os próprios desejos e a própria cultura, como fizeram por mais de um milênio, antes de 1950. Como qualquer forma de expressão da identidade tibetana é considerada uma ameaça pelos novos governantes do Tibete, existe o perigo de que, em nome da "estabilidade" e da "integridade territorial", sejam perpetradas tentativas de apagar nossa civilização.

Este livro é principalmente um relato das mais de sete décadas que passei lidando com sucessivos líderes do regime comunista da China em nome do Tibete e do povo tibetano. Também é um apelo à consciência do povo chinês — muitos dos quais compartilham conosco a herança espiritual da linha budista mahayana (à qual me refiro como tradição do sânscrito) —, assim como à ampla comunidade internacional, para se sensibilizarem com a condição do povo tibetano. A nossa crise é existencial no seu sentido literal, pois a sobrevivência, a cultura, a língua e a religião de um povo antigo estão em risco. Com base nas lições que aprendi durante o longo período de interações com Pequim, o livro também tem o objetivo de oferecer algumas sugestões de quais poderiam ser os caminhos para o futuro. Considerando que a nossa luta é a luta de um povo antigo com uma longa história e uma civilização distinta, as conversas deverão continuar quando eu não estiver mais aqui. Os direitos do povo tibetano de governar o próprio país não podem ser negados indefinidamente, assim como suas aspirações por liberdade não podem continuar sendo destruídas pela opressão. Uma lição clara que a história nos ensina é que, quando se mantém um povo em uma infelicidade constante, é impossível constituir uma sociedade estável.

Introdução

Diferentemente de todas as minhas outras missões, as quais eu mesmo escolhi, a responsabilidade pela nação e pelo povo do Tibete me foi dada quando fui reconhecido como o Dalai Lama aos 2 anos de idade. Isso foi formalizado em 1950, quando eu me tornei o líder temporal do Tibete aos 16.[*] Desde então, carrego em meu coração o dever de proteger o Tibete e seu povo, assim como nossa cultura, e vou fazê-lo enquanto estiver vivo.

A esse comprometimento principal se somam outros que assumi como parte da minha missão de vida, incluindo a promoção de valores humanos fundamentais com base em uma abordagem universal ou secular da ética, o estímulo à compreensão e à harmonia inter-religiosa, e o encorajamento a um apreço mais profundo pela antiga sabedoria e pelos conhecimentos indianos. Nesses outros domínios, sinto-me feliz por ter conseguido fazer

---

[*] De acordo com o sistema tibetano de contagem. Se considerarmos o sistema não tibetano, o Dalai Lama tinha 15 anos na época. Todas as notas de rodapé, assim como a Bibliografia selecionada, foram preparadas pelo editor do Dalai Lama, Thupten Jinpa, que também é seu tradutor de longa data do inglês, para ajudar a oferecer aos leitores algumas fontes importantes e explicações adicionais necessárias.

contribuições tangíveis por meio de conversas amplas, da escrita de livros e de diversas visitas internacionais.

No caso do Tibete, que foi minha primeira e principal missão, tenho enfrentado muito mais dificuldades. São constantes e incansáveis meus esforços de abrir os diálogos em busca de um acordo negociado com o regime comunista chinês, que invadiu meu país em 1950. Houve três períodos de intensas conversas: nos anos 1950, quando eu era um jovem líder e ainda residia no Tibete; nos anos 1980, quando o líder chinês Deng Xiaoping abriu a China, e na primeira década deste novo século. Em todos os outros aspectos da minha vida e em todas as outras esferas do meu trabalho, convivi com pessoas que demonstraram estar comprometidas com uma visão compartilhada, que estavam abertas a confiar, que se sentiam à vontade para expressar honestamente seus pensamentos e até mesmo discordâncias, que estavam dispostas a um convívio e aprendizado genuínos. Com a liderança do regime comunista chinês, desde o presidente Mao Tsé-Tung até o presidente Xi Jinping, na era atual, infelizmente, a situação sempre foi bem diferente. Sempre reclamei que os líderes chineses só têm boca para falar, mas não tem ouvidos para ouvir.

Vejam, por exemplo, o relatório sobre o Tibete, publicado pelo governo chinês em maio de 2021, que começa com a declaração de que, depois da invasão chinesa de 1950, o povo do Tibete "se libertou para sempre dos grilhões do imperialismo invasor, embarcando em uma estrada resplandecente de unidade", e que atualmente os tibetanos gozam "de um ambiente estável e próspero em termos sociais, econômicos e culturais". De acordo com tal narrativa, desde a "libertação pacífica" do Tibete, feita pelo regime comunista chinês, a nação e o povo tibetano estão em uma trajetória contínua de ascensão em direção à liberdade, à prosperidade e ao contentamento dentro da família da República

Popular da China. Se isso fosse verdade em qualquer momento desde a invasão, como explicar as mais de sete décadas de resistência e ressentimento contínuos diante da presença chinesa por parte dos tibetanos? Parece que o regime comunista chinês tem uma resposta simples: "O discurso separatista dos seguidores do Dalai Lama". Aqui, eles estão se referindo à nossa longa campanha não violenta em prol da liberdade do nosso povo, e aos nossos esforços para salvar nosso sistema único de linguagem, cultura, ecologia e religião. Nós, tibetanos, somos um povo que ocupa tradicionalmente o planalto tibetano há mil anos e temos todo o direito de continuar governando nosso próprio país. A questão do Tibete não está ligada a desenvolvimento econômico, o qual reconhecemos que apresentou uma melhora significativa desde a liberalização econômica da República Popular da China. A questão envolve, na verdade, a necessidade e o direito de um povo de existir com distinta herança linguística, cultural e religiosa. Como os tibetanos que vivem no Tibete não têm liberdade de expressão, caiu sobre mim, já que vivo no exílio desde 1959, a responsabilidade de ser a voz de uma nação.

Para atingirmos nosso objetivo de encontrar uma solução negociada com a qual todos possam concordar, é necessário, no fim das contas, que tibetanos e chineses se sentem para uma conversa. Até que se chegue à tal solução negociada, nós, tibetanos que vivemos no mundo livre, temos a responsabilidade moral de continuar falando em nome de nossos irmãos e irmãs que ainda vivem no Tibete. Fazer isso não constitui uma ação sinofóbica nem "separatista". Na verdade, longe de ser separatista, ser honesto e aberto é o único jeito de se criar a base para que cada um dos lados possa compreender e aceitar as necessidades do outro. Só quando tivermos criado uma atmosfera na qual ambos os lados possam falar e negociar livremente é que será possível um acordo duradouro.

A voz de uma nação

Temos a sorte de ter, espalhados por todo mundo, amigos que estão ao nosso lado, solidários à nossa causa. Governos, principalmente no nível parlamentar, e organizações internacionais por todo o mundo livre oferecem forte apoio à nossa abordagem, que busca uma autonomia genuína para o Tibete — um caminho intermediário entre a independência almejada pelos tibetanos, de um lado, e a realidade atual, que nega qualquer autonomia ou autogoverno significativo ao povo tibetano em sua própria pátria, do outro. A Organização das Nações Unidas (ONU), o Parlamento europeu e muitos outros países, incluindo os Estados Unidos, aprovaram uma série de resoluções e adotaram várias leis importantes.

Também fomos afortunados por termos sido recebidos com tanta generosidade pela Índia e seu povo, e pelo apoio contínuo de governos sucessivos desde que cheguei àquele país como refugiado. Desde o primeiro-ministro da Índia na época, Pandit Jawaharlal Nehru, até o primeiro-ministro atual, Narendra Modi, a Índia nunca hesitou ao demonstrar sua hospitalidade, generosidade e apoio, não só a mim, mas aos refugiados tibetanos e aos nossos esforços na educação dos nossos jovens e na reconstrução da nossa cultura e das nossas instituições no exílio. Isso, para mim, é algo que enche meu coração da mais profunda emoção.

Desde o século VII, quando os textos budistas foram traduzidos pela primeira vez do sânscrito para o tibetano, nós, tibetanos, consideramos a Índia "a terra dos nobres" (*Aryavarta*). Nossa tradição budista, a qual consideramos de forma tão profunda, veio da Índia. Nosso sistema de escrita foi inventado no século VII, tomando como base o devanágari indiano. Nossas filosofias, psicologia, lógica e cosmologia são presentes da escola indiana Nalanda. As nossas ciências astrológicas e o sistema de calendário são amplamente enriquecidos pelo tantra *Kalachakra* da Índia. Os estudos e tratamentos medicinais e a medicina em si também

Introdução

têm forte influência do *Ayurveda* indiano. Portanto, encontrar um segundo lar na Índia me deu forte estabilidade e segurança.

Passei a maior parte da minha vida na Índia e, às vezes, me descrevo como um filho deste país. Minha mente foi nutrida pela riquíssima tradição filosófica indiana, ao passo que meu corpo foi alimentado pelo arroz e pelos cereais indianos. Quando fazia muitas viagens internacionais, eu costumava dizer que era o mensageiro de dois grandes presentes da Índia para a humanidade: o pluralismo religioso e os ensinamentos do *ahimsa*, o princípio da não violência.

Tenho mais de sete décadas de relações com a República Popular da China, as quais começaram em 1950. Durante esse longo período, vi pelo menos cinco eras diferentes dentro da liderança do país. Primeiro, sob o governo do presidente Mao Tsé-Tung, a ideologia se destacava no contexto de grandes e constantes turbulências sociais, culminando na desastrosa Revolução Cultural. Milhões perderam a vida, e muitos outros sofreram profundamente. Depois, na era de Deng Xiaoping, a ideologia ficou em segundo plano e a ênfase estava na criação de riqueza. Xiaoping, na verdade, ficou famoso por seu slogan: "Enriquecer é glorioso". Em seguida, tivemos a era de Jiang Zemin, durante a qual a afiliação ao Partido Comunista se expandiu para abarcar outros setores da sociedade chinesa, sob o slogan: "Tríplice representatividade".[*] Posteriormente, veio o período de Hu Jintao e seu slogan: "Sociedade socialista harmoniosa", na qual, pelo menos de maneira superficial, o foco estava em diminuir a crescente desigualdade econômica que se desenvolvera desde a era de Xiaoping. Atualmente, a China está

---

[*] Jiang articulou essa teoria para definir uma nova relação entre o Partido Comunista Chinês e o povo, com a necessidade de o partido representar o que ele chamava: (1) a tendência de desenvolvimento das forças produtivas avançadas da China, (2) a orientação da cultura avançada da China e (3) o interesse fundamental da maioria do povo chinês.

A voz de uma nação

sob a liderança de Xi Jinping, que proclama o slogan: "Nova era do socialismo com características chinesas". Considerando a última década de Jinping no poder, quando se trata de liberdade individual e vida diária, a China parece estar voltando a aplicar as políticas opressivas da época de Mao, mas agora impostas por meio de tecnologias modernas de vigilância e controle. O que temos na China, em essência, é um capitalismo de mercado embrulhado em uma obsessão leninista de controle de estado. Esse é um paradoxo fundamental e profundamente instável porque, para o capitalismo, é essencial que exista a abertura da economia, a qual exige, por conseguinte, a abertura da sociedade, o que é impossível de acontecer quando todos os níveis do Partido Comunista têm fixação em fechar a sociedade. Essas duas forças polares seguem em direções opostas. A questão é: por quanto tempo isso pode durar?

Mesmo em um período histórico de aproximadamente 75 anos, houve mudanças imensas ocultas sob a aparente continuidade do Partido Comunista como único governante. Em particular, entre as eras de Mao e Xiaoping, a mudança foi fundamental e espantosamente rápida. As pessoas que ainda se lembram da Guerra Fria talvez se lembrem de como a União Soviética parecia estável e duradoura. No entanto, quando a mudança chegou, ela veio com uma velocidade extraordinária e de formas que poucos especialistas no Kremlin previram. Uma coisa é certa: nenhum regime totalitário, seja ele liderado por uma pessoa ou um partido, pode durar para sempre, porque esse tipo de regime sempre comete violências contra o povo que afirma defender, e o desejo de liberdade é uma força poderosa intrínseca aos seres humanos. Além disso, a própria natureza desse tipo de governo — paranoico, desconfiado e temeroso dos próprios cidadãos — torna os regimes totalitários inerentemente instáveis, mesmo quando a força bélica prevalece no curto prazo. No caso do regime comunista na China, o movimento popular de estudantes em 1989 na Praça da Paz Celestial demonstrou a profunda aspiração do povo por liberdade individual e uma abertura real. Não importa como a China se apresenta hoje para o mundo, o fato é que esse desejo por mais liberdade ainda persiste.

Graças ao direcionamento de Xiaoping para o capitalismo e para a abertura da China ao mundo externo, é inegável que o país hoje é uma das grandes potências econômicas. E claro que tal poder econômico vem acompanhado por força militar e influência política internacional. A forma como o país vai exercer esses poderes recém-descobertos no decorrer das duas próximas décadas vai definir seu curso em direção ao futuro. O país vai escolher o caminho de dominação e agressão, tanto interna quanto externamente? Ou vai escolher o da responsabilidade, adotando um papel de liderança construtiva de protagonismo mundial, tentando resolver os desafios coletivos da humanidade, tais como paz, mudanças climáticas e diminuição da pobreza? Atualmente, a China se encontra em uma encruzilhada. O segundo caminho está alinhado não apenas com os interesses de todo o mundo, mas com os dos próprios chineses. Em essência, essa é uma questão que está no cerne da China, como país, e de todo o seu povo. Eu acredito que resolver a duradoura questão do Tibete por meio de conversas seria um sinal poderoso, tanto para o povo chinês quanto para o restante do mundo, de que a China está escolhendo o segundo caminho. A liderança do país só precisa demonstrar que tem uma visão de longo prazo, coragem e generosidade.

CAPÍTULO 1

A invasão e nosso novo mestre

No dia 7 de outubro de 1950, cerca de 40 mil soldados do Exército de Libertação Popular da China cruzaram o rio Drichu (Yangtzé), em Kham (Tibete Oriental). No dia 19 do mesmo mês, eles já haviam tomado Chamdo e capturado o governador do Tibete Oriental, Ngabö Ngawang Jigme, que fora recentemente designado para o cargo. Foi assim que começou a invasão do regime comunista chinês a meu país. A recém-independente Índia protestou contra as ações da República Popular da China, afirmando que a invasão ameaçava a paz da região. Eu só tinha 16 anos na época, de acordo com o sistema tibetano de idade. Àquela altura, eu já desconfiava de que algo terrível estava para acontecer, pois vira um sinal de descrença no rosto do regente Tadrak Rinpoche ao ler uma carta.* Posteriormente, descobri que a carta era, na verdade, um telegrama de Ngabö, o governador do

---

* Tadrak Rinpoche era, na época, tanto regente do jovem Dalai Lama quanto seu tutor sênior, responsável por supervisionar toda a sua educação.

A voz de uma nação

Tibete Oriental, relatando um ataque de soldados chineses a um posto tibetano.

Alguns minutos depois, o regente saiu da sala e deu ordens para convocar o Kashag (reunião do Gabinete nacional). No dia 11 de novembro, o governo tibetano enviou um apelo à ONU:

Ao secretário-geral da Organização das Nações Unidas,

Enquanto o mundo se concentra na Coreia, onde uma força internacional resiste à agressão, acontecimentos semelhantes passam despercebidos no distante Tibete. É com a firme crença de que a agressão não será ignorada e a liberdade não ficará desprotegida em nenhuma parte do mundo que tomamos a responsabilidade de informar, por meio de vossa senhoria, sobre os recentes acontecimentos na área fronteiriça do Tibete.
[...]
A conquista do Tibete pela China só expandirá a área de conflito e aumentará a ameaça à independência e à estabilidade de outros países asiáticos.

Apenas El Salvador tentou colocar o Tibete na agenda da Assembleia Geral das Nações Unidas. Infelizmente, nenhuma das grandes potências apoiou o movimento. Considerando o envolvimento histórico com o Tibete, incluindo a assinatura de acordos bilaterais, como as Convenções de Lhasa e Simla (em 1904 e 1914, respectivamente), era de esperar que a Grã-Bretanha teria uma simpatia maior por nós e ofereceria seu apoio, principalmente naquele momento tão crucial da nossa história. O mundo parecia ter nos abandonado.

A Grã-Bretanha e outras potências afirmaram que havia uma falta de clareza em relação ao status exato do Tibete. Ainda assim, esses países sabiam muito bem que, em 1950, o Tibete era uma nação independente. O status de independência do Tibete, de acordo com a lei internacional, foi confirmado posteriormente, em 1959, pela Comissão Internacional de Juristas, logo depois da minha fuga para o exílio. A ironia trágica foi que, na verdade, a Grã-Bretanha e a Rússia, os dois impérios concorrendo pelo poder na Ásia Central, no que ficou conhecido como o Grande Jogo, estavam entre os responsáveis por confundir o status internacional do Tibete. A Grã-Bretanha, em particular, tinha lidado com o Tibete diretamente como nação independente capaz de tomar as próprias decisões, tendo, inclusive, fornecido armas para que o país pudesse proteger a fronteira oriental com a China. Ainda assim, eles conduziram também negociações bipartidárias com a China Nacionalista, como se esse país tivesse algum poder sobre o Tibete, invocando o conceito obscuro de suserania[*] e o distinguindo de soberania. Se me permitirem, gostaria de oferecer um contexto histórico, a Grã-Bretanha optou por não reconhecer a diferença crucial entre o império Qing e o Estado-nação moderno da China: o primeiro era um império Manchu que teve, em diversas épocas, diferentes nações sob seu protetorado. A China moderna, por outro lado, afirmava ser um estado multinacional e anti-imperialista, e não um império. Desse modo, a lógica básica subjacente à reivindicação da China ao Tibete, mesmo em termos de suserania e não de soberania, é bastante falha. O fracasso (ou relutância política) de enxergar tal lógica falha e a recusa de aceitar os fatos reais em relação à independência do Tibete, assim como diversos movimentos já feitos no Grande Jogo, foram os responsáveis por criar a névoa que obscureceu a visão internacional quanto ao "status legal" do Tibete.

---

[*] Em inglês, *suzerainty*, que, de acordo com o dicionário de Cambridge, é "o direito de um país de ter controle parcial sobre outro".

A invasão do Tibete pelo regime comunista da China teve um impacto pessoal e profundo em mim. Eu me lembro de ouvir os faxineiros do Palácio de Potala contando que haviam sido colados pôsteres por toda a capital tibetana, Lhasa, pedindo que me fosse concedido todo o poder temporal. Contaram que as pessoas cantavam pelas ruas canções exigindo que o Dalai Lama fosse considerado maior de idade. No entanto, a opinião do que deveria ser feito estava dividida: um lado dizia que o Dalai Lama era jovem demais, ao passo que outros afirmavam que havia chegado o momento de me darem o poder. No fim das contas, o gabinete tibetano, liderado pelo regente, decidiu consultar os Oráculos do Estado.*

Em determinado momento da cerimônia, cheia de tensão por causa do que estava em jogo ali, um dos oráculos, ainda em transe, estendeu um *kata* (lenço cerimonial branco) no meu colo e gritou "*Dü la bab*" (É chegada a hora). Então, em 17 de novembro de 1950, fui coroado líder temporal do Tibete, dois anos antes da idade tradicional em circunstâncias normais. Para celebrar a ocasião, ofereci anistia geral por todo o Tibete e ordenei que todos os prisioneiros fossem libertados.

A invasão violenta do regime comunista chinês me lançou nesse papel de liderança. Com um único golpe, isso transformou um garoto livre em alguém com a pesada responsabilidade de liderar uma nação sob ataque. É por isso que costumo dizer que, aos 16 anos, perdi a liberdade. Meu país também sofreu o mesmo destino: no fim de novembro, cerca de sete semanas depois da invasão, Kham (Tibete Oriental) tinha sido totalmente dominada.

Mais perto do fim do ano, como o novo líder de um povo diante da ameaça de uma guerra de larga escala, decidi, em conjunto

---

* A prática de consultar oráculos é comum no budismo tibetano, e os Oráculos do Estado aqui se referem principalmente a Nechung e Gadong, especialmente associados à linhagem dos dalai-lamas.

com meu gabinete, enviar delegações à Índia, aos Estados Unidos, à Grã-Bretanha e ao Nepal, na esperança de persuadir tais países a intervir em nosso nome. Também mandei uma delegação a Chamdo, no Tibete Oriental, na tentativa de conseguirmos negociar a retirada do exército chinês do nosso território. Com as forças comunistas da China se consolidando na região oriental do meu país, ficou decidido que eu deveria me mudar, juntamente com meu gabinete, de Lhasa para Yadong (Yatung), próximo à fronteira com a Índia, para o caso de ser necessária uma fuga. Estranhamente, um dos meus primeiros e principais atos como governante do Tibete acabou sendo essa mudança para um local próximo à fronteira indiana. Minha mãe aproveitou essa oportunidade para ir para a Índia em uma peregrinação, e ela me deixou como companhia meu irmão caçula, Tenzin Choegyal.

Àquela altura, o Exército de Libertação Popular da China estava em Gyamda, próximo às fronteiras ocidentais de Kham. A estrada para Lhasa estava aberta, mas eles queriam tomar o restante do país sem o uso da força. Não tivemos outra opção a não ser autorizar que uma delegação fosse a Pequim para conduzir as negociações que nos foram impostas. Escolhemos o governador Ngabö, do Tibete Oriental, para liderar essa delegação. Nós o orientamos a abrir as negociações em meu nome, com a condição de que os chineses não avançassem mais. Em abril de 1951, minha delegação chegou a Pequim, dando início às discussões formais.

Embora no início houvesse a comunicação esporádica por telégrafo, seguiu-se um período de silêncio enquanto eu aguardava no mosteiro em Yadong. Então, em 23 de maio de 1951, quando eu estava escutando a transmissão em língua tibetana da Radio Peking, ouvi que um Acordo de Dezessete Pontos para a Libertação Pacífica do Tibete tinha sido assinado naquele dia pela República Popular da China, que foi descrita como "o governo local do Tibete". Dá para imaginar como fiquei chocado. O programa afirmava que o Tibete havia sido ocupado nos últimos cem anos por forças imperiais agressivas que realizaram diversos tipos de fraudes e incitamentos, afundando o povo nas profundezas da escravidão e do sofrimento. Senti-me fisicamente enojado pelo coquetel de mentiras e insultos.

Foi só quando minha delegação retornou a Lhasa que descobri o que realmente tinha acontecido durante as negociações. Meus representantes foram coagidos, insultados, maltratados e ameaçados com violência contra eles assim como ações militares contra o povo tibetano. Quando a delegação se sentou para negociar, lhes foi apresentado um texto já pronto com dez pontos. Minha delegação argumentou que o Tibete é um país independente e apresentou provas para apoiar a afirmação. Os chineses, obviamente, desconsideraram tudo e revisaram o documento com dez pontos, transformando-o na versão final de dezessete pontos que apresentaram como um ultimato. Sob forte coação, a delegação tibetana não teve escolha a não ser ceder. Na ausência de comunicações comigo ou meu governo, Ngabö e seus companheiros não tinham autoridade de assinar qualquer acordo em nome do Tibete. Ainda assim, os chineses perguntaram se Ngabö havia levado com ele o selo do governo tibetano e, embora tivesse em seu poder o selo de governador do Tibete Oriental, ele negou tê-lo levado consigo. Sem recuar, os chineses forjaram novos selos para cada um dos membros da delegação e o documento foi assinado no dia 23 de maio de 1951, usando o nome de cada um dos cinco membros da delegação tibetana.

No dia 14 de julho, recebi a delegação da China que trazia uma carta do presidente Mao para mim. Eu disse ao general Chang Ching-wu que enviaria minha resposta acerca do Acordo de Dezessete Pontos ao presidente Mao assim que retornasse a Lhasa e pudesse consultar outras autoridades tibetanas. Compreensivelmente, houve debates intensos na Assembleia Nacional tibetana em Lhasa se eu deveria ou não retornar à capital. Naquela ocasião, decidi não deixar Yadong para fugir para a Índia e recusei um convite dos Estados Unidos para providenciar um lugar para me refugiar. No fim, decidi que o melhor seria voltar para Lhasa, e, em setembro de 1951, a Assembleia Nacional Tibetana teve uma sessão especial. Ngabö fez uma apresentação formal do suposto acordo. Depois de um longo debate, sentimos que não tínhamos escolha, considerando o número imenso de tropas do regime comunista chinês à nossa porta. Na época, o exército tibetano tinha aproximadamente 8,5 mil soldados, ao passo que o Exército de Libertação Popular da China era formado por mais de 80 mil soldados treinados, prontos para tomar o Tibete. O pequeno exército tibetano contava basicamente com antigos fuzis Enfield, metralhadoras e morteiros importados da Grã-Bretanha.

O Acordo de Dezessete Pontos abre com um preâmbulo que apresenta uma revisão fantasiosa da relação da história do Tibete com a China: "A nacionalidade tibetana é uma das nacionalidades com uma longa história dentro das fronteiras da China, [...] nossa grande Nação". Aqui estão algumas das principais provisões desse acordo:

- "O povo tibetano deve voltar a fazer parte da grande família da Nação da República Popular da China."
- "O governo local do Tibete deve auxiliar ativamente o Exército de Libertação Popular da China a entrar no Tibete para consolidar a defesa nacional."
- "O povo tibetano tem o direito de exercer a autonomia regional nacional sob a liderança do Governo Popular Central."

A voz de uma nação

- "O Governo Central não fará mudanças acerca do sistema político existente no Tibete. As autoridades centrais não farão alterações no status, funções e poderes estabelecidos do Dalai Lama."
- "Crenças religiosas, costumes e hábitos do povo tibetano serão respeitados, e os mosteiros dos lamas serão protegidos."
- "O idioma escrito e falado e a educação escolar de nacionalidade tibetana serão desenvolvidos paulatinamente de acordo com as condições atuais do Tibete."*

Embora o acordo tenha sido imposto a nós, o texto do documento claramente compromete a República Popular da China a garantir a autonomia regional e o autogoverno do Tibete, incluindo a liberdade religiosa, a proteção do idioma, a tutela das nossas terras e sua ecologia, bem como nosso direito de existir como povo distinto, com cultura e patrimônio únicos. Esse acordo se tornou a base do relacionamento do meu governo com a China até 1959, quando eu escapei. Também pareceu se tornar a base da posição de algumas pessoas na comunidade internacional acerca do status do Tibete. Parece haver uma contradição estranha aqui. Independentemente da situação geopolítica da época, o fato é que considerar o Tibete como tendo se tornado parte da República Popular da China após 1950 implica aceitar a justificativa da legitimidade da conquista e a validade de um acordo assinado sob coação. O Acordo de Dezessete Pontos foi imposto ao Tibete, cuja delegação foi obrigada a assiná-lo diante da ameaça de um exército poderoso de conquistadores à sua porta.

---

* O texto completo do Acordo de Dezessete Pontos pode ser encontrado em inglês em: INTERNATIONAL COMMISSION OF JURISTS. *Question of Tibet and the rule of law*, 1959. Ou no apêndice 1 de: SHAKYA, Tsering. *The Dragon in the Land of Snows*. Nova York: Penguin, 2000.

A invasão e nosso novo mestre

Mesmo que Pequim posteriormente justificasse a invasão violenta em reivindicações históricas de posse do Tibete, parece claro que, para Mao, pelo menos, na época da invasão do Tibete, a ação foi uma flagrante apropriação de terras de uma nação independente pela força. A visão dele do Tibete como país independente se reflete em uma declaração que, segundo me contaram, ele deu para o jornalista e autor estadunidense Edgar Snow. Ao se referir à busca por alimentos realizada por seu Exército Vermelho em áreas tibetanas durante a Longa Marcha, Mao afirmou que essa era a única dívida externa dos comunistas chineses que precisaria ser paga um dia. Por meio de registros arquivados, atualmente sabemos que, em janeiro de 1950, Mao perguntou a Josef Stalin se a União Soviética poderia emprestar para a China aviões militares para transportar tropas chinesas em um plano para invadir o Tibete.

Disseram-me que alguns historiadores e acadêmicos geopolíticos sugerem dois principais motivos subjacentes à invasão do Tibete por Mao logo depois de estabelecer um governo comunista em Pequim. Um se refere ao que Mao e seus companheiros comunistas viam como a necessidade de reestabelecer a "honra nacional" da China, principalmente depois do que eles chamam de "cem anos de humilhação nacional". Uma parte importante desse ponto de vista era a reclamação de territórios que outrora fizeram parte do império de Manchu Qing. Quanto a isso, Mao talvez tenha sentido que a independência do Tibete representava uma contradição ou "perda" visível, considerando a reivindicação do regime comunista chinês de todos os territórios que fizeram parte do império de Qing.

Os especialistas sugerem que o segundo motivo envolve a geografia estratégica do Tibete, que faz fronteira com o Turquestão Oriental (Xinjiang), a Índia, o Nepal e o Butão, e, claro, com a China, a leste. Em 1954, Panchen Lama, três anos mais novo que eu, cuja instituição é uma das mais proeminentes no budismo tibetano e com fortes laços com os dalai-lamas, me acompanhou em uma viagem a Pequim. Mao disse a ele o seguinte: "Agora que os tibetanos estão cooperando com o Han, nossa linha de defesa nacional não é mais o rio Yangtzé, mas sim as montanhas do Himalaia".* Independentemente das motivações deles, estamos sob o jugo do regime comunista chinês.

---

* O que Mao disse para Panchen Lama na época está citado, em inglês, em: GOLDSTEIN, Melvyn C. *A history of modern Tibet: the calm before the storm: 1951–1955*. Berkeley: University of California, 2007. p. 22. "Han" se refere à etnia chinesa que constitui a vasta maioria da população da República Popular da China.

CAPÍTULO 2

Encontro com o presidente Mao Tsé-Tung

No meu papel como Dalai Lama, eu estava tentando mitigar o desastre para meu povo. Em 26 de outubro de 1951, aproximadamente três mil soldados do Exército de Libertação Popular da China entraram em Lhasa. Logo depois, chegou um destacamento militar ainda maior. Isso, combinado com um grande número de cavalos, levou a uma séria falta de alimentos. A população local de Lhasa naquela época era de pouco mais de 30 mil habitantes. Desse modo, não é difícil imaginar o impacto que a chegada de um número tão grande de tropas chinesas causou na cidade. A situação piorou ainda mais quando milhares de tibetanos chegaram como refugiados do Tibete Oriental.

O período entre 1951 e 1959 foi um dos mais desafiadores de toda a minha vida. Em parte, eu ainda estava estudando intensamente para obter o título de Geshe Lharam, o mais alto grau acadêmico que se pode obter dentro do treinamento acadêmico formal das grandes universidades monásticas da escola Geluk, análogo a um doutorado em divindade, e que terminaria em

A voz de uma nação

fevereiro de 1959. Em parte, eu ainda era bem jovem e passava pela grande curva de aprendizagem sobre as complexidades da política, sem ter recebido treinamento formal em nenhuma dessas questões. Claro que a rigorosa educação que eu estava recebendo sobre psicologia e filosofia budista me ajudou muito a manter a sanidade mental contra todos os complexos desafios políticos em relação aos quais eu não tinha escolha, a não ser enfrentá-los como líder do povo tibetano. E meu aprendizado na prática significava lidar com desentendimentos bastante reais entre meu governo e os generais chineses lotados em Lhasa com suas armas. Eu ficava entre as autoridades tibetanas extremamente relutantes e, às vezes, bélicas de um lado, e as atitudes cada vez mais autoritárias e arrogantes dos generais chineses do outro. Por fim, em 1952, os chineses obrigaram meus dois primeiros-ministros (um leigo e um monástico) a renunciar. Tomei a decisão de não nomear substitutos para esses postos, uma vez que seriam apenas bodes-expiatórios, e era melhor que eu aceitasse minhas próprias responsabilidades. A situação em Lhasa era cada vez mais tensa.

Eu também tinha que governar, e uma das minhas prioridades era aprimorar nosso sistema e nossa sociedade. Estabeleci um comitê de reformas para ajudar a criar um sistema mais justo, com atenção especial às necessidades do povo comum e dos pobres. Quando eu era criança, aprendi muito com os faxineiros da minha residência, que às vezes brincavam comigo, mas também me ensinaram muito sobre a questão da injustiça e do abuso de poder. No entanto, enfrentei grandes obstáculos por parte dos chineses, uma vez que eles queriam reformas de acordo com o sistema deles, acompanhando as mudanças que instituíram na China. Eles devem ter achado que, se as mudanças fossem iniciadas pelos próprios tibetanos, aquilo poderia atrapalhar os planos deles.

Encontro com o presidente Mao Tsé-Tung

Então, em 1954, o governo chinês me convidou para ir a Pequim, e eu senti que aquela era a única opção que eu tinha para tentar melhorar a situação deplorável do meu povo. Em junho, recebi um telegrama de Deng Xiaoping, que na época era o principal responsável por assuntos tibetanos entre os líderes chineses, convidando-me para ir à sessão inaugural da Assembleia Popular Nacional, que aconteceria em setembro daquele ano. O convite foi estendido também a Panchen Lama. Embora os tibetanos em Lhasa tivessem profundas preocupações acerca da minha ida a Pequim, decidi que seria melhor para meu povo que eu fosse. Para amenizar os temores deles, durante um grande encontro de tibetanos em uma cerimônia religiosa em Norbulingka, minha residência de verão, eu os tranquilizei, prometendo retornar dentro de um ano.

Até hoje, eu me lembro de que, quando deixei Lhasa para ir para Pequim, havia muita gente chorando. Ouvi algumas mulheres mais velhas gritando: "Por favor, não vá! Não fará bem algum!". Como não havia ponte sobre o rio Kyichu na época, tivemos que cruzar nas tradicionais canoas tibetanas, feitas de pele de iaque esticada sobre uma estrutura de salgueiro. Às margens do rio, havia muita gente chorando, e algumas pareciam prestes a se atirar na água. Mais tarde, soube que houve desmaios e até morte na ocasião.

Em 4 de setembro de 1954, Panchen Lama e eu, acompanhados de nossas respectivas delegações, finalmente chegamos a Pequim de trem, vindos de Xi'an. Fomos recebidos na estação pelo primeiro-ministro, Zhou Enlai, pelo vice-presidente, Zhu De, que também era o comandante-chefe do Exército de Libertação Popular da China e membro do Comitê Permanente de Politburo, assim como por outras autoridades chinesas. Alguns dias depois, eu me encontrei com o presidente Mao Tsé-Tung pela primeira vez. Ele tinha 61 anos, e eu, 19. Ele foi caloroso e acolhedor.

A voz de uma nação

Essa reunião, que contou com a participação de outros líderes, incluindo Zhao Enlai e Liu Shaoqi, aconteceu em um antigo jardim imperial adjacente à Cidade Proibida, que mais tarde foi transformado em um complexo que abriga escritórios do governo, bem como residências para a alta liderança. O cenário desta reunião foi majestoso, com o legado da opulência imperial bem claro. Lá estávamos nós, eu com apenas 19 anos, e Panchen Lama com 16, em uma reunião formal com o presidente Mao, ladeado pelos mais altos líderes do regime comunista na China. Dizer que estávamos maravilhados e nervosos seria pouco. Nessa primeira reunião, apenas o presidente e eu falamos. Mao disse que ele e o Governo Central estavam muito felizes com minha primeira visita a Pequim, e que as relações entre a China e os tibetanos era muito importante. Ele também me assegurou que, no futuro, o Governo Central não economizaria esforços para o desenvolvimento do Tibete. De minha parte, respondi a Mao que eu estava muito feliz de ter a oportunidade de conhecê-lo e de conhecer outros líderes do Partido Comunista da China.

A reunião durou cerca de uma hora. Quando estávamos saindo, Mao e outros líderes nos acompanharam até a saída, e o próprio presidente abriu a porta do carro para mim. Quando fui entrar no carro, ele apertou minha mão e disse: "Sua vinda a Pequim é uma volta para sua própria casa. Sempre que vier a Pequim, me ligue… Não seja tímido. Se precisar de qualquer coisa, é só ligar diretamente para mim".

Saí da reunião impressionado com Mao e encorajado com a possibilidade de que as coisas poderiam melhorar no Tibete. Comigo no carro estava Phuntsok Wangyal, um raro comunista tibetano que era meu intérprete oficial durante a estadia em Pequim. Eu estava tão aliviado com o fato de que meu primeiro encontro com Mao e outros líderes chineses tinha corrido tão bem que cheguei a abraçar Wangyal e lhe disse que Mao era realmente diferente de qualquer pessoa que eu já conhecera. O sucesso dessa primeira reunião também tranquilizou a delegação tibetana, em especial meu tutor principal, Ling Rinpoche, que vinha demonstrando bastante preocupação comigo. Phuntsok Wangyal era um verdadeiro crente no comunismo no seu senso marxista internacional original. Naquela época, ele acreditava, para sua futura decepção, que o regime comunista chinês também compartilhava daquela visão internacionalista do marxismo. (Décadas mais tarde, quando Phuntsok Wangyal teve autorização para visitar a Europa, consegui conversar com ele ao telefone e perguntei: "O que aconteceu com seu sonho de um verdadeiro socialismo?". A resposta dele foi uma risada.)

Em 16 de setembro, eu me dirigi à Primeira Assembleia Popular Nacional, observando que o projeto de constituição da República Popular da China afirma, em particular, que todas as nacionalidades podem elaborar suas regras e regulamentos separados para o exercício da autonomia, de acordo com as características especiais do desenvolvimento para que possam exercer plena autonomia. Àquela altura, eu tinha sido nomeado vice-presidente do comitê executivo da República Popular da China.

Durante minha estadia em Pequim, tive várias reuniões com Mao e outros líderes, incluindo Zhou Enlai e Deng Xiaoping. Também conheci vários importantes líderes internacionais, incluindo o primeiro-ministro indiano, Jawaharlal Nehru, o líder soviético Nikita Khrushchev e o primeiro-ministro birmanês U Nu. Se houvesse tempo livre, eu tinha aulas com meu tutor principal, Ling Rinpoche, sobre o "insight" filosoficamente denso de *Lamrim Chenmo: Grande Tratado sobre os estágios do caminho para a iluminação*, do Lama Je Tsongkhapa. Tecnicamente, eu ainda era um aluno estudando para minhas provas de Geshe Lharam.

A voz de uma nação

Uma experiência inesquecível da minha estadia em Pequim incluiu a condução de uma aula formal de budismo para um grupo de budistas chineses que seguiam o budismo tibetano. Essa aula, na verdade, era uma importante cerimônia de iniciação a uma prática meditativa chamada Vajrabhairava. Meu tradutor nessa aula foi o monge chinês Fa-Tsun, que me contou que estava trabalhando em uma tradução tibetana do grande texto filosófico budista *Mahavibhasha* (O grande tratado sobre diferenciação), uma obra do século II existente apenas na tradução chinesa. Naquela época, Fa-Tsun já tinha traduzido a grande obra tibetana *Lamrim Chenmo: Grande Tratado sobre os estágios do caminho para a iluminação*.

Saí em alguns passeios turísticos por cidades chinesas, como Tianjin, para ver de que forma o regime comunista tinha desenvolvido a indústria do país. Phuntsok Wangyal foi designado como meu tradutor durante esses passeios, que contaram com a presença de outro funcionário comunista chamado Liu Geping, um membro da minoria étnica Hui (muçulmano). Conheci muitos membros do partido de diferentes níveis hierárquicos, alguns veteranos da revolução e muitos comunistas sinceros. Por acaso, um deles era Xi Zhongxun, pai do atual líder chinês Xi Jinping. Ele tinha uma personalidade afável e demonstrava ter a mente bem aberta. Gostei muito dele. (Disseram-me que ele apreciou por toda a vida um relógio de pulso que lhe dei de presente na época.)

Fiquei muito impressionado pelo senso de propósito e dedicação revelado por muitos desses revolucionários de primeira geração, assim como seus óbvios sucessos na criação de uma sociedade mais igualitária. Aprendi muito sobre marxismo-leninismo, e fiquei particularmente impressionado com a ênfase na teoria econômica marxista sobre distribuição igualitária de recursos, em vez do puro lucro. A ideia de cuidar dos menos privilegiados e da classe trabalhadora é maravilhosa. Opor-se a toda exploração e buscar uma sociedade sem fronteiras nacionais são ideais excelentes. Como eu havia sido exposto a tudo isso na minha juventude, esses aspectos do pensamento socialista deixaram uma impressão tão forte em mim que, às vezes, me descrevo como meio budista e meio marxista. No entanto, à medida que amadureci meus pensamentos sobre o assunto, cheguei à conclusão de que no marxismo falta compaixão. Os maiores defeitos são a total negligência aos valores humanos básicos e a promoção deliberada de ódio na luta de classes. Além disso, com o passar do tempo, no caso do regime comunista da China, o marxismo pareceu ceder ao leninismo, com o principal objetivo de controle estatal do povo pelo Partido.

Durante esse tour pela China, tive a rara oportunidade de cruzar a Mongólia Interior para uma breve visita.[*] Foi uma experiência emocionante, considerando a longa e próxima associação entre tibetanos e mongóis em termos espirituais. Embora para mim esses passeios pelas cidades chinesas tenham sido educativos e prazerosos, a maioria dos meus acompanhantes oficiais, incluindo meus dois tutores, não demonstrou nenhum interesse. Então, quando foi anunciado que não haveria mais turismo, ouvi um suspiro coletivo de alívio. Minha mãe, em particular, não gostou da estadia na China, principalmente do cronograma intenso de turismo. Em determinado ponto, ela chegou a adoecer com um caso sério de gripe. Meu retorno a Pequim depois de conhecer várias cidades estava agendado para bem próximo do Losar (o ano novo tibetano), e decidi organizar um banquete e enviar convites para o presidente Mao Tsé-Tung e três outros importantes líderes

---

[*] "Mongólia Interior" refere-se a uma parte histórica da Mongólia, constituída atualmente pela Região Autônoma da Mongólia Interior, dentro da República Popular da China. A atual República Popular da Mongólia é independente e abarca uma grande parte do território que já foi conhecido como Mongólia Exterior.

A voz de uma nação

chineses: Zhou Enlai, Zhu De e Liu Shaoqi. Todos aceitaram e tivemos uma celebração inesquecível.

Um dia, o presidente Mao Tsé-Tung fez uma visita inesperada aos meus aposentos. Durante esse encontro, ele me surpreendeu ao perguntar se o Tibete tinha uma bandeira nacional. Com um ligeiro nervosismo, respondi que sim, nós tínhamos uma bandeira, e ele disse que não havia problema em mantê-la. A resposta surpreendente de Mao implicava, naquela época pelo menos, que ele tinha um modelo em mente de diversas nações dentro da República Popular, seguindo a linha das repúblicas que formavam a União Soviética. Na verdade, sei que Mao deu ordens a importantes autoridades chinesas lotadas no Tibete na época (Zhang Jingwu, Zhang Guohua e Fan Ming) para hastearem a bandeira tibetana ao lado da chinesa e também colocarem minha foto ao lado da dele. Dessa forma, posteriormente, quando eu já estava no exílio, quando tibetanos e apoiadores do Tibete exibiam nossa bandeira nacional em público, principalmente como saudação em minhas viagens internacionais, eu sempre falava que o próprio Mao havia dado permissão para que a mantivéssemos. Hoje em dia, infelizmente, a bandeira tibetana é ilegal no Tibete, e a posse de uma resulta em prisão.

Antes de deixar Pequim, tive um último encontro com o presidente Mao. Ele parecia muito feliz e me disse para entrar em contato direto com ele por telegrama, dizendo que eu deveria treinar tibetanos confiáveis para isso. Ele se aproximou de mim e disse: "Sua mente é científica, e isso é muito bom. Observei seus pensamentos e ações durante todos esses meses. Você tem uma mente revolucionária". Ele me deu ótimos conselhos práticos sobre governo e eu fiz várias anotações.

Quando a reunião chegou ao fim, Mao me disse: "Sua atitude é boa, sabe? A religião é um veneno que reduz a população, porque os

Encontro com o presidente Mao Tsé-Tung

monges e as monjas precisam manter o celibato e isso negligencia o progresso material". Fiquei abalado e tentei esconder meus sentimentos ao me inclinar sobre meu caderno como se fosse escrever alguma coisa. Foi ali que descobri que, apesar de todos os sinais de uma conversa positiva, ele era o destruidor do Dharma de Buda.

Enquanto me preparava para minha viagem de volta para Lhasa, em março de 1955, apesar do último comentário constrangedor de Mao sobre a religião, eu ainda tinha esperanças de salvar meu povo das piores consequências da ocupação chinesa. Achei que minha visita de seis meses à China havia ajudado de duas formas. Ela havia me mostrado contra o que estávamos lutando e parecia ter convencido os líderes chineses a não seguirem adiante com o plano original de governar o Tibete diretamente de Pequim por meio de um comitê militar e político; tudo indicava que tínhamos uma firme promessa de autonomia. Na verdade, no caminho de volta para o Tibete, conheci o general chinês Zhang Guohua, que estava baseado em Lhasa, mas prestes a voltar para Pequim. Contei a ele que, na ida para a China, eu estava ansioso, mas que, na volta para casa, eu me sentia cheio de esperança e confiança. Então, eu tinha fé de que poderíamos trabalhar com os chineses. O Tibete poderia ser modernizado e seu povo viveria em algum tipo de igualdade com a maioria chinesa que constitui a República Popular da China.

Trabalhei com afinco em busca de uma solução duradoura que salvaria minha nação e meu povo dentro das restrições do Acordo de Dezessete Pontos. Tentei instituir algumas reformas, principalmente um judiciário independente, busquei encorajar propostas para o desenvolvimento de modernos programas de educação e construção de novas estradas. Tudo em vão, pois minhas ações eram constantemente minadas pelos militares e pelos funcionários civis do regime comunista chinês lotados no Tibete, o que aumentava

A voz de uma nação

o ressentimento em relação à repressão e o risco de uma revolta espontânea do povo tibetano. Meus esforços foram bloqueados a cada passo pelas autoridades e pelos militares chineses. O Comitê Preparatório para a Região Autônoma do Tibete, com o objetivo de dar autonomia aos tibetanos no processo de reforma e do qual eu era o presidente, provou ser apenas uma ilusão, já que todo o poder se mantinha na mão dos chineses.

As promessas e garantias que recebi em Pequim eram vazias. Minhas mensagens para Mao ficaram sem resposta. Durante os muitos infortúnios e atos terríveis contra os tibetanos que se seguiram, escrevi três vezes para o presidente chinês, na terceira vez me assegurando de que a carta fosse entregue em mãos. Nunca obtive retorno. A pouca esperança que eu tinha em Mao e na liderança chinesa se estilhaçou. Os compromissos que o Partido Comunista da China assumiu no acordo que nos foi imposto não significavam absolutamente nada.

CAPÍTULO 3

Uma visita à Índia

No fim de 1955, recebi um convite formal do príncipe real de Siquim, na sua qualidade de presidente da Sociedade Maha Bodhi da Índia, para participar das comemorações dos 2.500 anos de Buda Jayanti (o nascimento do Buda). Inicialmente, Fan Ming, um importante político do Exército de Libertação Popular da China baseado em Lhasa, me incentivou a recusar o convite. Disse que o príncipe não tinha um posto hierárquico alto o suficiente para que eu aceitasse tal convite. Decidi enviar discretamente uma mensagem para a missão indiana em Lhasa para explicar a situação, o que levou à chegada de um segundo convite, dessa vez do vice--presidente da Índia, Sarvepalli Radhakrishnan. Depois de vários meses, fui avisado de que Pequim aprovara minha viagem à Índia.

Antes de partir, o general Chang Ching-wu me avisou: "Tenha cuidado. Há muitos reacionários e espiões na Índia. Se tentar fazer qualquer coisa com eles, saiba que o que aconteceu na Hungria e na Polônia vai acontecer no Tibete". Ele estava se referindo à supressão dos protestos de Pozna, na Polônia, em junho de

A voz de uma nação

1956, quando tanques e tropas abriram fogo contra os civis que protestavam, e à repressão brutal da revolta popular na Hungria, em 4 de novembro de 1956, feita por tanques e tropas soviéticos, poucas semanas antes da minha viagem. Apesar dos avisos, eu estava animado com a chance de visitar a terra sagrada da Índia e os locais associados à vida de Buda.

Ao mesmo tempo, porém, eu estava muito ciente da piora da situação no Tibete, principalmente da crescente arrogância e beligerância das autoridades chinesas em Lhasa. Por exemplo, em 1956, quando os intérpretes chineses se reuniam comigo, eles apareciam com armas sob o casaco, algo que não acontecia antes. Um dia, vi claramente o cano de um revólver aparecendo. A situação em Lhasa continuava a se deteriorar, com a tensão aumentando por causa da presença de um grande contingente de soldados do Exército de Libertação Popular, assim como o crescente número de refugiados que escaparam das condições assustadoras no Tibete Oriental. Em março de 1956, por exemplo, o Exército de Libertação Popular da China atacou o mosteiro de Lithang, no Tibete Oriental, uma fundação importante associada ao terceiro Dalai Lama, lançando bombas contra o mosteiro, matando centenas de pessoas e aprisionando seu abade.[*]

Em novembro de 1956, finalmente consegui visitar a Índia. Meu irmão de Dharma, o Panchen Lama, também recebera o convite oficial e se juntou a mim. Meus dois irmãos mais velhos, Taktser Rinpoche e Gyalo Thondup, que moravam fora do Tibete, foram ao meu encontro na fronteira de Siquim. As primeiras palavras que disseram, mesmo antes de qualquer cumprimento, foram:

---

[*] Para um relato detalhado do bombardeiro ao mosteiro de Lithang, em março de 1956, e os massacres de tibetanos em outras partes do Tibete Oriental nessa época, consulte: *When the iron bird flies: China's secret ear in Tibet*. Tradutor: Stacy Masher. Stanford: Stanford University, 2022. Capítulos 3-6.

Uma visita à Índia

"Você não deve voltar". A urgência me surpreendeu e eu sabia que havia um bom motivo com base no que descrevi anteriormente. Eu me vi em uma profunda dúvida se deveria voltar ou não depois da celebração. Naquele momento, porém, seguimos em frente; no dia 25 de novembro, peguei um voo para Nova Délhi e fui recebido pelo primeiro-ministro, Jawaharlal Nehru, pelo vice-presidente, Radhakrishnan, e pelo porta-voz do Parlamento indiano, M. A. Ayyangar. Fomos levados até a residência oficial do presidente para conhecer Rajendra Prasad. Depois disso, na manhã seguinte, o primeiro evento na minha programação era um tributo em Raj Ghat, local da cremação de Mahatma Gandhi, talvez o maior ser da nossa era, que colocou a filosofia ancestral indiana de *ahimsa* (não violência) em ação em prol de um movimento político eficaz para libertar seu povo do governo colonial britânico. Ali, afirmei mais enfaticamente do que nunca que jamais me envolveria em um ato de violência.

As celebrações formais de Buda Jayanti aconteceram em Bodh Gaya, o lugar mais sagrado para os budistas de todo o mundo. O Templo Mahabodhi em Bodh Gaya marca o lugar no qual Buda atingiu a iluminação sob uma figueira, que depois passou a ser conhecida como árvore de Bodhi. A árvore que lá se encontra hoje é uma continuação da mesma figueira sob a qual Buda se sentou há mais de 2.600 anos. Isso foi possível por meio de uma muda levada do Sri Lanka no século XIX, que, por sua vez, era uma muda da figueira original. Descrevi na minha autobiografia, publicada em 1962, como me senti ao me deparar pela primeira vez com a árvore sagrada de Bodhi:

> Todos os devotos de Buda sempre associariam Bodh Gaya com tudo que há de mais nobre e sublime na sua herança cultural e religiosa. Desde muito cedo, pensei sobre essa visita

41

e sonhei com ela. Agora, vejo-me diante do espírito sagrado que atingiu a iluminação neste lugar sagrado e encontrou o caminho da salvação para toda a humanidade. Enquanto eu estava ali, sentindo o coração repleto de fervor religioso, senti-me maravilhado pelo conhecimento e impacto do poder divino que existe dentro de todos nós.

No meu discurso na celebração, falei sobre a longa história do budismo na Índia e como o país o tinha levado para o Tibete, e os elos históricos e espirituais de longa data que estão no cerne da transmissão que destaquei antes. Enfatizei, em particular, o ensinamento de Buda de não violência e como esse ensinamento poderia contribuir para o nascimento de uma nova era de paz mundial. Expressei minha mais profunda admiração pela adoção do Ashoka's Dharma Chakra (a Roda do Dharma ou Roda da Lei) como símbolo da nação da Índia na sua independência, demonstrando a profunda admiração do país aos valores universais promovidos pelo budismo. Quando as celebrações formais chegaram ao fim, aproveitei a oportunidade para sair em peregrinação por outros lugares sagrados próximos a Bodh Gaya e Sarnath, na Índia Central, todos associados à vida de Buda: as ruínas de Nalanda, em Bihar, a maior universidade monástica do budismo indiano, assim como os antigos monumentos budistas em Sanchi e Ajanta.

Acompanhado do primeiro-ministro Nehru, fiz uma inesquecível visita a Rajgir, um lugar associado à vida de Buda e sagrado, em especial para o budismo Mahayana, por ser o local onde os sutras da *Perfeição da sabedoria* foram entregues. Um memorial para o viajante chinês Xuanzang, do século VII, foi formalmente inaugurado em Rajgir, no qual o primeiro-ministro Zhou Enlai deveria representar a República Popular da China. No fim das contas, Zhou não pôde comparecer e solicitaram que eu entregasse o cheque que representava o presente do governo chinês. Essas visitas aos locais sagrados para o budismo me ofereceram os momentos mais inesquecíveis e de maior contentamento: os raros raios de sol no meio das nuvens tempestuosas que me cercavam na minha nação.

Durante o tempo que passei na Índia, diversos tibetanos proeminentes que lá viviam me procuraram para pedir que eu não voltasse para casa, expressando fortes opiniões contra a assinatura do Acordo de Dezessete Pontos. Também tive importantes reuniões com o primeiro-ministro Nehru, que tinha cerca de 60 anos na época e exercia o cargo desde a independência do país. No meu primeiro encontro com ele, aproveitei a oportunidade para contar a história completa da invasão chinesa, como estávamos despreparados para aquilo e como tentei acomodar as exigências dos comunistas assim que fui informado que ninguém no mundo estava pronto para reconhecer nossa justa reivindicação de independência. Contei também como as coisas estavam cada vez mais desesperadoras no Tibete Oriental depois do bombardeio ao mosteiro de Lithang, e que eu temia que a intenção dos chineses realmente fosse destruir nossa religião e nossos costumes para sempre. Expliquei que queria permanecer na Índia até que pudéssemos reconquistar nossa liberdade por meios pacíficos.

Nehru concordou que de nada adiantava lutar contra os chineses. No entanto, ele foi enfático ao dizer que a Índia não poderia nos apoiar e que eu deveria voltar para meu país e tentar resolver as coisas com os chineses com base no Acordo de Dezessete Pontos. Quando retruquei que as autoridades chinesas tinham traído minha confiança e que eu não acreditava ser possível trabalhar com aquele acordo, ele disse que conversaria pessoalmente com o primeiro-ministro chinês. Em um dos meus encontros com Nehru, ele chegou a levar uma cópia do acordo e foi repassando ponto por ponto, demonstrando como o documento poderia ser a base de um modelo genuíno de autonomia e autogoverno. Nehru relatou suas conversas com Zhou Enlai e, principalmente, a inequívoca promessa que Zhou fizera de respeitar a autonomia do Tibete dentro da República Popular da China.

A viagem para a Índia também foi a ocasião de várias reuniões com o primeiro-ministro chinês. Zhou Enlai, com quase 60 anos, era todo sorrisos e charme, um homem cortês com inteligência afiada, um verdadeiro sedutor cheio de eloquência. Na minha primeira reunião em Nova Délhi, em novembro, compartilhei minhas preocupações em relação ao Tibete Oriental de forma bem direta, a maneira como as autoridades chinesas estavam se comportando e, principalmente, a repressão brutal e o assassinato de inocentes depois de bombardeio de Lithang. Também perguntei a Zhou o que tinha acontecido durante as reformas que ocorreram lá e no nordeste do Tibete (Amdo) que obrigaram milhares a fugir e se refugiar na região central.

Zhou se esforçou para me tranquilizar, admitindo que os militares alocados no Tibete Oriental cometeram erros sérios, e que os líderes do alto comando tiveram que aceitar assumir a responsabilidade, já que deveriam ter intervindo antes. Ele me disse que as reformas no Tibete não aconteceriam até meu governo achar que as condições eram adequadas. Também compartilhei com ele minha observação do contraste entre o Parlamento indiano e a Assembleia Popular Comunista da China. Na Índia, os membros do Parlamento tinham liberdade para expressar como realmente se sentiam e criticar o governo quando acreditavam ser necessário. Em Pequim, observei que a maioria dos membros da assembleia mal se atrevia a falar. Até mesmo quando tinham uma questão importante, em geral, girava em torno de pequenas correções de

Uma visita à Índia

texto, mas nada substancial. Zhou respondeu que eu só estivera presente na primeira assembleia em Pequim e que as coisas tinham mudado e melhorado muito na segunda. Zhou também se deu ao trabalho de se reunir com meus irmãos e ministros importantes do meu governo, incluindo Ngabö, que fora obrigado a assinar o Acordo de Dezessete Pontos em Pequim.

Zhou e eu tivemos um último encontro em Nova Délhi quando ele estava voltando de uma viagem ao Paquistão. Em 30 de dezembro de 1956, recebi uma mensagem da embaixada chinesa dizendo que Zhou estava de volta à Índia e queria me ver. Peguei um trem para Nova Délhi e encontrei o embaixador chinês Pan Zili me aguardando na estação. Ele insistiu que eu fosse no carro com ele. Com a ajuda dos funcionários indianos responsáveis pelo protocolo e pela segurança, seguimos diretamente para a embaixada da China, onde encontrei-me com o embaixador, com Zhou Enlai e com o marechal He Long. Quando minha equipe chegou à embaixada, eu já estava na reunião, e eles ficaram na dúvida se eu estava lá dentro ou não, e alguns chegaram a acreditar que eu tinha sido sequestrado! Em algum momento, alguém me entregou um xale quentinho, dizendo que minha equipe queria se certificar de que eu não estava com frio. Mais tarde, eles disseram que estavam preocupados e queriam que eu soubesse que eles já se encontravam na embaixada chinesa.

Sou obrigado a admitir que achei aquela reunião intimidadora: três experientes políticos chineses e militares — o primeiro-ministro, um marechal e um embaixador — cercando um jovem e inexperiente monge tibetano. O fato de estarmos em Nova Délhi e não em Pequim fez com que eu me sentisse seguro. Mantive-me firme e expressei meu temor de que o Partido Comunista pudesse forçar reformas inaceitáveis no Tibete. Àquela altura, ficou claro que Zhou Enlai havia consultado Mao Tsé-Tung. Então, ele repetiu

45

A voz de uma nação

todas as garantias que havia feito antes em relação aos excessos da repressão do Tibete Oriental e ao adiamento das reformas. Ele me passou a promessa de Mao de que o plano do Partido Comunista para reformar o Tibete seria adiado por pelo menos seis anos, que poderiam se estender mais, e que seria minha a decisão final de implementar ou não tais reformas. Ele acrescentou ainda que o governo chinês não toleraria nenhum levante armado no Tibete e enfatizou que eu precisava retornar a Lhasa o mais rápido possível. Ele concluiu dizendo que eu não deveria visitar Kalimpong, uma cidade indiana na fronteira com o Tibete, onde havia uma comunidade de tibetanos, alguns dos quais tinham fugido para o exílio.

Em relação ao último ponto, respondi a Zhou que eu pensaria na sugestão. Na manhã seguinte à reunião, o marechal He Long veio me visitar e repetiu o conselho de que eu deveria voltar a Lhasa. Ele citou ainda o ditado: "O leão da neve parece digno quando está na neve, mas se descer para as planícies será tratado como um cachorro". Ficou claro que ele estava me dando um aviso sério.

Tudo isso aumentou ainda mais a pressão que eu estava sofrendo de todos os lados sobre se deveria voltar ao Tibete ou permanecer na Índia. Os pontos de vista eram conflitantes entre os membros da minha comitiva. Tudo indicava que Pequim estava tentando influenciar as coisas por debaixo dos panos. Zhou chegou a oferecer a Nehru a possibilidade de a China respeitar as fronteiras determinadas entre a Índia e o Tibete, conhecidas como Linha McMahon, caso a Índia se recusasse a me conceder asilo. No fim das contas, percebi que eu é que teria que tomar a decisão de voltar ou não para o Tibete. Existe um ditado tibetano que diz "Peça a opinião dos outros, mas tome a decisão por você". Então, na reunião seguinte com o primeiro-ministro Nehru, informei que eu tinha tomado a decisão de voltar para o Tibete por dois motivos: "Porque você me aconselhou a fazer isso e porque Zhou

Enlai fez promessas concretas para mim e para meus irmãos". Como o tempo demonstraria, Nehru foi sincero, porém idealista na crença que depositou nas promessas chinesas, mas Zhou tinha simplesmente mentido.

Em janeiro de 1957, ignorando o conselho do primeiro-ministro Zhou, saí de Calcutá e segui para Kalimpong. A caminho de casa, parei em Gangtok, onde tive a oportunidade de me encontrar com muitos dos meus devotos budistas, para dar ensinamentos religiosos e realizar cerimônias de bênçãos, além de colocar a pedra fundamental do Instituto Namgyal de Tibetologia, a convite do marajá de Siquim.

Eu tinha planejado uma parada de apenas alguns dias em Gangtok. No entanto, por causa de uma forte nevasca, a passagem de Nathu-la ficou obstruída, o que significou que fiquei preso em Gangtok por mais algumas felizes semanas. Enquanto estive lá, fiz um convite formal para que Nehru fosse me visitar em Lhasa. Eu queria retribuir a generosa hospitalidade durante minha estadia na Índia e, mais importante, oferecer a ele uma oportunidade de tirar as próprias conclusões sobre o que realmente estava acontecendo no Tibete. Embora Nehru tenha aceitado o convite e os chineses não tivessem apresentado objeções no início, o indiano acabou desistindo do convite quando os chineses disseram que não teriam como garantir sua segurança pessoal no Tibete. Isso foi triste, pois teria sido ótimo ouvir os conselhos dele, se ele tivesse visitado Lhasa.

Mesmo que Nehru não tenha conseguido visitar a capital, acabou colocando os pés em solo tibetano em setembro de 1958, quando foi visitar o Butão. Ele passou uma noite em Yadong, a mesma cidade de onde eu fugira em 1950, quando o exército do regime comunista chinês invadiu o Tibete Oriental. Uma delegação tibetana de alto nível foi enviada para receber e dar as boas-vindas ao primeiro-ministro e sua filha, Indira Gandhi. Foi durante a visita ao Butão que Nehru fez uma forte declaração de que era desejo da Índia que o Butão permanecesse um país independente, com o povo escolhendo como viver e trilhando um caminho de progresso de acordo com a própria vontade. Foi doloroso notar o contraste entre a forma como a Índia tratava o Butão e como vinha tratando o Tibete até então.

Por fim, o tempo melhorou e, no fim de fevereiro, conseguimos cruzar Nathu-la e chegamos ao Tibete. A despedida foi dolorosa, principalmente para meu irmão mais velho, Lobsang Samten. Entre todos os irmãos, ele e eu erámos os mais próximos, desde criança; nós seguimos juntos a longa viagem de dez semanas de Amdo até o Tibete central, e imediatamente depois do meu reconhecimento formal como o Dalai Lama também recebemos juntos os primeiros tutoriais monásticos. Lobsang Samten não estava bem na época e se sentia fraco. Sugeri que sentássemos em silêncio no carro por um tempo. Ele estava chorando, e eu estava triste, tudo isso causou um atraso que irritou as autoridades chinesas que me acompanhavam de volta ao Tibete.

CAPÍTULO 4

Fuga do país

Quando eu estava voltando de Gangtok para Lhasa, parei em muitos lugares, em uma tentativa de tranquilizar meus conterrâneos, mas, em vez disso, recebi uma série de relatos cada vez mais preocupantes. Cheguei à capital em 1º de abril de 1957, sabendo que a situação estava saindo do controle por causa das ações do governo chinês, mas também da minha própria incapacidade de ter qualquer influência significativa. Por volta do meio do verão, ficou claro que praticamente tudo que Zhou Enlai me disse, tanto por si próprio quanto em nome de Mao Tsé-Tung, não passava de mentiras e dissimulações. Os conflitos em Kham e Amdo (leste e nordeste do Tibete) continuavam. O Exército de Libertação Popular da China não demonstrava a menor moderação, bombardeando cidades e cometendo atos inacreditáveis pelo nível de perversidade, os quais foram confirmados posteriormente pela Comissão Internacional de Juristas, em 1959. Dentre as crueldades citadas estão: esterilização compulsória, crucificação, vivissecção, desmembramento, decapitação, queimaduras, surras

A voz de uma nação

até a morte, pessoas enterradas vivas, pessoas arrastadas por cavalos, pessoas penduradas de cabeça para baixo e outros horrores. Milhares de refugiados de Kham e Amdo fugiram para Lhasa e acamparam na entrada da cidade.

No decorrer de 1958 e início de 1959, a situação piorou ainda mais, com um grande número de cidadãos entrando para a resistência tibetana ativa, liderada pelo enérgico líder Adruk Gompo Tashi, chamada de Força Voluntária para a Proteção da Fé (*tensung danglang magmi*) e que veio a se estabelecer na região sul do Tibete. Para neutralizar as tensões, tive várias reuniões com os generais mais graduados do Exército de Libertação Popular da China lotados em Lhasa, incluindo o general Tan Guansan, líder dos militares chineses no Tibete, conhecido por seu temperamento difícil. Por meio desses generais, o governo chinês insistia para que a autoridade tibetana usasse os próprios soldados contra as forças guerrilheiras do país. Era impensável enviar tropas tibetanas contra o próprio povo, principalmente quando eles só estavam lutando para proteger nossa terra e nossa cultura. Ao mesmo tempo, recebi uma notificação dos Estados Unidos dizendo que, se eu solicitasse ajuda para o movimento de resistência, eles ajudariam. Claro, como estudante do Buda e profundo admirador da filosofia de não violência de Mahatma Gandhi, eu não conseguia nem me imaginar fazendo tal pedido.

Sou obrigado a admitir que, na época, parte de mim admirava os guerrilheiros. Eram corajosos tibetanos que colocavam a vida em risco pelo bem da nossa nação e da fé budista. Eu também sabia que muitos deles acreditavam que estavam lutando por lealdade a mim, o Dalai Lama. Eu ficava imaginando que conselho Mahatma Gandhi me daria diante dessa situação difícil. Ele teria condenado a violência nesse caso? Não acredito que teria. Em termos práticos, eu estava convencido de que o uso da força contra os chineses

50

Fuga do país

não seria apenas inútil, mas também um ato suicida. Aquilo daria aos chineses a desculpa perfeita para esmagar os tibetanos com o máximo de força.

No meio de tudo isso, eu estava me preparando para as provas finais do meu Geshe Lharam, marcadas para o Grande Festival de Orações de 1959. Em 22 de fevereiro daquele ano, eu me sentei formalmente para os debates da prova no grande Templo de Jokhang em Lhasa, e esse momento foi um raro descanso das questões incessantes e desafiadoras da política do país. O dia em que concluí os debates do Geshe talvez tenha sido o mais feliz da minha vida. Era o ápice de uma série de debates dos quais eu participara nos "três grandes assentos de aprendizagem" — Sera, Drepung e Ganden —, as três maiores universidades monásticas da escola de Geluk no Tibete central, todas fundadas no início do século XV. Eu estava animado e nervoso com os debates nos grandes centros de aprendizagem do Tibete. Posteriormente, fiquei sabendo que os escolhidos para debater comigo também estavam nervosos, talvez até mais do que eu!

Nas duas semanas seguintes às provas finais do Geshe em Lhasa, a crise do país chegou ao ponto de ebulição. A ansiedade do povo em relação à minha própria segurança e a presença de tropas chinesas em Lhasa levaram a uma situação explosiva na capital. Com tanta gente reunida em um só lugar — milhares de tibetanos de outras partes do Tibete, além dos residentes locais —, e com um grande número de soldados do Exército de Libertação Popular da China lotados na cidade, havia um senso palpável de nervosismo e preocupação. Muitos sentiam que algo estava prestes a acontecer.

Em 10 de março, eu deveria participar de um show cultural no quartel general chinês em Lhasa, e recebi a preocupante orientação de que meus guarda-costas não deveriam me acompanhar.

51

A voz de uma nação

A notícia vazou e milhares de pessoas lotaram as ruas para impedir que eu saísse de minha residência em Norbulingka. A multidão foi aumentando no decorrer do dia, com pessoas gritando palavras de ordem contra os chineses e dizendo que não permitiriam que o Dalai Lama deixasse a casa. Logo as coisas saíram do controle, a manifestação se tornou um levante. Nos dias que se seguiram, a situação foi ficando cada vez mais tensa e caótica, com a multidão se recusando a se dispersar. No dia 12 de março, milhares de tibetanas tomaram as ruas e se reuniram diante do Palácio de Potala. Elas queimaram a bandeira da China, assim como fotografias de Mao Tsé-Tung, Zhou Enlai e Zhu De, enquanto gritavam: "O Tibete sempre foi livre! Tibete para os tibetanos! Tibete para os tibetanos! Vida longa ao Dalai Lama! Vida longa ao Gaden Phodrang!", esse último se referindo ao nome do governo tibetano sob os dalai-lamas. A líder desse protesto feminino, Gurteng Kunsang, e algumas amigas seriam posteriormente executadas por um pelotão de fuzilamento. No dia 14 de março, eu me reuni com cerca de setenta representantes escolhidos pelo povo, na esperança de conseguir neutralizar a situação. No entanto, a tensão continuava crescendo, assim como a multidão de tibetanos.

Entre os dias 10 e 17 de março, o exército chinês se manteve nos quartéis, enquanto eu trocava mensagens com o mal-humorado general Tan Guansan, o que pode ter nos ajudado a ganhar tempo. Minha última carta para ele é datada de 16 de março. Talvez os soldados só estivessem esperando instruções de Pequim. Tivemos informações de que planejavam atacar a multidão e bombardear o palácio de Norbulingka. No meu círculo imediato, muitos me incentivaram a considerar seriamente sair de Lhasa naquele momento. Só que eu tinha a esperança de que, se conseguíssemos encontrar uma forma de tranquilizar a massa de tibetanos, reunidos diante do palácio por estarem preocupados com minha segurança,

Fuga do país

conseguiríamos, de alguma forma, acalmar a situação e evitar uma explosão imediata.

No dia 17 de março, por volta das 16 horas, dois morteiros pesados foram lançados contra Norbulingka, atingindo a parte norte da propriedade, sem causar danos. Todos acreditavam na iminência de um ataque. Mais cedo naquele mesmo dia, o Oráculo de Nechung, em transe, realmente me alertara para ir embora, dizendo: "Vá embora! Vá embora! Esta noite mesmo!".* Tal instrução era consistente com o desfecho de algumas previsões que eu mesmo tinha feito ao questionar se deveria ficar ou partir.** Então, o lançamento dos dois morteiros serviu como um reforço do que o Oráculo do Estado já havia dito para eu fazer, ou seja, partir imediatamente. Não apenas minha vida estava em perigo, mas a de milhares de pessoas do meu povo, que certamente a perderiam também. Com todos à minha volta me incentivando a fugir, tomei a decisão de deixar Lhasa. Fui à capela de Mahakala, um importante protetor no budismo tibetano, onde eu sempre ia para me despedir antes de sair para uma longa viagem. Os monges de lá devem ter ficado um pouco surpresos quando ofereci um grande lenço branco à imagem, mas não demonstraram. Depois de trocar meus trajes monásticos por roupas comuns, fui até meu quarto de orações para um momento de quietude.

Abri o texto que estava na mesinha diante do trono, que era o *Aṣṭasāhasrikā Prajñāpāramitā Sūtra*, ou *A perfeição da sabedoria em oito mil linhas*, uma escritura sagrada do budismo mahayana.

---

* Nechung, também conhecido como Dorje Drakden, é um importante oráculo, historicamente ligado aos dalai-lamas, que se comunica por meio de um médium em transe. A prática de consultas a oráculos é comum no budismo tibetano.

** "Previsões" (*mo* em tibetano) costumam envolver o lançamento de dados e a interpretação dos resultados, referindo-se a um método de se analisar os prós e os contras de um curso específico de ação.

A voz de uma nação

Abri aleatoriamente em uma página e a li do início; o verso final da página dizia: "Tenha coragem e confiança". Energizado, fechei o livro, abençoei o aposento e apaguei as luzes. Levei comigo um item precioso, um antigo *thangka* (uma pintura tradicional tibetana em tela emoldurada com brocados de seda, que podia ser enrolada como um pergaminho) que pertencera ao segundo Dalai Lama.[*]

Saí dos meus aposentos; um véu de silêncio me envolveu enquanto eu conseguia ouvir meus passos e o tique-taque do relógio na parede ecoando nos ouvidos. Peguei um rifle de um dos guarda-costas que estava na porta do meu quarto. Então, às 22 horas de 17 de março de 1959, guardei os óculos no bolso e saí do palácio de Norbulingka disfarçado de leigo, com um rifle apoiado no ombro. Essa foi uma experiência bem assustadora. Eu estava com medo, mas também tinha algo mais imediato e prático com que me preocupar: como não cair de cara no chão enquanto caminhava sem os óculos. Quando saí pelos portões, senti a presença da multidão reunida ali fora. Pensando nelas, rezei, preocupado com o destino que aguardava esses milhares de tibetanos inocentes.

Depois que parti, o governo tibetano continuou em Lhasa, como se eu ali ainda estivesse. Assim que estávamos longe da ameaça imediata de sermos capturados pelo Exército de Libertação Popular da China, a coisa mais poderosa que senti foi uma sensação de alívio, acompanhada por uma consciência de que agora eu estava livre para me expressar abertamente e criticar as políticas do regime comunista chinês. Essa sensação de liberdade foi vívida e forte. Os nove anos que passei trabalhando com a China comunista no Tibete e em Pequim, durante os quais eu tinha que pensar cuidadosamente em cada palavra que saía da minha boca,

---

[*] O *thangka* é de Palden Lhamo, uma importante deidade feminina de proteção associada aos dalai-lamas desde o período do segundo Dalai Lama, Gendun Gyatso, no século XV.

54

havia colocado um peso enorme no meu coração. E agora eu estava livre para respirar o ar da liberdade.

Bem cedo na manhã seguinte, quando cruzávamos a passagem de Chela, um dos guias que levava meu cavalo disse que aquele era o último local de onde ainda era possível ver o palácio de Potala, com suas impressionantes estruturas brancas e vermelhas, semelhantes a uma fortaleza, cobrindo toda a fachada de uma montanha rochosa com vista para Lhasa. Ele me ajudou a virar o cavalo para que eu pudesse lançar um último olhar. Com o coração pesado, eu me despedi de Lhasa, a capital do Tibete, aonde cheguei com 4 anos e fui criado a partir de então. Rezei para que eu pudesse retornar um dia.

Alguns dias depois, em 20 de março de 1959, o exército chinês bombardeou Norbulingka e a multidão, provocando a morte de muitos. Àquela altura, o Exército de Libertação Popular da China já tinha um plano bem integrado de ataque. Quando recebi a notícia de um mensageiro durante minha fuga, rezei por meu povo. Ninguém sabe exatamente quantos morreram em Lhasa. Fui informado que foram vistos milhares de corpos diante do palácio. Foi um verdadeiro massacre o que aconteceu em Norbulingka, Lhasa, Chokpori (uma montanha oposta a Lhasa e o local da faculdade tibetana de Medicina) e no mosteiro de Sera em dois dias de bombardeios incessantes.

Chegamos a Lhuntse Dzong, em Lhoka (no sul), que fica do lado tibetano da fronteira com a Índia. Nossa intenção inicial não era ir diretamente para o exílio na Índia. Minha ideia era negociar com os chineses em um lugar seguro para ver se eu poderia voltar e continuar liderando o governo tibetano. No entanto, à medida que chegavam as notícias do que tinha acontecido depois da minha fuga e do que continuava acontecendo, ficamos convencidos de que não adiantava tentar conversar com a República Popular da

China. Além disso, as autoridades chinesas em Lhasa já tinham anunciado a dissolução do governo tibetano.

Posteriormente, eu soube que, quando Mao Tsé-Tung foi informado de minha fuga, ele reagiu exclamando: "Perdemos!".[*] Mao provavelmente percebeu que, sem minha presença no Tibete, a China teria dificuldades com a questão da legitimidade, tanto em relação à autoridade quanto à presença deles no Tibete. Ele estava certo. Mesmo depois de sete décadas de ocupação, a questão da legitimidade ainda continua no cerne da presença chinesa no Tibete.

Paramos em Lhuntse Dzong e fizemos um balanço. Olhando para os mais de oito anos desde a assinatura do Acordo de Dezessete Pontos, e principalmente depois da minha visita à China em 1954-1955, e à Índia em 1956-1957, apesar de todos os esforços que fiz para encontrar um ponto de equilíbrio, ficou claro que aquela era uma missão impossível. Existe um antigo ditado tibetano que captura bem a essência da relação entre tibetanos e chineses: "Os tibetanos se perdem na esperança; os chineses, na desconfiança".

No dia 26 de março de 1959, em Lhuntse Dzong, repudiei formalmente o Acordo de Dezessete Pontos e anunciei a reconstituição do nosso próprio governo do Tibete como única autoridade constituída de forma legal para o país. Mais de mil pessoas participaram dessa cerimônia, na qual Surkhang, um dos ministros

---

[*] CHANG, Jung; HALLIDAY, Jon. *Mao: The unknown story*. Nova York: Alfred A. Knopf, 2005. p. 447. Nesse livro, há relatos de uma fonte que afirma que Mao enviou um telegrama para o general chinês Tan Guasan ordenando que o exército chinês permitisse a fuga do Dalai Lama e não o matasse. Ele se preocupava com o fato de que o assassinato do Dalai Lama inflamaria a opinião mundial, principalmente da Índia e dos países budistas da Ásia, os quais Mao Tsé-Tung cortejava na época.

Fuga do país

do meu gabinete, leu o documento em voz alta para os presentes. Na introdução, anunciando a formação do governo legítimo do Tibete, o texto afirma:

> No passado, por milhares de anos, nesta terra nevada do Tibete, amplamente conhecida como país independente governado por um sistema que combina o religioso e o secular [...] A não ser pelas diferenças de tamanho de um país pequeno para um grande, temos idênticos atributos, grandeza e qualificações para sermos um país independente do mundo.

Na conclusão, há um chamado para que:

> Assim que o povo vir este decreto, que contém boas notícias sobre estabelecer um novo estado chamado Gaden Phodrang, deve difundi-lo para todos os monges e leigos da região, certificando-se de que todos fiquem sabendo.

Cópias da proclamação do governo independente do Tibete com a minha assinatura foram distribuídas por todo o país, sendo uma enviada para Panchen Lama.

Àquela altura, relatos de tropas chinesas próximas adiantaram a decisão de cruzar a fronteira com a Índia. Foi difícil me despedir dos soldados tibetanos e combatentes da resistência que tão fielmente me escoltaram para fora de Lhasa e que deveriam voltar para enfrentar o exército chinês. Sabia que alguns deles seguiam para a morte certa. Eles voltavam para se juntar à Força Voluntária para a Proteção da Fé. Como parte da estratégia geral do governo dos Estados Unidos para evitar que o comunismo se espalhasse pela Ásia, como soube depois, o movimento de resistência tibetano recebeu apoio da CIA, incluindo treinamento em comunicação e combate.

De Lhuntse Dzong, decidimos seguir em direção à fronteira com a Índia. Depois de dois dias de galope acelerado, chegamos a Mangmang, que é a última aldeia tibetana antes da fronteira. Lá, para minha alegria, estava uma das autoridades que enviei anteriormente para perguntar se a Índia me receberia junto com minha comitiva. Ele trouxe as boas-novas de que o governo da Índia estava disposto a dar asilo a mim e aos meus. Naquela noite em Mangmang, eu me senti seguro pela primeira vez em muitos dias. Havia apenas uma trilha que levava àquele lugar, e a rota estava bem protegida por centenas de combatentes da resistência tibetana. Desse modo, a não ser que o exército chinês realizasse um bombardeio aéreo, eu sabia que estávamos seguros.

O tempo não estava bom — choveu muito e minha tenda tinha goteiras por todos os lados. Fui obrigado a ficar sentado a noite inteira, o que resultou em um forte resfriado no dia seguinte. Como eu estava doente, precisamos adiar por dois dias nossa viagem até a fronteira. Ainda assim, fraco demais para montar a cavalo, quando por fim partimos, fui colocado em um *dzo* (uma mistura de iaque com vaca). Foi dessa forma que cruzei a última parte do meu país. No dia 31 de março de 1959, meu grupo entrou na Índia, e nunca mais pude voltar para minha terra natal.

CAPÍTULO 5

Uma reflexão geopolítica

Lá estava eu, aos 25 anos de idade, como refugiado em um novo país. Como diz o ditado tibetano, como refugiado, a única coisa que nos é conhecida é a terra sob nossos pés e o céu acima de nós. Naquela época, era impossível entender o significado total do que tinha acontecido no meu país em um contexto histórico global. Previsivelmente para mim e meus acompanhantes tibetanos, a primeira e mais significativa experiência foi o choque da destituição. A primeira missão, logo depois da minha fuga, era o total oposto da reflexão profunda: o trabalho urgente de cuidar da comunidade de dezenas de milhares de refugiados que conseguiram me seguir durante os meses após meu exílio. Foi só depois, com o benefício de olhar em retrospecto, que consegui chegar a algumas reflexões gerais sobre o significado do que tinha acontecido no Tibete.

O Tibete, minha terra natal, da qual fui obrigado a fugir, é um país isolado, com o Himalaia ao sul, além do qual estão Índia, Nepal e Butão; os desertos da Ásia Central ao norte, passando pelo

A voz de uma nação

Turquestão Oriental* (Xinjiang) e Mongólia; e a leste, as terras baixas e campos de arroz habitados pelos chineses. Nós, tibetanos, somos habitantes do vasto planalto tibetano, somos seminômades consumidores de *tsampa* (farinha de cevada torrada), vivemos em um extenso planalto, de elevada altitude, cercado ao sul pelos imponentes Himalaias, sob um céu azul profundo. Textos antigos descrevem a nossa terra como "altos picos e solo puro" e traçam a origem da "raça tibetana de rosto avermelhado e consumidora de carne" à união de um macaco e uma ogra que vivia nas rochas, da qual nasceram seis filhos. Foi a partir dessa prole que, de acordo com essa história de origem, surgiram os tibetanos. Ouvi essa história pela primeira vez quando criança, após minha chegada a Lhasa. Foi um monge que me contou, ao explicar um mural dentro do palácio de Potala, mostrando o macaco. As histórias tibetanas identificam Nyatri Tsenpo como o primeiro rei do país, com seu reinado começando em 127 a.C. Na verdade, um dos sistemas de calendário tradicionais do Tibete, o *bö gyalo* (ano real tibetano), considera este o ano 1, tornando 1950, quando o regime comunista chinês invadiu o Tibete, o ano 2077. Uma crônica antiga diz que esse rei descendia dos céus e "que veio por vontade própria se tornar o senhor de tudo que há sob o céu [...] até o centro da Terra, no coração do continente, na região cercada por montanhas nevadas, na nascente de todos os rios, onde as montanhas eram altas, o solo era puro e a região, agradável [...] um lugar onde cavalos velozes nasciam".

Considerando a excepcional geografia do planalto tibetano, que costuma ser chamado de "telhado do mundo" (*zamling sayi*

---

* Embora *Xinjiang* (literalmente "Nova Fronteira") seja o nome mais reconhecido na atual literatura internacional para Turquestão Oriental, esse, na verdade, é um nome colonial criado pela China. O próprio povo uigur se refere ao país como Turquestão Oriental.

Uma reflexão geopolítica

yangthok), os tibetanos, no decorrer de milênios, desenvolveram um estilo de vida e cultura que se adaptou de forma única ao ecossistema de altitude elevada. Nós, tibetanos, reconhecemos o imperador do século VII, Songtsen Gampo, como nosso maior rei, creditando a seu reinado uma série de conquistas importantes que enriqueceram a civilização tibetana. Foi durante o governo dele que o sistema de escrita tibetano atual foi criado e que os primeiros textos budistas foram trazidos da Índia para ser traduzidos do sânscrito. O imperador estabeleceu um sistema jurídico universal, padronizou formas de medida por todo o planalto tibetano e levou muitas inovações para a agricultura e o artesanato. Também foi durante seu reinado que dois dos mais antigos templos do Tibete, o Jokhang e o Ramoche, foram construídos para abrigar duas estátuas sagradas de Buda, que foram levadas do Nepal e da China por duas princesas com quem o imperador Songtsen se casou. Mesmo ainda criança, eu conhecia a história do casamento entre Songtsen Gampo e a princesa chinesa Wencheng, dada em casamento pelo imperador Taizong de Tang. Todo verão, eu aguardava ansiosamente o Festival Shotön, em Lhasa, e suas óperas tibetanas apresentadas nos jardins do palácio de Norbulingka. Uma das famosas óperas conta a história do casamento de Songtsen com essa princesa chinesa e também com uma princesa nepalesa chamada Bhrikuti. Assim como muitos antigos vizinhos com uma longa história em comum, houve muitos altos e baixos nas relações entre o Tibete e a China, com períodos de amizade, de tolerância fria, de disputas e de conflito deflagrado. No entanto, a violenta invasão do regime comunista da China ao Tibete marcou uma tragédia sem precedentes para o povo tibetano.

Olhando em retrospecto, passei a entender as maneiras como o Tibete e seu povo foram vítimas das trágicas circunstâncias da história. Importantes potências que tinham conexões históricas

A voz de uma nação

com o Tibete estavam todas muito ocupadas com outras questões específicas durante o período crucial. A Grã-Bretanha, que havia invadido o Tibete em 1903-1904, tinha acabado de abrir mão da Índia e não estava disposta a entrar em questões políticas no sul e no interior asiáticos. A Índia tinha se tornado um país independente em 15 de agosto de 1947, no meio de uma ruptura bastante traumática e, logo depois, em outubro do mesmo ano, entrou em guerra com o recém-separado Paquistão, conflito que durou até 1º de janeiro de 1949. Não havia ímpeto para lidar com conflitos de outro vizinho diante do cenário de guerra que acabara de chegar ao fim. Os Estados Unidos tinham demonstrado interesse no Tibete como parte de sua preocupação de impedir o crescimento do comunismo depois do fim da Segunda Guerra Mundial. A última coisa que todo mundo queria ver na Ásia era uma reprise do que havia acontecido na Europa Oriental logo após o fim da guerra. Durante a guerra civil na China, entre 1946 e 1949, por exemplo, os Estados Unidos deram um apoio significativo ao governo nacionalista de Chiang Kai-shek, que acabou perdendo o conflito. Na Guerra da Coreia, entre 1950 e 1953, os Estados Unidos enviaram tropas para ajudar a defender a Coreia do Sul da invasão comunista do norte, que contava com o apoio da União Soviética e do regime comunista da China. O pouco apoio que os Estados Unidos deram para a resistência tibetana foi grandemente motivado pela política mais ampla de segurar a onda comunista na Ásia.

O que aconteceu na Mongólia no mesmo período constitui um profundo e interessante contraste histórico. Com a queda da dinastia de Manchu Qing em 1911, o status político da Mongólia era o mesmo que tínhamos no Tibete. Quando a China Nacionalista reivindicou o Tibete como parte do seu território, fez o mesmo com a Mongólia. Não foi coincidência o fato de a Mongólia

62

Uma reflexão geopolítica

e o Tibete estabelecerem um tratado bilateral reconhecendo a independência um do outro em 1913. Como a União Soviética apoiou a independência da Mongólia logo depois de um referendo em 1945, as potências mundiais persuadiram Chiang Kai-shek a aceitar o resultado da votação. Como consequência, embora em tamanho reduzido, a Mongólia agora é um país independente e membro das Nações Unidas.

Nós, tibetanos, não tivemos tanta sorte. Até certo ponto, temos nossa parcela de culpa. Enquanto o restante do mundo despertava para o significado de uma compreensão global acerca do lugar das nações, principalmente depois da Primeira Guerra Mundial, nós enterramos a cabeça na areia. Erros significativos foram cometidos naquele período. Por exemplo, foram tomadas pouquíssimas iniciativas sistemáticas nessa época para expressar o status do Tibete como país independente em âmbito internacional. As medidas do 13º Dalai Lama para fazer reformas, principalmente nos campos da educação e da defesa, foram grandemente frustradas pelos interesses regionais e da elite. Depois de sua morte, em 1933, poderíamos ter feito esforços para entrar em fóruns internacionais, como a Liga das Nações e, posteriormente, as Nações Unidas. Com exceção do 13º Dalai Lama, o que a elite tibetana, que governava o Tibete na época, não conseguiu compreender era que, na nova realidade política do século XX, não bastava o país desfrutar de independência, era necessário tomar uma série de medidas internacionais para provar sua presença no cenário mundial como um dos muitos estados soberanos. Foi particularmente negativo que, enquanto a tempestade se formava sobre o Tibete, a elite governante, incluindo meus dois regentes sucessivos, estava mais preocupada com a rivalidade política, que chegou ao clímax em 1947, com a morte do meu primeiro regente, Reting Rinpoche. Dessa forma, quando o Exército de Libertação Popular da China

A voz de uma nação

apareceu na nossa porta, em 1950, o Tibete estava completamente despreparado, e já era tarde demais.

Quando penso sobre a vida política do meu predecessor imediato, o 13º Dalai Lama, vejo um paralelo impressionante com meu próprio carma. Ele foi obrigado a fugir duas vezes para o exílio por causa de invasões estrangeiras: primeiro, quando as forças britânicas, sob o comando do coronel Francis Younghusband, invadiram o Tibete, em 1903. Ele só retornou ao país em 1909, mas teve que fugir novamente em 1910, quando o exército da dinastia de Manchu Qing atacou o Tibete Oriental. Os britânicos certamente não foram para ficar, mas é bem possível que a conquista fosse a intenção das forças imperiais de Manchu. No entanto, o próprio Qing caiu em 1911, e, com a abdicação do último imperador em 1912, o *amban* (representante imperial) de Qing em Lhasa se rendeu. Foi depois de seu retorno, em 1913, como já mencionado, que o 13º Dalai Lama tentou firmar a independência do Tibete no cenário internacional, com atos como a assinatura de um acordo com a Mongólia nesse mesmo ano, no qual as duas nações confirmavam a independência da outra. O Tibete gozava desse status de independência quando o regime comunista chinês invadiu o país em 1950. Se nós, tibetanos, tivéssemos lido corretamente os sinais daqueles anos, talvez tivéssemos identificado que outra invasão era provável. Isso sugere que perdemos oportunidades durante o período crucial entre a morte do 13º Dalai Lama, em 1933, e o nascimento do regime comunista da China, em 1949, principalmente durante os tempos de caos de um governo instável e a guerra civil na China.

Na verdade, pouco antes de morrer, o 13º Dalai Lama deixou um testamento final extraordinário e profético. Li tal texto quando era bem jovem. Vou fazer uma longa citação dele, uma vez que mostra tanto sua perspicácia quanto a extensão do fracasso, por

Uma reflexão geopolítica

parte do governo tibetano, de dar a devida importância a seus claros avisos. Ele escreveu:

Tenho quase 58 anos de idade e logo será impossível para mim servi-los por mais tempo. Todos devem atentar para esse fato e começar a pensar no que farão no futuro, quando eu não estiver mais aqui. Entre mim e a próxima encarnação, haverá um período durante o qual vocês terão que se cuidar sozinhos.

Nossos dois vizinhos mais fortes são a Índia e a China, e ambos contam com exércitos poderosos. Assim, devemos tentar estabelecer relações estáveis com ambos. Há também uma série de países menores próximos às nossas fronteiras que mantêm um forte poder militar. Dessa forma, é importante que contemos com um exército eficiente de soldados jovens e bem treinados, capaz de estabelecer a segurança do país [...] Se não nos prepararmos para nos defender do fluxo de violência, teremos muito poucas chances de sobrevivência.

Em particular, devemos nos proteger dos bárbaros comunistas vermelhos, que carregam terror e destruição por onde quer que passem. Eles são os piores dos piores. Já consumiram grande parte da Mongólia [...] Roubaram e destruíram mosteiros, obrigando os monges a entrarem para o exército ou simplesmente os matando. Eles destroem as religiões que encontram [...]

Não vai demorar muito até nos depararmos com um ataque vermelho à nossa porta. É só uma questão de tempo antes de termos um confronto direto com essas forças [...]

E, quando isso acontecer, temos que estar preparados para nos defender. Caso contrário, nossas tradições espirituais e culturais serão completamente erradicadas [...] Os mosteiros serão saqueados e destruídos, os monges e monjas serão assassinados ou perseguidos, as grandes obras dos nobres reis do Dharma serão desfeitas, e todas as nossas instituições culturais e espirituais serão perseguidas, destruídas e esquecidas. Os direitos de nascença e de propriedade serão roubados do povo, seremos escravizados por nossos conquistadores e obrigados a vagar, sem ajuda, como pedintes. Todos serão forçados a viver na miséria, e os dias e as noites passarão devagar e com grande sofrimento e terror.

Dessa forma, quando a força da paz e da felicidade estiver conosco, enquanto o poder de fazer alguma coisa sobre a situação ainda estiver em nossas mãos, deveremos nos esforçar para nos proteger desse iminente desastre. Usar métodos pacíficos sempre que for conveniente, mas, quando não for, não hesitar em recorrer a meios mais fortes. É preciso um trabalho diligente agora, enquanto ainda há tempo. Desse modo, não haverá arrependimentos.

Tragicamente, após a morte do 13º Dalai Lama, a regência e a liderança tibetanas não conseguiram entender a urgência e a seriedade dos avisos que ele deixou. Quase todos os alertas que ele fez se provaram precisos e corretos.

Quando pensamos na tragédia do Tibete no contexto mundial mais amplo, vemos uma ironia extraordinária. Logo depois da Segunda Guerra Mundial, as nações imperialistas do mundo estavam abrindo mão de suas colônias em todos os lugares — basta pensar no término dos mandatos britânico e francês no Oriente Médio no fim dos anos 1940 e, claro, acima de tudo, na independência da Índia em 1947. Enquanto todas as outras potências imperialistas se desfaziam das antigas colônias, o regime comunista da China conquistava as próprias. A China Comunista optou por invadir um país independente, o Tibete, e transformá-lo em uma

Uma reflexão geopolítica

colônia. De qualquer forma, a anexação forçada do Tibete à nova República Popular da China de Mao Tsé-Tung foi desastrosa não apenas para nós, tibetanos. Também foi problemática, para dizer o mínimo, para a própria China. Isso porque a imposição de uma nacionalidade única para povos diversos, cada qual com idioma, cultura e história distintos, que nunca se identificaram como chineses, criou um estado moderno inerentemente instável, com uma ameaça crônica de tensão étnica, que exige de Pequim o uso constante de uma força colonialista brutal.

Existe ainda uma segunda ironia que pode ser caracterizada como ética e moral. Em dezembro de 1948, as Nações Unidas adotaram a Declaração Universal dos Direitos Humanos, um documento fundamental que apresenta a forma como sociedades civilizadas do mundo moderno devem tratar não só seus cidadãos, mas também os cidadãos dos outros países. Essa declaração ganhou uma base legal em 1976, como Pacto Internacional sobre Direitos Civis e Políticos, o qual foi reafirmado em 2022. A China Comunista, em contraste, age de forma oposta. Quase imediatamente depois que a Declaração Universal dos Direitos Humanos foi adotada, a China deu início ao que já são mais de setenta anos de violência sistemática contra os direitos humanos do povo do Tibete.

Perto do aniversário de 50 anos da declaração da ONU, alguns países governados pelo regime comunista da China contestaram que os padrões de direitos humanos definidos na Declaração Universal não são verdadeiramente universais e não se aplicam à Ásia por causa das diferenças culturais, sociais e econômicas. Eles argumentaram que o conceito de direitos humanos universais precisava ser revisto para incluir o que foi descrito como "valores asiáticos". Declarei que não compartilho desse ponto de vista e argumentei que, se quaisquer aspectos de uma cultura, tradição

A voz de uma nação

ou costume conflitassem com os direitos humanos básicos, tais costumes tradicionais é que precisavam ser modificados, e não o contrário. Eu disse ainda que a maioria do povo da Ásia concordaria comigo.

Para ser bem sincero, creio que a ideia de que, de alguma forma, o povo asiático não valoriza os direitos humanos básicos, tais como dignidade e liberdade individual, ou que não precisa disso, é desrespeitosa para com todos os povos da Ásia. De qualquer forma, preocupado com essas tentativas de reduzir o espírito do que é um documento embrionário na história da humanidade, argumentei diversas vezes que os direitos humanos básicos são realmente universais, pois fazem parte da natureza de todos os seres humanos, com seu desejo de liberdade, igualdade e dignidade, e seu direito de conseguir isso. Não existe nada no Ocidente ou no Oriente, nem no Norte ou no Sul, que possa mudar isso. Creio profundamente que os princípios delineados na Declaração Universal dos Direitos Humanos constituem algo como uma lei natural que deve ser seguida por todos os povos e todos os governos.

O custo que a conquista do Tibete tem para a nação tibetana é óbvio. No entanto, vale a pena pensar de forma mais ampla nos efeitos geopolíticos na região. Para começar, pela primeira vez na história, as duas nações mais populosas do mundo passaram a dividir uma extensa fronteira que precisava ser cada vez mais militarizada. Até essa invasão do Tibete, só havia uma fronteira indo-tibetana, e não existia uma fronteira entre a Índia e a China. Em sua carta ao primeiro-ministro Nehru, em 7 de novembro de 1950, um pouco antes de sua morte, o vice-primeiro-ministro da Índia, Sardar Vallabhbhai Patel, lamentou a "expansão da China até praticamente nossa porta. Por toda a nossa história, raramente tivemos que nos preocupar com nossa fronteira nordeste. Os Himalaias eram considerados uma barreira impenetrável contra qualquer ameaça do norte. E tínhamos o pacífico Tibete, que nunca nos causou problemas".

Confirmando as preocupações de Patel, houve uma guerra sino-indiana em 1962, seguida por outro conflito em 1967. Patel era realista e pragmático, ao passo que Nehru era mais idealista e visionário. Esse último se preocupava com uma polarização exacerbada do mundo entre a Organização do Tratado do Atlântico Norte, Otan, e o Pacto de Varsóvia e, em termos econômicos, entre Norte e Sul. Seu sonho de uma colaboração não alinhada levou à assinatura do Acordo Panchsheel (literalmente, "Acordo dos Cinco Princípios") entre a Índia e a China em 1954, o qual definiu um plano de respeito mútuo em relação à integridade territorial de cada um dos países, não agressão, não interferência nos assuntos internacionais de cada país, igualdade e benefícios mútuos e coexistência pacífica. Em suma, a invasão e a ocupação violenta do Tibete criou uma instabilidade duradoura no planalto tibetano, afetando diversas nações que tradicionalmente dependiam da paz nas suas fronteiras ao norte: Índia, Nepal, Butão e Mianmar. Foi pensando na paz e na segurança da Ásia que, em setembro de 1987, apresentei meu Plano de Paz de Cinco Pontos, propondo que o planalto tibetano fosse transformado em uma zona desmilitarizada entre as duas maiores potências militares da Ásia.

Em termos ambientais, o planalto tibetano abriga a nascente de muitos dos maiores rios da Ásia, incluindo Yarlung Tsangpo (Brahmaputra) e Senge Khabab (Indo), que correm na direção sul, e Dzachu (Mekong), Machu (rio Amarelo) e Drichu (Yangtzé), que correm para o leste. A ocupação do Tibete pelo regime comunista chinês teve um efeito devastador na saúde desses rios, com consequências ambientais significativas para muitos países asiáticos. No futuro, a não ser que seja assegurada uma custódia responsável dos recursos desses principais rios, também podem ocorrer conflitos sérios ligados ao acesso à água, indispensável para a sobrevivência de centenas de milhões de pessoas em países como Índia, Paquistão, Bangladesh, Mianmar, Laos, Tailândia, Vietnã e Camboja. Alguns especialistas ambientais se referem ao planalto tibetano como o "terceiro polo", acompanhando os polos Sul e Norte, por ser o maior repositório de água doce. Além disso, o ecossistema do planalto desempenha um papel crucial na regulação das monções por todo o sul da Ásia.

O desflorestamento maciço promovido pela China no planalto tibetano, principalmente na década de 1980, destruiu mais de 50% das florestas de Kham (Tibete Oriental), por exemplo. Os ambientalistas estão profundamente preocupados com o impacto negativo de longo prazo desse extenso desflorestamento do planalto, principalmente em relação ao aumento da temperatura e às enchentes durante as monções nas regiões mais baixas. Em relação às mudanças climáticas, muitos anos atrás, um cientista ambiental me disse que, considerando a elevada altitude do Tibete e seu clima seco, qualquer dano ecológico feito no planalto vai levar um tempo muito maior de recuperação. Esse mesmo cientista também me mostrou como Jangthang, as vastas planícies do norte do Tibete, tem um papel crucial em baixar as temperaturas ao refletirem a luz do sol, em vez de absorvê-la.

Uma das grandes fontes de preocupação é a construção de represas imensas, como a do lago Yamdrok e Zangmu, em Lhoka, região próxima ao Butão. Atualmente, sabemos por meio da ciência ambiental que existe uma conexão entre terremotos e a construção de represas em elevadas altitudes do planalto tibetano, considerando que aquela região é uma das áreas mais sismicamente ativas do mundo. O planalto tibetano também é conhecido por seus vastos depósitos minerais. De acordo com a própria secretaria de estudos geológicos da China, acredita-se que

Uma reflexão geopolítica

o planalto tenha reservas de cobre entre 30 e 40 milhões de toneladas, mais de 40 milhões de toneladas de zinco e bilhões de toneladas de ferro, incluindo principalmente grandes depósitos de minerais raros, como lítio e urânio. Na verdade, a palavra chinesa para se referir ao Tibete é *Xizang*, que significa literalmente, "tesouro do oeste". Se a mineração for feita no planalto tibetano, precisa ser conduzida com a maior sensatez possível em termos de impacto ambiental. No fim, uma abordagem descuidada, instrumental ou mercantilista de extração resultará em consequências de longo prazo, que serão vivenciadas muito além das fronteiras do planalto tibetano.

Por fim, existe uma migração em larga escala de nômades saindo das pastagens tradicionais em diferentes partes do planalto tibetano. Historicamente, as comunidades nômades viviam nas vastas planícies abertas, incluindo as pastagens, e desenvolveram uma relação simbiótica com o meio ambiente, de forma que sua presença no amplo espaço aberto serviu como a melhor forma de cuidado com a natureza. Os deslocamentos dessas comunidades tradicionais não são devastadores somente para os próprios nômades, como também criaram um novo ciclo de desequilíbrio ambiental.

Considerando que a saúde ecológica é uma preocupação comum para tibetanos e chineses, eu tinha esperanças de que a proteção do frágil meio ambiente do Tibete pudesse ser uma área na qual fosse possível se ver esforços sistemáticos e unidos. Se as autoridades chinesas permitissem que cientistas ambientais, em especial os chineses, trabalhassem em conjunto com os tibetanos, que conhecem bem o ambiente em que vivem, existiria a possibilidade de criar uma abordagem eficaz para reduzir danos ecológicos desnecessários no planalto. Disseram-me que um cientista ambiental chinês que passou muitos anos no Tibete comentou que, nos locais com forte tradição religiosa, o meio ambiente é bem protegido e que isso é algo que deveria nos fazer parar para pensar.

Historicamente, com nossas práticas culturais e religiosas que enfatizam viver em harmonia com a natureza, o ecossistema do Tibete nunca passou por uso abusivo nas mãos dos habitantes do nosso vasto planalto. São preocupantes os relatos de que o regime comunista chinês instalou mísseis nucleares nas elevadas altitudes do planalto. Deixando de lado as implicações para a estabilidade regional e internacional, o risco de vazamentos ou erros representa, por si só, uma ameaça devastadora para a frágil natureza. Se as águas dos rios forem poluídas, o impacto destrutivo na vida de milhões de dependentes desses rios não pode ser calculado.

Todos esses fatores — a militarização do planalto tibetano, que inclui o armazenamento de armas nucleares; um fortalecimento crescente da segurança na fronteira de mais de 3 mil quilômetros entre os dois maiores exércitos asiáticos, que contam com partes que ainda estão sendo disputadas; a destruição ecológica do planalto, por meio do desmatamento e da mineração extensiva; assim como a gestão imprevisível das nascentes de alguns dos maiores rios da Ásia, responsáveis pela sobrevivência de centenas de milhões de pessoas — mostram como a invasão do Tibete foi realmente trágica, não apenas para os tibetanos, mas para toda a humanidade. É uma tragédia de proporções históricas cujas consequências destrutivas vão continuar reverberando por muitos séculos.

Se o Tibete tivesse conseguido permanecer livre, esses problemas geopolíticos e ecológicos não existiriam. Essa é a pura verdade.

CAPÍTULO 6

Devastação do Tibete e reconstrução no exílio

Em 31 de março de 1959, por volta das 15 horas na Índia, meu grupo chegou à aldeia de Kenzamane, na fronteira indiana, próxima a Tawang. No instante em que entrei no país, fui tomado por uma tremenda sensação de alívio. Não importava que fôssemos dignos de pena para a meia dúzia de soldados indianos que protegiam a fronteira. Éramos cerca de oitenta tibetanos totalmente exaustos depois da longa e difícil jornada. Até mesmo minha mãe disse que não precisávamos mais temer os chineses e podíamos falar o que pensávamos. Obviamente, minha mãe também vinha carregando o pesado fardo de ter de medir cada palavra e ação.

Fomos recebidos de forma calorosa pelo povo local e por um cordial telegrama do primeiro-ministro Nehru:

> Meus colegas e eu damos as boas-vindas a vocês e celebramos sua chegada em segurança à Índia. Ficaremos muito felizes de providenciar as instalações necessárias para vossa santidade, sua família e todo o seu séquito. O povo indiano, que tem

A voz de uma nação

grande veneração por vossa santidade, o receberá com todo o tradicional respeito. Atenciosamente, Nehru.

Fomos formalmente recebidos em nome do governo da Índia por um rosto conhecido: P. N. Menon, um oficial do Ministério de Relações Exteriores que já trabalhara em uma missão indiana em Lhasa. Também esperava por nós outra pessoa que conhecíamos, Kazi Sonam Topgyal, que fizera parte da equipe de tradutores que me ajudaram durante minha visita à Índia entre 1956 e 1957. Da fronteira indiana, seguimos por Tawang, que na época era conhecido como Agência da Fronteira Nordeste (North-East Frontier Agency – Nefa), atualmente Arunachal Pradesh. Em 18 de abril, fui levado de jipe até a cidade de Tezpur, onde a mídia internacional aguardava. Na estação de trem, fiquei surpreso ao receber milhares de telegramas desejando-me sorte e aproximadamente cem jornalistas e fotógrafos de todo o mundo que foram até lá fazer a cobertura do que chamaram de "história do ano". Aproveitei a oportunidade para fazer uma declaração ao mundo, com um relato completo das circunstâncias que levaram à minha fuga — o levante espontâneo do povo em Lhasa, nossa longa abordagem pacífica em busca de um acordo com o regime comunista da China —, anunciar que eu estava na Índia como sinal de oposição à ocupação chinesa no meu país e fazer um apelo aos países livres do mundo. Concluí dizendo que desejava que aquela crise no Tibete logo terminasse sem mais nenhum banho de sangue. Dois dias depois, Pequim deu uma declaração dizendo que "a chamada *declaração do Dalai Lama…* é um documento grosseiro, pobre de argumentos e cheio de mentiras e lacunas". Em seguida, eles alegaram que eu havia sido sequestrado pelos rebeldes de Lhasa!

É claro que houve sérios debates no Parlamento indiano, o Lok Sabha, sobre o que tinha acabado de acontecer no Tibete, o

74

histórico vizinho ao norte da Índia. As palavras do veterano político e combatente da liberdade Jaya Prakash Narayan na época capturaram bem o sentimento de frustração e dilema moral, compartilhado por muitos líderes indianos:

> Ninguém espera que a Índia entre em guerra com a China por causa do Tibete. No entanto, toda e qualquer pessoa correta, todo e qualquer indivíduo que valoriza a liberdade deve estar pronto para falar de forma honesta sobre os acontecimentos. Não contribuímos para a paz ao minimizar atos de agressão. Não temos como evitar que os chineses anexem o Tibete e subjuguem aquele povo pacífico e corajoso, mas podemos, pelo menos, deixar claro nosso veredicto acerca dos fatos, reconhecendo que uma agressão foi cometida e que a liberdade de uma nação fraca foi destruída por um vizinho poderoso. Também não vacilaremos em rasgar o véu do comunismo, que, sob o semblante gentil do Panchsheel, esconde o rosto selvagem do imperialismo. Pois, no Tibete, vemos as obras de um novo imperialismo, que é muito mais perigoso do que o antigo, porque marcha sob a bandeira de uma suposta ideologia revolucionária.

De Tezpur, viajamos até Mussoorie, uma linda estação britânica nas colinas aos pés do Himalaia, ao norte de Nova Délhi. A cada parada do trem, milhares de indianos iam me dar as boas-vindas, gritando: "*Dalai Lama ki Jai*" (Saudações ao Dalai Lama) e "*Dalai Lama Zindabad*" (Vida longa ao Dalai Lama). Em Mussoorie, o governo da Índia estabeleceu minha primeira residência no exílio. Lá, no dia 24 de abril, Nehru foi me visitar para me dar, pessoalmente, as boas-vindas à Índia. Conversamos por mais de quatro horas. Como Nehru era uma das vozes poderosas que me

A voz de uma nação

incentivaram a voltar a Lhasa em 1957, relatei a ele que, apesar de todos os meus esforços de tentar negociar de forma justa e honesta com os chineses, segundo os termos do Acordo de Dezessete Pontos, havia sido impossível trabalhar com eles. Em 20 de junho de 1959, participei da minha primeira entrevista coletiva. Declarei que o Tibete era um país independente, que vinha gozando de todos os direitos de soberania, assim com os exercendo, fosse na política interna ou na externa, e que, ao invadir o Tibete, o exército comunista da China havia cometido um ato flagrante de agressão. Qualquer pessoa objetiva é capaz de concordar com isso. De qualquer forma, declarei ainda que, como o lado chinês havia violado termos importantes do acordo, ele havia se tornado efetivamente inválido. Se um tratado é violado por um dos signatários, pode ser legalmente repudiado pelo outro e, a partir daquele momento, não ser mais legal. Também declarei que, no que diz respeito aos tibetanos em qualquer lugar do mundo, onde meu gabinete e eu estivermos presentes, ali existirá o governo legítimo do Tibete.

Após minha fuga, muitos milhares de tibetanos conseguiram me seguir para o exílio. Em nosso país, a opressão se tornara intolerável. Ao ouvir os relatos dos recém-chegados, diante da destruição do meu povo e de tudo pelo que vivemos, dediquei minha vida no exílio às únicas medidas que me restaram: lembrar ao mundo o que aconteceu e o que ainda acontece no Tibete, e cuidar dos tibetanos que fugiram comigo para a liberdade. Tudo que ouvimos nos relatos dos refugiados, e ainda mais coisas, foi confirmado pelo relatório da Comissão Internacional de Juristas sobre o Tibete, reunida em julho de 1959 em Genebra, intitulado *The question of Tibet and the rule of law* (A questão do Tibete e o estado de direito). O que dá peso a esse relatório é o fato de ter sido comissionado e conduzido por um corpo jurídico independente

Devastação do Tibete e reconstrução no exílio

de qualquer governo ou parte interessada. Trata-se, na verdade, de um relatório totalmente imparcial, que concluiu que "os indícios apontam, pelo menos nas investigações iniciais, para um caso de genocídio cometido pela República Popular da China" e que "Genocídio é o crime mais grave conhecido pelo direito internacional". A Convenção de Genocídio de 1948 condena "atos cometidos com a intenção de destruir, no todo ou em parte, um grupo nacional, étnico, racial ou religioso". No segundo relatório da Comissão Internacional de Juristas, *Tibet and the Chinese People's Republic* (O Tibete e a República Popular da China), publicado em 1960, "o Comitê descobriu que atos de genocídio foram cometidos no Tibete em uma tentativa de destruir os tibetanos como grupo religioso e que tais atos constituem tentativa de genocídio independentemente de qualquer obrigação convencional".

Em 4 de setembro de 1959, fiz uma importante viagem a Nova Délhi. Lá, além de reuniões cruciais com o primeiro-ministro Nehru e com outros importantes líderes, incluindo principalmente o presidente e o vice-presidente da Índia, também me reuni com embaixadores de diversos países. Para mim, a parte mais emocionante dessa visita foi o compromisso que tive com um grupo de milhares de indianos organizado pela Bharat Tibet Sangh, ou seja, a Fraternidade entre Tibete e Índia, presidida por Acharya Kripalani, um conhecido ativista social que seguia os ensinamentos de Gandhi. (Acharya continuou atuando como um leal apoiador da causa tibetana, tornando-se um querido amigo pessoal até sua morte, em 1982.)

Agora que eu estava em um país livre, comecei a consultar peritos internacionais sobre levar o caso do Tibete à Assembleia Geral da ONU. Assim, enquanto eu estava em Nova Délhi em setembro de 1959, escrevi ao secretário-geral da ONU, Dag Hammarskjöld:

A voz de uma nação

Diante do tratamento desumano e dos crimes contra a humanidade e a religião aos quais o povo do Tibete está sendo submetido, solicito uma intervenção imediata da ONU.

Em 21 de outubro de 1959, a Assembleia Geral adotou uma resolução apoiada pela Irlanda e pela Malásia, que solicitavam "o respeito aos direitos humanos fundamentais do povo tibetano e sua distinta vida cultural e religiosa", e reconheciam que "as liberdades e os direitos humanos fundamentais aos quais o povo tibetano, assim como todos os outros povos, tem direito incluem o direito à liberdade civil e religiosa para todos, sem distinção". Continuei com meus apelos para o secretário-geral da ONU e para muitos governos, atualizando-os sobre a piora da situação dentro do Tibete. É de se destacar que, em 1960, o governo dos Estados Unidos anunciou seu apoio à autodeterminação do Tibete. Na verdade, recebi duas cartas do secretário de Estado, Christian A. Herter: uma datada de fevereiro de 1960 e outra de outubro do mesmo ano. Ambas me asseguravam que a posição dos Estados Unidos continuava sendo de "que o princípio de autonomia deveria se aplicar ao povo do Tibete e que eles deveriam ter uma voz determinante acerca do próprio destino político". Em 1961, na 16ª sessão da Assembleia Geral da ONU, foi adotada mais uma resolução, apoiada pela Malásia, pela Irlanda, por El Salvador e pela Tailândia. Essa resolução renovava solenemente uma ação da ONU "para a cessação de práticas que privavam o povo tibetano de sua liberdade e de seus direitos humanos fundamentais, incluindo seu direito de autodeterminação". Em 18 de dezembro de 1965, a ONU aprovou mais uma resolução sobre o Tibete, em sua sessão plenária, reafirmando as resoluções anteriores e as graves preocupações da Assembleia Geral acerca "da violação contínua da liberdade e dos direitos humanos fundamentais do povo".

Em janeiro de 1960, aproveitei a oportunidade para visitar Bodh Gaya e Sarnath, prestando homenagem, respectivamente, ao Templo Mahabodhi, com a sagrada árvore Bodhi, e ao local onde Buda girou pela primeira vez a Roda do Dharma. Minha mente estava em um estado muito mais tranquilo do que da última vez que eu havia visitado o sítio budista sagrado de Bodh Gaya, em 1956, quando meus pensamentos estavam tomados com a questão de voltar ao Tibete ou buscar asilo na Índia. Em Sarnath, próximo a Varanasi, celebrei pela primeira vez uma cerimônia de ordenação de monges. A tradição exige que a cerimônia de ordenação seja realizada por alguém que tenha feito o voto de ordenação dez anos antes ou apenas cinco, no caso de alguém com qualificações excepcionais. Meus dois tutores insistiram que eu tinha as qualificações necessárias e que eu deveria conduzir a minha primeira cerimônia de ordenação de outros monges no lugar onde Buda deu seu primeiro discurso público. Eu tinha 26 anos. Para uma pessoa que se identifica com a vida monástica de forma tão íntima, isso foi uma grande honra e uma profunda alegria. Pensei em como eu era felizardo por poder realizar uma cerimônia de ordenação no mesmo lugar onde Buda deu seu primeiro sermão público, seguido de sua iluminação, conhecida como o primeiro giro da Roda do Dharma. Entre os que foram ordenados em Sarnath estava Dagyab Rinpoche, a reencarnação de um lama de alta hierarquia na tradição Geluk.

Também em Bodh Gaya conduzi uma cerimônia de ordenação, na qual estava Samdhong Rinpoche, que posteriormente seria o primeiro líder da nossa comunidade tibetana exilada eleito diretamente. Em janeiro de 1960, ainda em Bodh Gaya, também tivemos o que efetivamente foi a primeira reunião formal do povo tibetano no mundo livre. Reuniram-se representantes dos principais distritos eleitorais — as três províncias tibetanas de Ü-Tsang,

A voz de uma nação

Kham e Amdo, membros graduados das principais tradições budistas do Tibete, abades de grandes mosteiros e delegações de diversas partes da Índia — para promover uma cerimônia de vida longa para minha saúde. Na cerimônia, representando o povo tibetano no exílio, todos eles fizeram o "Grande Juramento da Unidade" (*Na-gan Thunmoche*). Os presentes juraram que, a partir daquele momento, eles se esforçariam pela unidade dos tibetanos de todas as três províncias e dividiriam a responsabilidade de trabalhar pelo bem comum do Tibete, sob a liderança do Dalai Lama. Também foi em Bodh Gaya que decidimos que nos esforçaríamos para estabelecer uma forma representativa de governo para o futuro Tibete e, é claro, para nossa comunidade exilada.

Voltando para Mussoorie, comemoramos o primeiro aniversário do Levante Nacional do Povo Tibetano, que ocorreu em 10 de março de 1959. Dessa forma, demos início à tradição de honrar anualmente o trágico evento com um discurso meu para o povo tibetano todo dia 10 de março. Naquele primeiro aniversário, enfatizei a necessidade de adotarmos uma visão de longo prazo da situação do Tibete. Disse que, para aqueles de nós no exílio em um país livre, a prioridade deveria ser assegurar a sobrevivência da nossa civilização, principalmente por meio da proteção de nosso idioma e de nossas tradições culturais. Assegurei ao meu povo que verdade, justiça e coragem seriam nossas armas e que, no fim, venceríamos nossa luta pela liberdade. Enquanto estive em Mussoorie, demos início aos planos de educação da nossa geração mais jovem. Para esse fim, construímos nossa primeira escola tibetana na Índia, com um número inicial de cinquenta alunos mais velhos. Em um ano, já conseguimos enviar alguns desses primeiros alunos para diversas partes da Índia e para áreas remotas na fronteira com o Nepal, tais como o vale Khumbu, para dar aulas, inclusive de inglês, às crianças refugiadas tibetanas.

Devastação do Tibete e reconstrução no exílio

Em 30 de abril de 1960, cheguei a Dharamsala, que se tornou minha residência oficial no exílio. Foi lá que reconstituímos o que, de fato, era um governo tibetano no exílio, o qual chamamos na época de Secretariado Central Tibetano, que mais tarde veio a se chamar Administração Central Tibetana. Com a ajuda dos meus companheiros, dei início a uma longa estratégia de dois caminhos. Em primeiro lugar e acima de tudo, depois de cuidar das necessidades imediatas dos mais de 80 mil refugiados tibetanos, era preciso estabelecer reassentamentos para os tibetanos, para possibilitar a preservação da nossa cultura e identidade enquanto permanecêssemos no exílio. O segundo caminho era buscar ajuda de governos, da ONU e da comunidade internacional para resolver a questão tibetana. Uma importante parte dessa estratégia foi chamar a atenção internacional para a situação do povo tibetano e a injusta ocupação do país pela China. Na época, minha esperança e meus esforços eram direcionados ao objetivo principal de restaurar a independência do Tibete.

No meu discurso de 10 de março de 1961, na minha nova residência em Dharamsala, eu me empenhei em preparar um rascunho da estrutura constitucional e econômica que eu desejava para nosso país e disse que logo a apresentaria para a avaliação do povo tibetano na Índia e nos países vizinhos. Desde minha primeira visita à Índia, em 1956, principalmente ao testemunhar a democracia em ação, em comparação ao que tinha visto em Pequim, passei a acreditar que esse regime realmente é a forma de governo mais adequada. Dessa maneira, assim que passei a residir em um país livre, eu me esforcei para dar início ao processo de democratização do sistema político tibetano. Minha equipe e eu levamos dois anos em consultas com diversos peritos, estudando diferentes constituições em todo o mundo livre e em muitos debates internos para finalizarmos o rascunho que apresentamos em 10 de março de 1963. Essa constituição prevê um futuro para o Tibete como "um Estado unitário democrático baseado nos princípios apresentados pelo próprio Buda". As disposições mais importantes incluíam um judiciário independente, uma assembleia nacional formada por eleição, a proibição de qualquer tipo de "discriminação, como de gênero, raça, idioma, religião, classe social, status econômico, nascimento ou qualquer outro", assim como "o direito à liberdade de pensamento, consciência e religião". O documento também inclui, no Artigo 36, seção (e), uma cláusula para a possível destituição da autoridade do Dalai Lama por dois terços da maioria da Assembleia Nacional. No decorrer dos anos, esse documento foi revisado e transformado em um modelo totalmente democrático, com normas de governo para o povo tibetano, pelo menos àqueles na comunidade exilada.

Em novembro de 1963, na minha residência em Dharamsala, tivemos a inesquecível primeira reunião de cúpula, representando todas as escolas do budismo tibetano, além dos chefes das linhagens, lamas graduados, *tulkus, geshes* reencarnados (equivalentes a detentores de um doutorado em divindade) e acadêmicos, assim como membros experientes da administração tibetana. Essa reunião de quatro dias ofereceu uma excelente oportunidade para criar a base de um forte senso de unidade entre as diversas tradições do budismo tibetano, assim como para encorajar um esforço unido para preservar as ricas tradições religiosas do Tibete.

Um dos pontos importantes que o primeiro-ministro Nehru e eu discutimos logo nos primeiros dias do meu exílio foi a educação das crianças refugiadas. Nehru enfatizou que, para preservar a cultura e a identidade tibetanas, seria necessário ter escolas separadas. Desse modo, ele se responsabilizou por estabelecer uma pasta autônoma dentro do Ministério Indiano da Educação, com o governo da Índia assumindo todos os custos. Além disso, Nehru aconselhou

Devastação do Tibete e reconstrução no exílio

que, mesmo sendo muito importante que nossas crianças tivessem um conhecimento profundo da história e da cultura tibetanas, seria primordial que tivessem contato com o mundo moderno e que, dessa forma, usássemos o inglês como meio de educação. A partir disso, surgiu uma rede de Escolas Centrais para Tibetanos, produzindo gerações de jovens tibetanos com educação moderna.

No decorrer dos anos 1960, reestabelecemos no exílio muitas das importantes e históricas instituições culturais e religiosas do Tibete, incluindo, em especial, mosteiros e universidades monásticas pertencentes às principais escolas do budismo tibetano. Novos estabelecimentos em Dharamsala incluíam o templo Thekchen Choeling, a Aldeia das Crianças Tibetanas, o Instituto Tibetano de Medicina e Astrologia, o Instituto Tibetano de Artes Cênicas e a Biblioteca de Obras e Arquivos Tibetanos. Durante essa década crucial, muitos dos refugiados encontraram emprego no grande esforço de construir estradas em altitudes elevadas. Visitei pessoalmente alguns desses locais para encorajar e dar conforto a muitos tibetanos envolvidos em um trabalho tão pesado. Uma experiência incomum e inesquecível que tive em um desses campos de construção aconteceu durante minha visita a Chamba, na região norte da Índia. Havia um grande número de monges entre os trabalhadores e, como minha visita coincidiu com o dia de uma cerimônia confessional bimestral, conduzi os monges na cerimônia. Como eles só tinham calça e camisa, não tiveram escolha a não ser participar da cerimônia usando roupas comuns. Reconhecendo que aquele trabalho na construção de estradas seria temporário, houve um esforço para buscar formas de subsistência de mais longo prazo para os refugiados. Graças à generosidade de vários estados indianos, conseguimos estabelecer mais de vinte assentamentos tibetanos durante a década de 1960 e início da de 1970, principalmente

A voz de uma nação

no sul da Índia. Dessa forma, asseguramos que, mesmo no exílio, poderíamos levar a vida como uma comunidade distinta, para que pudéssemos preservar nosso idioma e nossa cultura. Também fomos beneficiários do generoso apoio de muitas agências internacionais de ajuda e de organizações não governamentais. Dois países, a Suíça, no início da década de 1960, e o Canadá, nos anos 1970, ofereceram asilo para centenas de refugiados tibetanos. Também conseguimos enviar muitas crianças e adolescentes para estudar no Reino Unido, na França, na Alemanha, na Suíça, na Suécia, na Dinamarca, na Noruega, no Irã e no Japão, muitos deles conseguiram posteriormente ocupar diversos postos em nosso governo no exílio. Durante todo esse período, não houve contato com a República Popular da China, principalmente porque o Tibete, assim como a própria China, estava mergulhado no período caótico da Revolução Cultural.

No dia 27 de maio de 1964, o primeiro-ministro Nehru faleceu, para nossa tristeza. Ele havia sido presença constante em todas as minhas negociações internacionais desde que nos conhecemos em Pequim, em 1954, durante minha primeira visita à Índia e, depois, no meu exílio. Além disso, ele havia sido um apoiador generoso das nossas iniciativas para os refugiados tibetanos. Seu sucessor, o primeiro-ministro Lal Bahadur Shastri, deu continuidade à política de Nehru de apoio à comunidade exilada, estabelecendo, assim, uma posição duradoura do governo indiano no seu apoio aos tibetanos na Índia. Shastri adotou uma posição mais robusta em relação à China, o que se refletiu no apoio da Índia à resolução da ONU de 1965 sobre o Tibete. Infelizmente, o primeiro-ministro Shastri faleceu em 1966, durante uma visita a Tashkent, no Uzbequistão. O cargo de primeiro-ministro passou, então, para a filha de Nehru, Indira Gandhi, que eu conhecia por causa de minha longa amizade com seu pai. Indira conhecia bem

84

a situação tibetana e os refugiados tibetanos na Índia. Na verdade, ela já fizera parte do conselho administrativo da Tibetan Homes Foundation em Mussoorie.

Nesse meio-tempo, no Tibete, as coisas estavam desastrosas e sombrias. A reação à minha fuga tinha sido brutal, com uma forte repressão, como se o povo estivesse sendo punido pelas minhas ações. O relato mais forte do que aconteceu nesse período foi dado na petição de 70 mil caracteres escrita em chinês pelo Panchen Lama em 1962, a qual Mao Tsé-Tung descreveu como "uma flecha envenenada lançada no coração do Partido". A petição, enviada ao primeiro-ministro Zhou Enlai e vista pelo restante do mundo somente anos depois, tinha o título "Um relato do sofrimento das massas no Tibete e outras regiões tibetanas e sugestões para futuros trabalhos para as autoridades centrais por intermédio do respeitado primeiro-ministro Zhou". Diferentemente de mim, Panchen Lama permaneceu no Tibete ocupado, na sua base monástica Tashi Lhunpo, em Shigatse. Depois de uma viagem por partes do Tibete, ele escreveu:

> Por causa de muitos erros e equívocos [...], a agricultura e a criação de animais sofreu sérios danos [...]. Como a angústia de uma fome tão grave nunca havia sido vivenciada antes na história do Tibete, algo que as pessoas sequer poderiam imaginar, nem mesmo nos piores pesadelos, o povo não conseguiu resistir àquele tipo de tormento cruel, e as condições se deterioravam a cada dia. Assim, em alguns lugares, resfriados e outras doenças infecciosas de pouca gravidade causavam facilmente a morte de parte da população. Em outros, muitas pessoas morreram de fome porque não havia comida; e, em certos locais, houve o fenômeno de famílias inteiras morrendo [...]

A voz de uma nação

Fossem homens ou mulheres, idosos ou jovens, assim que me viam, as pessoas pensavam na amargura daquele período e não conseguiam controlar o choro. Alguns corajosos diziam entre lágrimas: "Não permita que todas as criaturas vivas morram de fome! Não destrua o budismo! Não permita a extinção do povo das terras nevadas! Esses são os nossos desejos e as nossas orações!". Essa é a esperança da grande maioria do povo monástico e secular; esperança concisa, mas abrangente e profunda, ainda mais urgente do que querer água quando se está com sede, esperança produzida pela amargura resultante do que aconteceu e da situação atual nas regiões tibetanas.

Uma das principais preocupações levantadas por Panchen Lama na petição está ligada à questão da proteção da nacionalidade e identidade cultural do povo tibetano dentro da República Popular da China. Claramente essa preocupação vinha do medo do chauvinismo de Han.[*] Ele escreve:

Quando o idioma, os costumes, os hábitos e outras características importantes de uma nacionalidade desaparecem, a própria nacionalidade também desaparece.

Em relação à destruição da religião, Panchen Lama declara:

Antes da reforma democrática, havia mais de 2,5 mil mosteiros grandes, médios e pequenos espalhados pelo Tibete. Depois da reforma democrática, existem apenas cerca de

---

[*] Ao falar de "chauvinismo Han", Panchen Lama estava se referindo à ideologia de que a raça Han é superior em comparação a outras etnias da República Popular da China e que outras culturas precisam ser assimiladas à cultura Han, uma ideologia que Mao Tsé-Tung criticou explicitamente.

setenta mosteiros. Foi uma redução de mais de 97% [...].
Por todo o Tibete, havia um total de 110 mil monges e
monjas [...] Depois da conclusão da reforma democrática, o
número de monges e monjas vivendo em mosteiros é de cerca
de 7 mil pessoas, o que corresponde a uma redução de 93%.

A coragem de Panchen Lama ao escrever a petição de tal
forma, no meio da opressão totalitária mais cruel, merece a mais
profunda admiração. O documento foi elaborado com base na
sua visita a muitas áreas tibetanas, incluindo Amdo, assim como
o Turquestão Oriental (Xinjiang). Em termos pessoais, ele pagou
um preço terrível. A petição confirmou meus piores pesadelos do
que poderia ter acontecido depois do Levante do Povo Tibetano,
em março de 1959, e da minha fuga. Em 1964, Panchen Lama
foi declarado inimigo do povo tibetano, sendo humilhado publicamente pelo ritual que ficou conhecido como "sessão de luta",*
e que mais tarde viria a ser o marco da Revolução Cultural. Ele
foi preso e permaneceu na prisão até 1977, e depois em prisão
domiciliar até 1979.

Depois que foi solto, Panchen Lama manifestou-se com vee-
mência em defesa do povo tibetano, criticando as políticas chinesas
no Tibete. Em março de 1987, ele falou abertamente durante a
reunião do Comitê Permanente da Região Autônoma do Tibete,
em Pequim, na Assembleia Popular Nacional, na qual criticou as
políticas comunistas chinesas no Tibete, em especial as linguísticas, bem como o chauvinismo Han. Meu coração se volta para a
memória dessa figura heroica que tanto fez para proteger o povo
tibetano em seu momento mais sombrio, especialmente após sua

---

* "Sessões de luta" (*thamzing*, em tibetano) eram rituais de humilhações
públicas nos quais o alvo é obrigado a usar um chapéu de burro e, com a cabeça baixa, ser submetido a gritos, insultos e cusparadas de "pessoas comuns".

A voz de uma nação

libertação, em 1979, e até sua morte repentina e em circunstâncias suspeitas, em janeiro de 1989.

Cinco dias antes de sua morte, eu soube que ele deu a seguinte declaração:

> Desde a minha libertação, houve alguns desenvolvimentos, mas o preço pago por tal desenvolvimento foi muito maior do que os ganhos.

Tive a sorte de ter conversado com ele ao telefone durante as viagens em que saiu da República Popular da China. Isso me deu a chance de expressar pessoalmente minha gratidão e admiração. Panchen Lama era três anos mais novo que eu e me acompanhou nas minhas viagens para a China, em 1954-1955, e para a Índia, em 1956-1957. Não era um homem paciente com questões diplomáticas. Para Panchen Lama, o que importava era a honestidade e a integridade. No decorrer dos anos, o regime comunista chinês tentou criar e explorar um conflito entre nós dois, usando o antigo princípio colonial de dividir e conquistar. Ainda assim, mesmo que não tenhamos tido contato por um longo tempo, eu sempre defendi a conscientização acerca do destino do Tibete para o mundo exterior, enquanto ele, com imensa coragem, apresentava a verdade diretamente aos líderes dos próprios opressores.

A petição de Panchen Lama descreve a situação antes da Revolução Cultural, iniciada por Mao Tsé-Tung, em maio de 1966, e que durou até a morte dele, em 1976. Reconhecendo que a China como um todo sofreu muito durante aquela década de turbulências, aquele foi um período terrível principalmente para o Tibete. Começou em Lhasa, com Soldados Vermelhos invadindo o templo de Jokhang, destruindo imagens e afrescos antigos, queimando escrituras no pátio para abolir "os quatro velhos", ou seja, a velha ideologia, a velha cultura, os velhos hábitos, os velhos costumes. Como afirmei na minha declaração de 10 de março de 1967, entre as incontáveis imagens destruídas estava uma de Avalokiteshvara, feita no século XVII e considerada um dos ícones mais sagrados do Tibete. A destruição seguiu para Norbulingka e por toda cidade e, no fim, houve batalhas de facções rivais pelas ruas de Lhasa e de outras cidades.

Naquele período caótico, ocorreu a morte de milhares de pessoas, assim como a destruição de muitos monumentos históricos, como o mosteiro de Ganden, fundado, em 1409, por Tsongkhapa, grande filósofo e santo tibetano. Em essência, tudo que era tibetano foi atacado: a prática da fé budista foi criminalizada; o uso de incensos e a organização de cerimônias e festivais foram banidos; as danças e músicas tradicionais foram proibidas. Monges e "inimigos da classe" foram submetidos a sessões de luta e de humilhação pública. Em suma, o Tibete sofreu uma tentativa sistemática e de grande escala de apagar sua identidade cultural e memória coletiva.

Se qualquer um dos meus colegas que me acompanharam na fuga para o exílio em 1959 tinha alguma dúvida acerca da escolha que fizemos, a Revolução Cultural logo a desfez. Se tivesse permanecido no Tibete, eu não teria sido capaz de fazer nada de significativo diante desse ataque insano e ordenado.

Em janeiro de 1976, o primeiro-ministro Zhou Enlai morreu, seguido pelo marechal Zhu De, em julho, e pelo próprio presidente Mao Tsé-Tung, em 9 de setembro. O legado de Mao inclui a morte de mais de 40 milhões de pessoas, principalmente durante o árduo período de fome do Grande Salto Adiante, entre 1958 e 1962. Em termos geopolíticos, em vez da descolonização empreendida pelos grandes impérios da época, a China de Mao Tsé-Tung optou por uma política de imperialismo colonialista em relação ao Tibete, à Mongólia e ao Turquestão Oriental,

A voz de uma nação

formulada ironicamente na estridente retórica anticolonial. O legado de Mao para seus sucessores foi um estado perpétuo de instabilidade, paranoia e repressão, sobretudo contra as nacionalidades não chinesas. Como resultado, ainda hoje, mais de sete décadas depois da ocupação, qualquer expressão de identidade tibetana é vista como um questionamento ameaçador da legitimidade chinesa no Tibete.

A morte de Mao Tsé-Tung deu início a uma intensa luta pelo poder, na qual a própria esposa de Mao, Jiang Qing, que fora a instigadora da Revolução Cultural, e a Camarilha dos Quatro, perderam poder para a facção liderada por Hua Guofeng. Durante esse período, eu estava na Índia, assistindo ao desenrolar dos eventos com interesse e um pouco de esperança.

Entre as mudanças observáveis estava a visita do ex-secretário de Defesa dos Estados Unidos, James Schlesinger, em uma viagem de 23 dias ao Tibete logo depois da morte de Mao. A visita de Schlesinger significou uma chance de se ter uma imagem mais clara das condições internas do Tibete. Fui informado de que ele descreveu a presença do regime comunista chinês lá como opressiva até mesmo para os padrões coloniais, uma vez que seu objetivo era a total dominação. Até aquele momento, a República Popular da China só permitia que aliados estrangeiros próximos visitassem o Tibete. Logo depois, Pequim passou a permitir a entrada de escritores e jornalistas ocidentais simpatizantes ao regime. Por quase duas décadas desde a minha fuga para o exílio, todo o planalto tibetano foi governado como uma prisão gigantesca. Ninguém podia se comunicar com o mundo exterior, o que significava que, a não ser por poucas mensagens recebidas por canais secretos, os tibetanos que viviam no exílio estavam totalmente afastados dos seus compatriotas e familiares que permaneceram no país.

No Tibete, o povo foi informado de que os exilados viviam na mais absoluta pobreza e que só os países socialistas conseguiram atingir prosperidade econômica.

Quando a poeira da luta de poder no Partido Comunista Chinês baixou, após a morte do presidente Mao Tsé-Tung, foi o meu velho conhecido Deng Xiaoping que surgiu como o supremo líder da China, em 1978.

CAPÍTULO 7

Caminhos para o diálogo

Eu havia me encontrado com Deng Xiaoping, agora o líder supremo da China, em muitas ocasiões durante a minha visita a Pequim, em 1954-1955, e sabia que ele era uma das personalidades chinesas mais conhecedora e envolvida nas questões relacionadas ao Tibete.

Em uma tentativa de aproximação com o novo regime chinês, em minha declaração oficial de 10 de março de 1978, afirmei:

> Se os 6 milhões de tibetanos no Tibete realmente estão mais felizes do que nunca e levam uma vida realmente próspera, não existe nenhum motivo para discussão. Se os tibetanos realmente estão felizes, os chineses devem permitir que todos os estrangeiros interessados possam visitar o Tibete sem restrição de movimentos ou observação de suas interações com o povo tibetano. Além disso, os chineses devem permitir que os tibetanos no Tibete visitem seus parentes que se encontram no exílio. Esses tibetanos poderão, então,

Caminhos para o diálogo

observar as condições de vida que seus familiares levam nos países livres. Oportunidades semelhantes devem ser dadas aos tibetanos no exílio.

No fim de 1978, de forma bastante inesperada, meu irmão Gyalo Thondup, que morava em Hong Kong na época, recebeu um convite para se encontrar com Deng Xiaoping em Pequim. É claro que foi uma sondagem, e Gyalo Thondup me consultou, querendo saber o que fazer. Em novembro daquele mesmo ano, 34 membros do meu antigo governo no Tibete foram libertados em uma grande cerimônia pública, em uma mensagem claramente esperançosa. Em 1º de fevereiro de 1979, o próprio Panchen Lama fez sua primeira aparição pública depois de catorze anos e pediu meu retorno ao Tibete. Ao mesmo tempo, os Estados Unidos estabeleceram relações diplomáticas formais com a República Popular da China, sinalizando a possibilidade de estar ocorrendo uma mudança interna fundamental na China em relação à comunidade internacional.

Eu disse a meu irmão que ele deveria aceitar o convite, mas para fazê-lo como indivíduo, não como meu representante formal. No dia 12 de março de 1979, ele se encontrou com Deng Xiaoping no Grande Salão do Povo. Ao abrir a reunião, Xiaoping perguntou sobre minha saúde e quanto tempo fazia desde que meu irmão estivera em Pequim pela última vez. Ele respondeu que havia sido em 1949, trinta anos antes. À medida que a conversa progrediu, Xiaoping disse a meu irmão que a independência completa do Tibete não era negociável. "No entanto, a não ser pela independência, todo o restante é negociável. Tudo pode ser discutido", disse ele. Xiaoping foi bastante aberto e positivo em relação a uma série de questões levantadas por Gyalo Thondup, apesar de meu irmão ter deixado claro que estava ali como uma visita pessoal.

A voz de uma nação

Xiaoping concordou em abrir a fronteira entre o Tibete e a Índia para que familiares separados por mais de duas décadas pudessem se ver. Aceitou que enviássemos para áreas do Tibete professores de tibetano da nossa comunidade no exílio, e até mesmo concordou com a abertura de um gabinete de comunicação em Pequim para que o processo de conversas tivesse início. Xiaoping assegurou a ele que a nova liderança da China estava comprometida com uma mudança fundamental e duradoura e que, se o Dalai Lama tivesse dúvidas, ele deveria enviar pessoas para investigar a situação interna do Tibete. Ele disse que era melhor ver as coisas com os próprios olhos do que ouvir algo cem vezes de outras pessoas.

Por volta do início dos anos 1970, depois de cuidadosa e profunda contemplação, cheguei a algumas conclusões importantes acerca da natureza da nossa luta e de qual seria o melhor curso de ação. Uma das coisas que percebi foi que, se nosso lado insistisse no objetivo de restaurar a independência do Tibete, isso significaria que os tibetanos teriam que considerar a possibilidade de uma luta armada e prolongada contra o regime comunista da China, o que seria algo não apenas impraticável, mas também suicida. Eu me lembro vividamente do que o primeiro-ministro Nehru disse sobre a natureza irrealista da nossa busca pela restauração da independência do Tibete: os Estados Unidos não entrariam em guerra com a China pelo bem do Tibete.

Como uma pessoa categoricamente contrária à violência, eu já não poderia liderar o movimento de liberdade, se os tibetanos escolhessem seguir pelo caminho da violência. Além disso, comecei a reconhecer que o que importava para a maioria dos tibetanos era a proteção de um povo com idioma, cultura e religião únicos, historicamente ligado a uma geografia singular, que é o planalto tibetano. Por fim, existia a compreensão crucial de que, para resolver

Caminhos para o diálogo

a questão tibetana, teríamos que acabar nos sentando para conversar com os chineses. E, para isso, apesar da verdade histórica da nossa independência e do profundo apego histórico do povo tibetano a esse ideal, assim como seu direito, reconhecemos que exigir a independência do Tibete impediria que déssemos início a qualquer conversa com os chineses. Agora, resolver nosso problema por meio de um processo pacífico de negociação exigia que levássemos a sério a perspectiva do lado chinês. Eu compreendi que o que mais importava para a República Popular da China era a estabilidade e a integridade territorial, ao passo que, o que mais importava para nós, tibetanos, era a capacidade de sobreviver e crescer como um povo distinto, com sua própria língua e herança cultural. A semente foi plantada para o que mais tarde ficaria conhecido como Abordagem do Caminho do Meio, buscando não só a independência, mas também a autonomia genuína dentro da estrutura da República Popular da China.

Desse modo, mesmo antes de recebermos a proposta de Xiaoping, em 1974, compartilhei meus pensamentos com um pequeno círculo de líderes importantes dentro da nossa comunidade no exílio. Discutimos de forma franca os prós e os contras de continuarmos buscando a independência do Tibete *versus* a nova perspectiva que eu tinha formulado. Também discutimos e debatemos como e quando deveríamos apresentar essa nova abordagem para toda a comunidade de tibetanos no exílio, assim como para nossos apoiadores internacionais. Depois de uma série de discussões sérias, os principais membros da nossa administração, incluindo o gabinete, estavam na mesma página que eu. Então, quando Gyalo Thondup trouxe a mensagem de Xiaoping de que tudo estava na mesa, exceto a independência, fiquei convencido de que realmente havia um escopo para uma conversa significativa dentro de uma estrutura aceitável para ambos os lados.

A voz de uma nação

Xiaoping cumpriu a palavra, pelo menos a respeito de podermos enviar delegações ao Tibete. Entre agosto de 1979 e junho de 1985, conseguimos enviar quatro missões investigativas ao Tibete. Extraordinariamente, o governo chinês concordou que poderíamos visitar todas as áreas tibetanas, não apenas o que os chineses chamam de "Região Autônoma do Tibete".* Não sei que impressão a liderança chinesa esperava da nossa delegação ou como eles achavam que os tibetanos que viviam ao Tibete reagiriam à presença deles. Na verdade, temendo que nossos representantes pudessem ser atacados fisicamente pelos locais "de direita", as autoridades chinesas orientaram os locais a receberem com cortesia a delegação de visitantes.

Quando os cinco membros da nossa primeira delegação, liderados por Juchen Thupten Namgyal (na época um importante ministro do meu gabinete em Dharamsala), chegaram a Amdo, lugar onde nasci, foram cercados de adulação por milhares de pessoas, sobretudo jovens. Isso assustou os supervisores chineses, que enviaram mensagem para alertar as autoridades em Lhasa. Conforme a resposta enviada, o povo de Amdo e Kham era de nômades simples, sem consciência de classe, mas, graças aos padrões de treinamento marxista na capital, não havia chance de constrangimento por lá. Ainda assim, em Lhasa, as multidões eram imensas e estavam em êxtase. Um dos membros da delegação ouviu um militar chinês dizer: "Os esforços dos últimos vinte anos

---

* "Região Autônoma do Tibete" é um construto moderno criado pela República Popular da China, depois da invasão do Tibete em 1950, formalmente estabelecida em 1965. A região, contendo a província tibetana histórica de Ü-Tsang e Kham Ocidental, corresponde mais ou menos ao território sob o governo do Dalai Lama de Lhasa na época em que os comunistas chineses invadiram o Tibete, em 1950. Historicamente, o Tibete consiste em Chol-kha-gsum, as três províncias de Ü-Tsang (Tibete central, sul e oeste), Kham (Tibete Oriental) e Amdo (região norte do Tibete).

Caminhos para o diálogo

foram desperdiçados em um único dia!". Na verdade, em todos os lugares por onde a delegação passou, havia multidões de pessoas chorando e relatando as terríveis tragédias que vinham sofrendo. Havia uma litania horrenda de violências contra os direitos humanos e destruição cultural ilustradas por muitas fotografias de mosteiros e conventos reduzidos a escombros.

Apesar da evidente surpresa e constrangimento da liderança chinesa diante da reação tibetana à nossa primeira delegação, sou obrigado a reconhecer que foi um ato magnânimo de Xiaoping permitir que planejássemos uma segunda delegação, seguida por uma terceira e uma quarta, embora, no fim, a segunda delegação, liderada por Tenzin Namgyal Tethong (na época meu representante no Gabinete do Tibete, em Nova York) e formada por jovens líderes tibetanos, tenha sido enviada de volta antes do planejado. (A terceira delegação foi liderada por Jetsun Pema, minha irmã caçula, e a quarta pela antiga e experiente autoridade tibetana Kundeling Woeser Gyaltsen.) Talvez Pequim tenha interpretado a demonstração excessiva de tristeza por parte dos tibetanos como uma expressão da angústia diante dos excessos da Revolução Cultural, em vez de algo que refletia sentimentos mais profundos contra a ocupação do regime comunista chinês. O que aquelas visitas mostraram foi um apoio maciço dentro do Tibete às lutas que estávamos travando por eles no exílio e à minha própria liderança.

Um dos resultados imediatos das visitas foi a missão investigativa sem precedentes do novo secretário do Partido, Hu Yaobang, e do vice-primeiro-ministro, Wan Li, que foi à Lhasa em maio de 1980. Eles ficaram consternados diante do que viram e repreenderam duramente a liderança chinesa local. Hu declarou:

Sentimos que nosso Partido decepcionou o povo tibetano. Sentimo-nos muito mal com isso! O único objetivo do

A voz de uma nação

Partido Comunista é trabalhar pela felicidade do povo, fazer coisas boas para ele. Trabalhamos por quase trinta anos, mas a vida do povo tibetano não teve nenhuma melhora. E a culpa não é nossa?[*]

Dizem que Hu comparou a situação do Tibete ao colonialismo. Ele anunciou uma política de seis pontos, incluindo plenos direitos para que os tibetanos exercessem autonomia regional, o desenvolvimento da cultura, do idioma e da educação tibetanos, de acordo com a orientação socialista, e que houvesse um aumento no número de funcionários públicos tibetanos. Essa política nova e mais liberal levou ao reaparecimento de práticas religiosas individuais, à reabertura e reconstrução de mosteiros, à permissão para ordenação de novos e jovens monges e à reimpressão de textos tibetanos clássicos, no formato de livros modernos. O Partido Comunista cumpriu a promessa que Xiaoping fez a meu irmão Gyalo Thondup, permitindo que os tibetanos no exílio visitassem o Tibete e que residentes tibetanos viajassem para o exterior, principalmente para a Índia, para encontrar seus parentes.

Entre os que conseguiram deixar o Tibete no início dos anos 1980 estava Lopon-la, um monge graduado no mosteiro de Namgyal, no complexo do palácio Potala, cujos monges são tradicionalmente responsáveis por auxiliar o dalai-lama em rituais e cerimônias oficiais. Logo depois da minha partida de Lhasa, em 1959, Lopon-la passou dezoito anos em prisões chinesas.

---

[*] A declaração crítica de Hu Yaobang à liderança local chinesa no Tibete é citada em YAO, Wang. "Hu Yaobang's visit to Tibet, May 22–31, 1980: an important development in the Chinese Government Tibet policy". *In*: BARNETT, Robert; AKINER, Shirin (ed.). *Resistance and reform in Tibet*. Londres: Hurst & Company, 1994. Wang Yao era membro da delegação que acompanhava o líder chinês Hu Yaobang na sua visita ao Tibete.

Depois de voltar para seu antigo mosteiro, agora reestabelecido em Dharamsala, sua altura e sua postura um tanto curvada se tornaram uma presença reconhecida.

Gosto de Lopon-la desde os tempos do Tibete. Nós nos encontramos em diversas ocasiões. Em uma delas, quando estávamos tomando chá, ele me contou que, durante o tempo que passou na prisão, houve duas ou três vezes em que sentiu um perigo real. Pensando que ele estivesse se referindo a algum tipo de ameaça à vida dele, perguntei: "Que tipo de perigo?". E ele respondeu: "O perigo de perder minha compaixão pelos chineses". Quando o ouvi dizendo isso, fiz uma reverência a ele. Posteriormente, ouvi histórias semelhantes de outros tibetanos, em especial monges e monjas, que tomaram um cuidado extremo de não perder de vista a humanidade dos chineses, mesmo daqueles que infligiam tanta dor e sofrimento a eles.

Nos meus esforços para tratar diretamente com a liderança chinesa no espírito do que Deng Xiaoping dissera para meu irmão em 1979, escrevi uma carta para ele em março de 1981. Expressei meu apreço pela viagem de Hu Yaobang para o Tibete e seus esforços não apenas para admitir os erros do passado, mas também para corrigi-los. Reconheci o convite feito por intermédio do meu irmão para que Xiaoping e eu mantivéssemos contato e, por fim, agradeci a ele por ter permitido que enviássemos delegações para as áreas tibetanas. Eu escrevi:

Se a identidade do povo tibetano for preservada e se eles estiverem genuinamente felizes, não há motivo para queixas. No entanto, na realidade, mais de 90% dos tibetanos estão sofrendo, mental e fisicamente, e vivem em um estado de profunda tristeza. Essas condições não foram provocadas por desastres naturais, mas por atos humanos. Desse modo,

A voz de uma nação

é necessário que se empreendam esforços genuínos para resolver tais problemas de acordo com a realidade existente e com muita sensatez.

Para fazer isso, devemos aprimorar o relacionamento entre a China e o Tibete, assim como entre os tibetanos dentro e fora do Tibete. Com base na verdade e igualdade, devemos tentar desenvolver uma amizade entre tibetanos e chineses por meio de uma melhor compreensão no futuro. Chegou a hora de aplicar nossa sabedoria comum a um espírito de tolerância e compreensão a fim de conseguir uma felicidade genuína para o planalto tibetano, e fazer isso com urgência.

A resposta dos chineses veio rapidamente. Em uma reunião particular, em julho de 1981, entre meu irmão Gyalo Thondup e Hu Yaobang, Hu articulou uma base de cinco pontos, acordando que tipo de reaproximação seria possível do ponto de vista chinês.[*] Aquilo foi uma decepção, porque o foco da proposta estava

---

[*] Como foi publicado posteriormente no *Beijing Review*, de 3 de dezembro de 1984, os cinco pontos de Hu Yaobang eram: (1) o Dalai Lama deve confiar no fato de que a China entrou em um novo estágio de estabilidade política de longo prazo, de crescimento político constante e de ajuda mútua entre as nacionalidades; (2) o Dalai Lama e seus representantes devem ser francos e sinceros com o Governo Central e sempre ir direto ao ponto. Não deve haver mais críticas sobre os eventos de 1959; (3) as autoridades centrais dão as sinceras e calorosas boas-vindas ao Dalai Lama e seus seguidores para voltarem. Isso se baseia na esperança de que eles vão contribuir para manter a unidade da China e promover a solidariedade entre Han, o povo tibetano e as outras nacionalidades, além do programa de modernização; (4) o Dalai Lama terá o mesmo status político e condição de vida que tinha antes de 1959. A sugestão é que ele não volte a morar no Tibete nem tenha postos locais lá. Seus seguidores não precisam se preocupar com seus empregos nem condições de vida. Tudo isso será ainda melhor que antes; e (5) quando o Dalai Lama desejar voltar, ele pode fazer uma breve declaração à imprensa. A decisão do que gostaria de dizer será totalmente dele.

totalmente voltado para minha posição pessoal e meu retorno ao Tibete, em vez da questão muito mais premente da qualidade de vida dos 6 milhões de tibetanos. Na verdade, não havia nenhuma oferta substancial, e o que quer que Deng Xiaoping tenha dito para meu irmão em 1979, ficou claro, pelo menos a partir da proposta, que não era verdadeira a promessa de que, a não ser pela independência, todo o restante era negociável.

De qualquer forma, logo depois do início das conversas diretas com a China, tanto as formais quanto as informais, e da própria abertura da China, assim como do Tibete, ficou evidente que estávamos em uma fase muito mais complexa quanto a nossa defesa do Tibete em comparação com o período anterior. Antes, nosso papel era chamar a atenção para os crimes e a destruição que estavam acontecendo e defender a liberdade e os direitos humanos do nosso povo. Agora, precisávamos levar propostas concretas que pudessem conduzir a um acordo que fosse aceito pelos dois lados. Desse modo, na minha declaração oficial de 10 de março de 1981, observei que o passado tinha ficado para trás e que o mais relevante era a possibilidade de que, no futuro, deveria haver paz e felicidade genuínas por meio do desenvolvimento de relações amigáveis e significativas entre a China e o Tibete. Eu disse que, para isso se tornar realidade, ambos os lados precisavam se esforçar para serem mais compreensivos e tolerantes.

Decidi enviar uma delegação de alto nível para Pequim e, em abril de 1982, minha delegação de exploração, formada por três políticos tibetanos importantes: dois *kalons* (ministros de gabinete), Juchen Thupten e Phuntsok Tash, e o porta-voz da nossa Assembleia de Representantes do Povo Tibetano, Lodi Gyari, partiu para Pequim. Antes de seguirem, apresentei a eles meus pensamentos e ideias acerca de uma possível solução. Estávamos ansiosos por descobrir se realmente havia acontecido

A voz de uma nação

uma mudança verdadeira na posição do regime comunista chinês, e se a declaração de Deng Xiaoping de que "a não ser pela independência, todo o restante é negociável" era realmente concreta. Por exemplo, um dos nossos negociadores perguntou se os tibetanos, considerando nossa diferença histórica e racial, não deveriam receber os mesmos direitos que a República Popular da China ofereceu a Taiwan. A resposta foi que os tibetanos não deveriam esperar deles o que estavam dispostos a dar a Taiwan, porque, diferentemente do Tibete, Taiwan ainda não era livre.

Quando minha delegação de exploração chegou a Pequim, porém, o lado chinês esperava uma resposta para a proposta de cinco pontos que Hu Yaobang dera ao meu irmão durante sua visita. Isso levou a uma confusão inicial. Os membros da minha delegação e os da contraparte chinesa não estavam na mesma página. O lado chinês, então, apresentou a proposta e a transcrição oficial da reunião do meu irmão com Deng Xiaoping em 1979. No fim, os chineses apenas reforçaram sua posição. Ficou claro que ainda não existia espaço para uma conversa substancial.

Apesar disso, meu sentimento era de otimismo em relação às mudanças que estavam acontecendo no Tibete. Por exemplo, em uma aula budista formal em Bodh Gaya em 1983, centenas de monges e leigos tibetanos conseguiram ir em peregrinação. Desse modo, expressei publicamente meu desejo de visitar o Tibete dali a dois anos. Propus mandar um grupo antes para preparar tudo, mas, infelizmente, a resposta não foi positiva.

Em maio de 1984, organizamos uma reunião especial em Dharamsala, com a participação do meu gabinete e membros da Assembleia de Representantes do Povo Tibetano e outros importantes representantes, como a Associação de Mulheres Tibetanas e o Congresso da Juventude Tibetana, para discutir meu diálogo contínuo com Pequim. Em outubro daquele mesmo ano, enviei a mesma delegação de exploração para avançar as conversas em Pequim. Lá, nossa delegação disse que os cinco pontos propostos pelo governo chinês só abordavam o status e o retorno do Dalai Lama. Lembramos aos chineses que a questão era o Tibete e seu povo, e a delegação mais uma vez apresentou meu desejo de visitar meu país natal.

Como sugestão concreta, apresentamos a ideia de um Tibete desmilitarizado (incluindo Kham e Amdo) e com autonomia interna dentro da República Popular da China. Os chineses rejeitaram qualquer discussão dessa proposta, negando até mesmo a existência da "questão tibetana", alegando que o único assunto a ser discutido era a posição do Dalai Lama. Eles reiteraram os cinco pontos de Hu Yaobang de 1981, tornando-os públicos pela primeira vez logo que meus representantes deixaram Pequim e retornaram para a Índia.* Depois do que pareceu ser um progresso, atingimos um novo impasse.

---

* Como observado anteriormente, esses cinco pontos foram publicados pelo governo chinês no *Beijing Review*, de 3 de dezembro de 1984.

CAPÍTULO 8

Apoio do nosso quarto refúgio

Embora as negociações com a China não tenham resultado em nenhum progresso substancial, mudanças preocupantes começaram a ocorrer dentro do Tibete. Por um lado, era verdade que ocorrera certa abertura no Tibete, e as coisas estavam melhores em comparação com o período da Revolução Cultural. Por outro, diferentemente da promessa de Hu Yaobang de reduzir o número de militares e autoridades chinesas no Tibete, deu-se início a uma migração maciça de chineses para o Tibete em nome do "desenvolvimento". Isso levantou profundas preocupações porque, se isso ocorresse de forma descontrolada, essa migração alteraria fundamentalmente a demografia da região, transformando o planalto tibetano em nada mais do que outra província chinesa, e os tibetanos originários seriam marginalizados dentro da própria nação.

Os indícios históricos do que a China fizera em outras regiões de outras nacionalidades eram a fonte clara dessa profunda ansiedade. Do ponto de vista sociocultural, o fluxo de chineses para o Tibete poderia muito bem sinalizar o início de um processo que tinha o

Apoio do nosso quarto refúgio

potencial de mudar as próprias características de um lugar muito querido para todos nós, tibetanos, incluindo, principalmente, a cidade sagrada de Lhasa. Ao mesmo tempo, em termos políticos, a imagem que vinha do Tibete estava ficando confusa, para dizer o mínimo. Sob a liderança do Partido Comunista de Wu Jinghua no Tibete, parecia haver uma nova política liberal em relação a práticas religiosas, como, por exemplo, a permissão concedida, em fevereiro de 1986, para a realização do Grande Festival de Orações em Lhasa, que não acontecia desde 1967. No entanto, a liderança maior de Pequim parecia continuar com sua intransigência.

Foi necessário reavaliar nossa estratégia. Tomamos a decisão de tornar nossas propostas mais sistemáticas e apresentá-las em fóruns internacionais. Nossas discussões com Pequim não nos deram escolha a não ser usar o palco internacional para fazermos nossas propostas. Essa estratégia também permitiu dar a nossos apoiadores em todo o mundo, que sempre esperavam pacientemente informações sobre os resultados das discussões, uma oportunidade de conhecer nossas profundas aspirações. Costumo me referir à comunidade internacional como nosso "Quarto Refúgio", além dos tradicionais refúgios budistas das Três Joias: Buda, Dharma e *sangha* (comunidade).

Alguns dos nossos esforços tiveram efeito. Em julho de 1985, 91 membros do Congresso dos Estados Unidos assinaram uma carta endereçada ao presidente da República Popular da China. A carta expressava apoio a conversas diretas e estimulava os chineses "a ter toda consideração às aspirações muito razoáveis e justificadas de sua santidade, o Dalai Lama e de seu povo". Os chineses, preocupados com a crescente atenção internacional dedicada ao Tibete, convidaram o ex-presidente dos Estados Unidos Jimmy Carter para visitar Lhasa em junho de 1987, seguido pelo chanceler alemão Helmut Kohl, em julho do mesmo ano.

A voz de uma nação

Em junho de 1987, o Parlamento dos Estados Unidos aprovou um projeto de lei condenando as violações de direitos humanos no Tibete e encorajou a China a estabelecer um diálogo construtivo. Em 21 de setembro daquele ano, o Comitê de Direitos Humanos do Congresso dos Estados Unidos convidou-me para fazer um discurso. Comecei da seguinte forma:

O mundo está cada vez mais interdependente, de forma que a paz duradoura — em termos nacionais, regionais e globais — só pode ser conseguida se pensarmos em termos do interesse mais amplo, em vez de necessidades paroquiais. Neste momento, é essencial que todos nós, os fortes e os fracos, façamos nossas contribuições. Falo com vocês hoje como líder do povo tibetano e como monge budista devotado aos princípios de uma religião baseada no amor e na compaixão.

Depois, comecei a apresentar um plano de paz contendo cinco pontos como base para uma possível negociação com a China, os quais apresento a seguir:

1. A transformação de toda a região do Tibete em uma zona desmilitarizada de paz, para que pudesse haver uma barreira de proteção entre os exércitos dos dois países mais populosos do mundo: Índia e China.
2. O abandono da transferência de populações chinesas para o Tibete, o que, por si só, já ameaça a própria existência dos tibetanos como povo.
3. Respeito pelos direitos humanos fundamentais e pela liberdade democrática dos tibetanos.
4. Restauração e proteção do meio ambiente característico do Tibete e abandono do uso do território para produção de armas nucleares ou despejo de resíduos nucleares.

Apoio do nosso quarto refúgio

5. Início de negociações sérias sobre o futuro status do Tibete e as relações entre tibetanos e chineses.

Logo depois, em outubro do mesmo ano, o senado dos Estados Unidos aprovou o projeto de lei que já havia sido aprovado pela Câmara dos Deputados. Em dezembro, o então presidente Reagan assinou a Lei de Autorização de Relações Exteriores, que declarava que os Estados Unidos levariam o tratamento do povo tibetano em consideração em suas relações com a República Popular da China, como forma de encorajar o governo chinês a respeitar os direitos humanos no Tibete, a retribuir os esforços do Dalai Lama no estabelecimento de conversas construtivas, além de pedir a libertação de prisioneiros políticos.

A mídia chinesa criticou fortemente o Plano de Paz de Cinco Pontos. Tais críticas, sobretudo as dirigidas a mim como pessoa, provocaram profunda mágoa entre os tibetanos. Em 27 de setembro de 1987, menos de uma semana depois do meu discurso em Washington, monges do mosteiro de Drepung fizeram um protesto, carregando a bandeira nacional tibetana e pedindo independência. Eles foram presos. Quando eu soube da notícia, fui tomado de preocupação. Em seguida, em 1º de outubro, monges do mosteiro de Sera fizeram uma segunda manifestação, acompanhados por grandes multidões, exigindo a libertação dos prisioneiros, dando início a um grande tumulto. A delegacia foi incendiada e a polícia chinesa atirou contra a multidão, matando várias pessoas. Logo depois, ocorreu mais um protesto, no dia 6 de outubro. Depois de um período de calmaria, no último dia do Grande Festival da Oração, em 5 de março de 1988, os monges do mosteiro de Ganden deram início a mais uma manifestação, que levou a protestos espontâneos por todo o país, e os chineses impuseram a lei marcial em 8 de março de 1988, em Lhasa. Tudo isso foi uma

A voz de uma nação

ampla demonstração de que as aspirações do povo tibetano que ainda vivia no Tibete iam muito além de melhorias econômicas, para não mencionar um profundo descontentamento.

Nesse meio-tempo, fui convidado para fazer um discurso, em meados de junho, para o Parlamento europeu, e aproveitei a oportunidade para apresentar formalmente o Plano de Paz de Cinco Pontos. Para me preparar, agendei uma reunião especial em Dharamsala para discutir os principais pontos do que eu planejava apresentar em Estrasburgo. Durante três dias, entre 6 e 9 de junho, presidido por meu Kashag (gabinete) e com a participação dos membros da Assembleia de Representantes do Povo Tibetano, funcionários públicos, ONGs, tibetanos recém-chegados selecionados, assim como outros convidados especiais e outras pessoas representando comunidades tibetanas no exílio, discuti detalhadamente os principais pontos da minha proposta. Após essa profunda discussão, assim como debates, os participantes dessa reunião especial endossaram a proposta por unanimidade.

Em 15 de junho de 1988, discursei no Parlamento europeu em Estrasburgo, incluindo estes importantes pontos adicionais:

> Toda a região do Tibete, conhecida como Cholkha-Sum (Ü-Tsang, Kham e Amdo), deve se tornar uma entidade política democrática autônoma, baseada em lei por acordo dos povos pelo bem comum e proteção mútua e ambiental, em associação com a República Popular da China.
>
> O governo da República Popular da China pode continuar responsável pela política externa do Tibete. O governo do Tibete deve, porém, manter relações, por meio de sua secretaria de Assuntos Exteriores, no campo do comércio, da educação, da cultura, da religião, do turismo, da ciência e dos esportes e de outras atividades não políticas. O Tibete deve entrar em organizações internacionais ligadas a tais atividades.

Apoio do nosso quarto refúgio

O governo do Tibete deve se basear em uma constituição ou lei básica, que deve oferecer um sistema democrático de governo com a incumbência de assegurar igualdade econômica, justiça social e proteção ambiental. Isso significa que o governo do Tibete terá poder de decisão em assuntos relacionados ao Tibete e aos tibetanos.

Nós declaramos claramente que não iríamos buscar a independência; expressamos nossa disposição de continuar fazendo parte da República Popular da China, mas apenas se recebêssemos garantia de autonomia genuína. Passei a chamar essa abordagem de Caminho do Meio, por ser de fato o meio do caminho entre a independência e a realidade atual, que ameaça a sobrevivência do povo e da cultura tibetanos. Em essência, o que eu estava oferecendo para a liderança em Pequim era: já que, com a invasão do Tibete em 1950 e a subsequente assinatura do Acordo de Dezessete Pontos, o regime comunista da China resolveu obrigar a anexação do Tibete à República Popular da China, eu estava propondo que trabalhássemos juntos, com sinceridade e dedicação dos dois lados, para tornar tal união realmente viável. Eu estava tentando encontrar uma maneira de os tibetanos se sentirem em casa e à vontade, mesmo fazendo parte da República Popular da China. Minha intenção não era, de forma alguma, voltar o relógio da história. Eu estava olhando para o futuro, com base em uma percepção pragmática da realidade atual da ocupação forçada do Tibete pela China. Ao mesmo tempo, eu levava muito a sério a principal preocupação de Pequim, ou seja, a integridade territorial e a estabilidade da República Popular da China. O objetivo da minha proposta era um benefício mútuo, que pudesse trazer uma solução com que ambos os lados concordassem. Infelizmente, porém, Pequim optou por não considerar o

A voz de uma nação

significado histórico do que estávamos oferecendo. Não acredito que isso se deva à incapacidade de entenderem o que era oferecido; sinto que fosse apenas a uma ausência de vontade política por parte da liderança chinesa de tratar a questão tibetana com seriedade. Ainda continuo convencido de que, se houvesse visão e vontade política, a China não teria dificuldade para atender às necessidades dos tibetanos.

Admito que, logo que apresentei o plano, muitos tibetanos, tanto os que viviam no Tibete quanto os exilados, ficaram decepcionados com o tom moderado da Proposta de Estrasburgo. Insisti que os pensamentos delineados naquele discurso representavam o meio mais realista de se reestabelecer a identidade separada do Tibete, restaurar os direitos fundamentais do povo tibetano e, ao mesmo tempo, acomodar os interesses da China. Além disso, afirmei que meu desejo não era assumir nenhuma parte ativa em qualquer governo futuro do Tibete, apenas continuar trabalhando, conforme o necessário, para o bem e a felicidade do povo tibetano. Na verdade, o cerne da Proposta de Estrasburgo já havia sido compartilhado com a liderança chinesa por meio da minha delegação de investigação em suas reuniões com os chineses. Em Estrasburgo, apenas apresentamos essas ideias para um público internacional mais amplo.

Depois do meu discurso em Estrasburgo, fui à Suíça e me reuni com diversos tibetanos, aproveitei a oportunidade para compartilhar meus pensamentos. Eu sabia que a postura moderada apresentada na Proposta de Estrasburgo significava que deixássemos de advogar pela independência total, o que poderia causar insatisfação entre muitos tibetanos. Reforcei nessa reunião que esse escopo de negociação com a República Popular da China possibilitaria conseguirmos a essência de tudo a que aspirávamos, ou seja, a capacidade de proteger nossa língua, nossa cultura, nossa

Apoio do nosso quarto refúgio

religião e nossa identidade enquanto povo. Também salientei que, considerando o status do Tibete como um país sem saída para o mar, de um ponto de vista de desenvolvimento econômico, nós, tibetanos, talvez pudéssemos ganhar bastante com tal acordo. Também afirmei que, no fim, é o povo tibetano que deve decidir o próprio destino.

Embora eu entenda a ligação emocional do povo a ideias de soberania e independência, pessoalmente sempre fui mais pragmático. Sou um grande admirador dos ideais subjacentes à União Europeia. Atualmente, nações como França e Alemanha, que tradicionalmente se viam como inimigas, podem se unir e ceder parte da própria soberania para a coletividade europeia a fim de que os cidadãos de cada um dos países tenham mais chance de prosperar. É um fato histórico que, às vezes, por causa de condições geopolíticas, nações antes independentes se unam para formar uma entidade composta. Ainda assim, em alguns casos, novamente por conta de mudanças em situações políticas, algumas nações conseguem conquistar a própria independência, como foi o caso do Timor-Leste.[*] Pelo menos para mim, o que importa é a presença de uma estrutura e uma base adequadas para assegurar a sobrevivência e o desenvolvimento de um povo com seu idioma, sua cultura e sua identidade.

Como resultado imediato da minha Proposta de Estrasburgo, houve não apenas decepção entre alguns tibetanos, mas também duras críticas à minha posição. Por exemplo, meu próprio irmão mais velho Taktser Rinpoche mandou uma carta para alguns tibetanos proeminentes no exílio criticando a decisão de abrir mão

---

[*] Timor-Leste é uma pequena nação no sul asiático que ocupa metade da ilha de Timo, cuja outra metade faz parte da Indonésia. Formalmente uma colônia de Portugal e uma ocupação posterior da Indonésia, Timor-Leste conquistou sua independência em 2002.

A voz de uma nação

da exigência da independência do Tibete. Ele chegou ao ponto de caracterizar a nossa proposta como uma concessão vergonhosa. Ao mesmo tempo, a reação de ilustres tibetanos no Tibete e na China encorajava as conversas. Nas palavras de Phuntsok Wangyal, o comunista tibetano que foi o tradutor oficial durante minha visita a Pequim em 1954-1955, "a 'Abordagem do Caminho do Meio' proposta pelo Dalai Lama de 'buscar apenas uma autonomia significativa para o Tibete, em vez da independência', diante do contexto histórico, é uma expressão de como ele leva a sério a grande responsabilidade de pensar em questões tão fundamentais". De forma semelhante, outro ilustre acadêmico tibetano afirmou que, como a Abordagem do Caminho do Meio era "mutuamente benéfica para tibetanos e chineses, era a única forma possível de ser aplicada para resolver a questão do Tibete de uma vez por todas".

Permitam-me uma pausa aqui para abordar uma questão importante. Às vezes, as autoridades chinesas me criticam por "permitir" que tibetanos tanto dentro quanto fora do Tibete falem sobre a independência do país. Essa crítica se baseia na estranha ideia de que eu, de alguma forma, devo ou deveria ter o poder de proibir todos os tibetanos de mencionar a expressão "independência tibetana". Uma coisa é um regime autoritário proibir a liberdade de expressão e usar a força quando considera que alguém violou tal proibição. Agora, quando estamos falando de uma sociedade livre e aberta, como a comunidade tibetana no exílio, as coisas são bem diferentes. Uma das marcas definidoras de um sistema democrático é a liberdade de expressão. Mesmo que eu discorde dos tibetanos que advogam pela independência tibetana e acreditam que essa é a melhor forma de luta pela nossa liberdade, eu tenho o mais profundo respeito por essas pessoas. O Congresso Tibetano da Juventude, por exemplo, tem como parte de sua missão "lutar pela independência total do Tibete".

Meu próprio objetivo, porém, foi assegurar que a liderança formal do movimento tibetano, assim como a maioria dos tibetanos que vive no mundo livre, esteja convencida de que a nossa Abordagem do Caminho do Meio é justa e busca uma autonomia genuína, em vez da separação da República Popular da China.

Apesar de meu explícito anúncio público de que não estávamos em busca de uma independência, quando a Embaixada Chinesa em Nova Délhi emitiu uma resposta formal em 23 de setembro de 1988, eles disseram:

> A nova proposta apresentada pelo Dalai Lama em Estrasburgo não pode ser considerada base das conversas com o Governo Central porque não abre mão do conceito de "independência do Tibete".

Apesar disso, Pequim aceitou a sugestão de entrar em uma série de conversas em Genebra, com previsão de início em janeiro de 1989. No fim, porém, os oficiais chineses criaram uma série de pretextos para não iniciar as conversas; um deles parecia ser o fato de termos divulgado não só os membros da nossa equipe, assim como o local das conversas. Chegamos a propor a realização de uma pré-reunião em Hong Kong, em abril, para resolver quaisquer questões e preocupações que eles pudessem ter, mas de nada adiantou. É possível que outras manifestações em Lhasa, em dezembro de 1988, em comemoração ao Dia Internacional dos Direitos Humanos, possam ter sido consideradas mais um motivo para a reunião não acontecer.

Em 28 de janeiro de 1989, o Panchen Lama morreu de forma repentina em sua base monástica em Tashi Lhunpo. Lamentamos a morte dele com o coração partido, reconhecendo a perda de um heroico líder tibetano que tanto sofreu em nome do seu povo.

A voz de uma nação

Enquanto estava vivo, eu sentia que seus esforços dentro do Tibete, principalmente no fronte de proteção do idioma, da cultura e da identidade tibetanos, e os meus próprios esforços de ser um porta-voz livre para os tibetanos que viviam no exílio se complementavam muito bem. Desse modo, sua morte repentina me entristeceu profundamente, e tive a consciência de que tinha perdido um aliado poderoso e corajoso dentro do Tibete. Organizamos orações em memória de Panchen Lama no templo de Thekchen Choeling, em Dharamsala, além de outras cerimônias religiosas semelhantes em muitos mosteiros, incluindo, em especial, o de Tashi Lhunpo, o mosteiro tradicional do Panchen Lama restabelecido no sul da Índia. Como de costume, compus uma oração para seu rápido retorno (*nyurjön söldeb*), consistindo nos nove versos a seguir:

Mesmo sob a cobertura das densas nuvens de constante ameaça,
sem controle nem liberdade, você cumpriu com graça
a missão de Buda de levar a todos os seres a felicidade.
Ah, que tristeza sua partida repentina para a serenidade!
De acordo com sua vontade, por muito tempo cultivada,
que a lua nova da sua reencarnação seja logo avistada
iluminando os picos nevados do Oriente, trazendo boa sorte
aos povos da Terra Nevada...
Que logo chegue essa cintilante lua nova com seu brilho forte.

A Associação Budista da China, obviamente agindo com total conhecimento do governo, me convidou para participar da cerimônia de funeral. Consideramos esse convite com muita seriedade. No entanto, Pequim tinha acabado de cancelar as conversas planejadas em Genebra; Wu Jinghua, o líder relativamente moderado do Partido no Tibete, havia sido dispensado no fim de 1988, e o convite era apenas para Pequim, e não para o Tibete. Não estava

Apoio do nosso quarto refúgio

claro se eu teria a chance de me reunir com algum dos grandes líderes chineses ou alguma personalidade tibetana de relevância. Com tanta incerteza e sem tempo para avaliar cuidadosamente as implicações, no fim, tomamos a decisão de que eu não deveria ir. Depois disso, os eventos rapidamente saíram do controle.

Em 5 de março de 1989, nos preparativos finais para o aniversário de 10 de março, ocorreu a maior manifestação contra o regime comunista chinês desde o levante de 1959 em Lhasa. Por três dias, a polícia chinesa agiu duramente contra o povo tibetano, deixando várias centenas de mortos. Em 8 de março, os chineses impuseram a lei marcial em Lhasa. A questão do Tibete agora era levantada no Parlamento de diversos países europeus, com a primeira audiência internacional sobre direitos humanos e violência no Tibete organizada para acontecer na Alemanha naquele ano.

Em 15 de abril de 1989, Hu Yaobang, que havia sido desligado da liderança do Partido em 1987, morreu. Uma série de protestos, liderados por estudantes, começou a partir daquele dia e continuou até 4 de junho na Praça da Paz Celestial, em Pequim. Os estudantes pediam mais transparência, democracia, liberdade de imprensa e de expressão. No auge do protesto, mais de um milhão de pessoas se reuniu, constituindo o maior desafio ao Partido Comunista Chinês desde sua ascensão ao poder. Assim como o restante do mundo, fiquei maravilhado com aqueles eventos, acompanhando tudo com um misto de admiração, ansiedade e esperança. Em 14 de maio, declarei:

> Estou observando com grande interesse o movimento que está acontecendo na China por democracia e liberdade. O povo chinês, principalmente a juventude e os intelectuais, está tentando demonstrar seus verdadeiros sentimentos [...]

A voz de uma nação

Ofereço todo o meu apoio ao movimento e admiro a coragem do povo. Esses eventos vão beneficiar a China [...]. Parece que pelo menos uma parte da liderança da China está tentando adotar uma abordagem mais positiva a esses eventos, [apesar da] tremenda pressão do sistema. Conclamo a liderança chinesa a ter coragem de aceitar a realidade e compreender as aspirações do seu povo.

Em 20 de maio, foi declarada a lei marcial em Pequim e 300 mil soldados foram enviados para a cidade. À medida que a tensão aumentava e os eventos dramáticos se desdobravam e eram exibidos pela televisão em todo mundo, senti que eu devia expressar minha solidariedade aos estudantes e às suas aspirações. Muitos no meu círculo me aconselharam a não fazer isso, pois poderia ser considerado uma ofensa a Pequim, com quem, no fim das contas, estávamos tentando negociar. Em 3 de junho de 1989, como bem sabemos, a liderança chinesa lançou o Exército de Libertação Popular da China contra o próprio povo, usando munição pesada. No dia 4 de junho, eles enviaram tanques e veículos de guerra para a Praça da Paz Celestial. Até hoje, não se sabe quantos foram mortos. Fiquei chocado ao ver o exército chinês matar o próprio povo simplesmente por estarem pedindo mais liberdade e uma vida melhor. Foi aterrorizante.

Liguei para o meu secretário, Tenzin Geyche Tethong, e para Lodi Gyari, que na época era responsável pela Inteligência e Relações Internacionais, e pedi uma reunião imediata. Pedi que trabalhassem em uma declaração expressando minha forte oposição à decisão do governo chinês e expressar toda a minha solidariedade aos jovens chineses reunidos na Praça da Paz Celestial. Isso levantou uma preocupação compreensível por parte deles, uma vez que uma declaração pública teria impacto negativo nas discussões

Apoio do nosso quarto refúgio

que vínhamos tendo com a liderança chinesa. Mas, se eu não falasse nada, que direito moral teria para falar sobre liberdade e democracia? Lembrei a eles que os jovens chineses naquela praça não estavam pedindo nada além de mais liberdade.

Há momentos na vida, principalmente os que envolvem questões fundamentais de humanidade, em que não podemos permanecer em silêncio por conveniência ou interesse. Desse modo, emiti uma declaração, expressando minha forte oposição às ações militares da liderança chinesa; expressei minha mais profunda decepção com o fracasso do governo chinês de avaliar os verdadeiros sentimentos do seu povo. Também declarei meu pesar diante da perda de tantas vidas inocentes, dizendo como compartilhava a tristeza daquelas famílias, daqueles parentes e amigos que tinham perdido entes queridos. Posso dizer com toda a confiança que, naquele 4 de junho de 1989, tibetanos em toda parte do mundo, tanto dentro do país quanto no exílio, se solidarizaram com o povo chinês.

Posteriormente, no dia 10 de dezembro de 1989, quando aceitei formalmente o Prêmio Nobel da Paz em Oslo, comecei meu discurso dizendo:

> Aceito este prêmio com profunda gratidão em nome dos oprimidos em todo o mundo e por todos aqueles que lutam pela liberdade e trabalham pela paz mundial. Aceito este prêmio como um tributo ao homem que fundou a tradição moderna de ação não violenta em prol da mudança — Mahatma Gandhi —, cuja vida me ensinou e me inspirou.

Como senti que era essencial incluir uma declaração sobre os eventos da Praça da Paz Celestial no meu discurso, falei:

A voz de uma nação

Na China, o movimento popular pela democracia foi esmagado pela força brutal em junho deste ano. Mas eu não acredito que as demonstrações foram em vão, porque o espírito da liberdade voltou a ser aceso no povo chinês, e a China não pode escapar do impacto desse espírito de liberdade que vem varrendo várias partes do mundo. Os corajosos estudantes e seus apoiadores mostraram para a liderança chinesa e para o mundo o rosto humano daquela grande nação.

Enquanto os movimentos populares pela liberdade da antiga União Soviética e da Europa Oriental foram bem-sucedidos, derrubando o Muro de Berlim e libertando muitas pessoas do totalitarismo comunista, o movimento de liberdade liderado pelos estudantes na Praça da Paz Celestial não teve sucesso em derrubar a cortina de ferro da China Comunista. Não preciso dizer que historiadores e especialistas em geopolítica vão tentar compreender totalmente o que pode explicar esse contraste. Correndo o risco de parecer simplista, duas coisas me vêm à mente. Uma é que o Exército de Libertação Popular da China, apesar do nome, está disposto a atirar contra o próprio povo, o que não foi o caso na Europa Oriental. Segunda, na Europa Oriental, quando o desafio pelo poder veio na forma de movimentos populares pela liberdade, o momento tinha apoio de praticamente toda a população. No caso da Praça da Paz Celestial, mesmo que os protestos que apoiavam o movimento estudantil pela liberdade tenham se espalhado por centenas de cidades na China, parece que eles não atingiram a massa crítica que teria feito a verdadeira diferença. Mas eu não acredito, nem por um segundo, que os eventos da Praça da Paz Celestial marquem o fim da busca do povo chinês por mais liberdade, dignidade e democracia.

Apoio do nosso quarto refúgio

Não é surpresa que os acontecimentos da Praça da Paz Celestial, embora não estivessem diretamente relacionados ao Tibete, tiveram impacto significativo em nossas tentativas de negociação com os chineses. O processo que teve início em 1979, com a declaração de Deng Xiaoping para meu irmão Gyalo Thondup de que, exceto pela independência, tudo poderia ser discutido, chegava ao fim. A liderança de Xiaoping, que fizera tantas promessas, acabou se provando capaz de tanta brutalidade quanto a do próprio Mao Tsé-Tung.

A lei marcial foi imposta em Lhasa em 8 de março de 1989 e só foi revogada em 1º de maio do ano seguinte.

CAPÍTULO 9

Desdobramentos da tragédia da Praça da Paz Celestial

Um dos efeitos imediatos da tragédia da Praça da Paz Celestial foi que, pela primeira vez, uma parte do povo chinês, principalmente muitos intelectuais e dissidentes que escaparam da China depois da repressão, começou a ter mais empatia pela situação dos tibetanos. A partir de 1989, tive várias reuniões com muitos chineses envolvidos no movimento pró-democracia que fugiram para o exterior: Paris, Londres, Suíça, Alemanha, Estados Unidos, Canadá, Austrália e também para o Japão.

Em setembro de 1989, vários membros importantes do movimento de protesto da Praça da Paz Celestial formaram uma organização em Paris, chamada Federação por uma China Democrática. A pedido deles, tive uma reunião emocionante com a liderança do movimento em dezembro de 1989, na capital francesa. Entre os dissidentes com os quais me encontrei estava Yan Jiaqi (outrora conselheiro político do primeiro-ministro Zhao Ziyang e, posteriormente, proeminente defensor de uma China democrática). Eu os aplaudi pela coragem e comprometimento de conseguir

Desdobramentos da tragédia da Praça da Paz Celestial

uma democracia maior para a China. Considerando o tamanho da população chinesa, a missão de uma China democrática é um trabalho verdadeiramente nobre, que exige resoluta perseverança e determinação. Compartilhei com eles nossa própria luta pela liberdade e dignidade do Tibete e disse que permaneceríamos destemidos e totalmente comprometidos com nossa causa, não importando quanto tempo demorasse. Aproveitei a oportunidade para reforçar que, em relação à nossa luta, tomamos a decisão de buscar a Abordagem do Caminho do Meio não para buscar a independência, mas sim a autonomia genuína que nos possibilitaria sobreviver e prosperar como um povo com seu próprio idioma, cultura e religião. Lembrei a eles que, em comparação com nossa luta por liberdade, a deles por uma China democrática estava apenas começando.

Posteriormente, também me reuni com outras personalidades mais velhas entre os chineses dissidentes, incluindo Wei Jingsheng, ativista dos direitos humanos conhecidíssimo pelo artigo de 1978 "The fifth modernization" (A quinta modernização), colocado no Muro da Democracia em Pequim, e Harry Wu, que muito colaborou para expor os horrores do sistema gulag* da China. Esse último, na verdade, me instigou em algumas ocasiões a reconsiderar minha posição e começar uma campanha pela total independência do Tibete.

Em 1991, em uma conferência sobre direitos humanos na Universidade Columbia, em Nova York, tive a honra de compartilhar o palco com o ilustre astrofísico chinês Fang Lizhi, que, àquela altura, também vivia no exílio. Também conheci o extraordinário escritor chinês Wang Rouwang, que escreveu a famosa carta para Deng

---

* Termo soviético que designa o sistema que enviava criminosos e presos políticos para campos de trabalho forçado. [N. T.]

A voz de uma nação

Xiaoping apoiando as demonstrações lideradas pelos estudantes na Praça da Paz Celestial e ajudou a liderar uma marcha até a prefeitura de Xangai. Esses grandes intelectuais chineses, assim como centenas de líderes estudantis que fugiram da China depois do que aconteceu na Praça da Paz Celestial, estavam lutando por mais liberdade, dignidade e democracia no país. Independentemente de como foram retratados pelo Partido Comunista, todos esses indivíduos, que pagaram um alto preço pessoal por sua consciência, foram verdadeiros patriotas que se preocupavam com o futuro da China e seu lugar no mundo.

Sempre afirmei que nossa luta não é contra o povo chinês, mas contra um regime opressor e a favor dos direitos do povo tibetano. Então, claro, tenho profunda empatia por outros oprimidos pelo regime comunista chinês, incluindo o próprio povo chinês, os mongóis da Mongólia Interior e os uigures do Turquestão Oriental (Xinjiang). Conheci alguns uigures no exílio, com destaque para Isa Alptekin e seu filho Erkin Alptekin e, mais tarde, Rebiya Kadeer e Dolkun Isa, respectivamente a ex-presidente e o atual presidente do Congresso Mundial Uigur. Compartilhei com eles a importância de aderir à não violência estrita na luta pela liberdade e minha crença duradoura de que apenas pela não violência e pela consideração de ambos os lados é possível chegar a uma solução duradoura para qualquer conflito. Adotar uma abordagem mutuamente benéfica é a chave para se encontrar soluções por meio do método de não violência. Ao falar para eles sobre a luta tibetana, repeti o que costumo dizer a nossos apoiadores da comunidade internacional: que eu não os considero antichineses nem pró-tibetanos, e sim pró-liberdade e pró-verdade.

Ser agraciado com o Nobel da Paz, em outubro de 1989, e participar da cerimônia em Oslo atraiu grande atenção internacional para a causa tibetana. Para os tibetanos em todo o

Desdobramentos da tragédia da Praça da Paz Celestial

mundo, o prêmio foi um importante reconhecimento do nosso firme comprometimento com uma luta de não violência para recuperar nossa liberdade e nossa dignidade. Para mim, um dos aspectos mais emocionantes da experiência foi ter visto o rosto feliz e contente de tantos tibetanos e dos nossos apoiadores internacionais que trabalharam de forma incansável por décadas. Até hoje me lembro da linda e alegre energia da presença de tanta gente que foi a Oslo para participar da celebração. Aproveitei a oportunidade para agradecê-los pessoalmente. No Tibete também, soube que muitos tibetanos comemoraram, apesar dos perigos óbvios que enfrentavam por fazer isso, pois a situação no país continuava a piorar.

Em julho de 1990, o líder do Partido Comunista Chinês, Jiang Zemin, e o general chefe do estado-maior do Exército da Libertação Popular da China, Chi Haotian, visitaram o Tibete. Àquela altura, havia uma facção muito mais dura no controle do Tibete, assim como da China. As autoridades chinesas enfatizavam a lealdade à "pátria mãe" e "a luta contra o separatismo", ou seja, uma luta contra mim e a comunidade no exílio. Eles aumentaram muito os incentivos à migração chinesa para o Tibete, de tal forma que um trabalhador recém-chegado da China ganhava um aumento substancial no salário. Essa crescente migração provocou muito ressentimento entre os tibetanos, incluindo autoridades tibetanas dentro do Partido Comunista. Esse endurecimento dentro do Tibete foi um triste e estranho desenvolvimento em comparação com o que acontecia no restante do mundo, um período em que a onda de liberdade varria o planeta, incluindo o fim das ditaduras nas Filipinas, em 1986, e no Chile, em 1990, além, é claro, da queda do Muro de Berlim, em 1989. Também foi um momento de genuína abertura política e significativo desarmamento nuclear entre a União Soviética e os Estados Unidos. Ainda assim, na China e, principalmente, no Tibete, aquele foi o início de uma nova era de repressão. Meus próprios esforços para buscar uma solução pelo diálogo sempre batiam em um muro de rejeição.

No cenário internacional, em maio de 1991, o poder legislativo dos Estados Unidos aprovou uma resolução simultânea no congresso, reconhecendo o Tibete como um país ocupado de forma ilegal e reafirmando a posição estadunidense em relação a ele, como declarado pelo embaixador dos Estados Unidos nas Nações Unidas, em 1961: os Estados Unidos acreditam que nossos objetivos devam incluir a restauração dos direitos humanos do povo tibetano e seu direito natural à autodeterminação. A conclusão da resolução era:

> A percepção do Congresso é de que o Tibete, incluindo as áreas incorporadas às províncias chinesas de Sichuan, Yunnan, Gansu e Qinghai, é um país ocupado sob os princípios estabelecidos pela lei internacional, cujo representante legal é o Dalai Lama, juntamente com o governo tibetano no exílio, conforme reconhecido pelo povo tibetano.

Alguns anos depois, em 1997, o governo dos Estados Unidos estabeleceu um Gabinete de Coordenação Especial para Assuntos Tibetanos dentro do Departamento de Estado do país. Atualmente, esse gabinete coordena as políticas e os programas estadunidenses relacionados às questões tibetanas de acordo com a Lei de Política Tibetana de 2002, a qual teve uma emenda com a Lei de Política e Apoio ao Tibete de 2020. Tive o prazer de me reunir com todos os ocupantes do cargo desde sua criação.

Preocupado com a piora da situação dentro do Tibete em 1991 e, em particular, o status da China como agente ativo de repressão, aceitei o convite para palestrar na Universidade de Yale naquele ano. Comecei reconhecendo a era monumental que vivíamos e

Desdobramentos da tragédia da Praça da Paz Celestial

discorri sobre as mudanças drásticas pelas quais o mundo vinha passando nos últimos anos. Fiz uma reflexão sobre o impacto da queda do Muro de Berlim e da União Soviética após setenta anos de controle comunista e como isso sinalizava o desejo dos povos e nações por liberdade e democracia. Falei sobre minha profunda inspiração durante minhas visitas recentes à Mongólia e aos países bálticos e à Bulgária, vendo milhões de seres humanos aproveitando a liberdade que lhes fora negada por tantas décadas. Observei como essa transição impressionante aconteceu sem ser necessário recorrer à violência.

Enfatizei a necessidade de a comunidade internacional continuar se comunicando com a China e disse que realmente acreditava que as relações interpessoais e entre as nações deveriam se basear na compreensão humana. O mundo deveria se comunicar com a China sempre que o país estivesse disposto a participar da comunidade internacional de forma construtiva. No entanto, quando o país persiste na violação das normas fundamentais de comportamento civilizado, não se deve tratá-lo de forma indulgente, como se faz com uma criança mimada. A China deve ser responsabilizada por suas ações, como membro da comunidade internacional. A respeito das nossas tentativas constantes de negociar com a China, observei que a recusa do governo de retribuir minhas tentativas de iniciar as negociações aumentou a impaciência de muitos tibetanos dentro do Tibete, principalmente entre a juventude, com nossa abordagem de não violência. A tensão crescia enquanto a China encorajava a agressão demográfica ao Tibete, ameaçando reduzir os tibetanos a uma minoria de segunda classe dentro de nosso próprio país. Eu estava extremamente ansioso pelo fato de que, diante da situação explosiva, a violência pudesse eclodir a qualquer momento. Eu disse que queria fazer o possível para ajudar a evitar isso.

A voz de uma nação

Depois, expressei meu desejo de poder visitar o Tibete para me comunicar diretamente com o povo e orientá-lo a não abandonar o caminho da não violência. Minha visita ofereceria à liderança chinesa a possibilidade de compreender os verdadeiros sentimentos do povo tibetano.

Como não houve nenhuma resposta construtiva de Pequim para o Plano de Paz de Cinco Pontos nem para a proposta subsequente de Estrasburgo, feita em 1988, declarei, em setembro de 1991, que continuávamos totalmente comprometidos com o caminho da negociação. Claro, seguimos com nossos esforços de manter abertas as linhas de comunicação com a China. Em dezembro de 1991, o primeiro-ministro chinês, Li Peng, fez uma visita a Nova Délhi. Nessa ocasião, tentei marcar uma reunião com ele, mas não consegui. Em junho de 1992, meu irmão Gyalo Thondup se encontrou com Ding Guangen, um membro do Politburo, que tinha uma mensagem do governo chinês para a retomada dos diálogos com a condição de que eu renunciasse publicamente à ideia da independência tibetana. Isso foi estranho, uma vez que já havíamos declarado de forma inequívoca e repetida que estávamos dispostos a abrir mão da nossa exigência por independência como parte de um acordo negociado. Ainda assim, em 11 de setembro de 1992, escrevi tanto para o líder, Deng Xiaoping, quanto para o secretário-geral, Jiang Zemin, expressando minha abertura para o diálogo como forma de resolver as questões em um contexto mais amplo, e incluí um adendo resumindo o histórico de conversas desde 1951. A carta foi entregue ao embaixador chinês em Nova Délhi, junto com a sugestão para que acontecessem reuniões mensais regulares na embaixada chinesa para construir a confiança. No entanto, foi apenas em julho de 1993 que o governo chinês permitiu que meus representantes entregassem a carta em mãos.

A carta, endereçada a Jiang Zemin, transmitia minha crença básica no processo de negociação como única forma viável de resolver as questões no Tibete. Eu escrevi:

> Estou muito satisfeito com o restabelecimento de contatos diretos entre nós. Espero que isso leve a uma melhora nas relações e no desenvolvimento de confiança e compreensão mútuas.
>
> Recebi informações sobre as discussões de 22 de junho de 1992 entre o sr. Ding Guangen e Gyalo Thondup, e a posição do governo da China acerca das negociações para uma solução da questão tibetana. Estou decepcionado com a posição dura e inflexível transmitida pelo sr. Ding Guangen, principalmente em relação à ênfase nas condições prévias para o início das negociações.
>
> No entanto, continuo comprometido com a crença de que nossos problemas podem ser resolvidos por meio de negociações feitas em uma atmosfera de sinceridade e abertura para o benefício tanto de tibetanos quanto de chineses. Para que isso seja possível, nenhum dos lados deve oferecer obstáculos e nenhum dos lados deve, desse modo, estabelecer condições prévias.
>
> Para que ocorram negociações significativas, é essencial haver confiança mútua. Assim, para criar confiança, creio que seja importante os líderes e o povo da China conhecerem os esforços que fiz até agora. Meus três representantes levam consigo uma carta escrita por mim, acompanhada por observações detalhadas dos meus pontos de vista e dos esforços que empreendi no decorrer dos anos para promover negociações, tendo em mente o interesse dos tibetanos e dos chineses. Eles vão responder e discutir quaisquer questões e pontos que queiram levantar. Tenho esperança de que, com essas discussões renovadas, vamos encontrar um caminho que nos levará às negociações.

A voz de uma nação

De minha parte, já apresentei muitas ideias para resolver o problema. Acredito que agora é a vez de o governo chinês apresentar uma proposta genuinamente significativa, se desejam ver o Tibete e a China vivendo juntos e em paz. Desse modo, realmente espero que vossa senhoria responda em um espírito de abertura e amizade.

Acompanhando essa carta, havia um relatório detalhado que preparei para a liderança chinesa apresentando, de forma sucinta, o histórico da minha abordagem acerca da questão do Tibete e o pensamento subjacente, além da minha proposta para uma discussão que pudesse seguir para um diálogo substancial. Na conclusão do relatório, declarei:

Se a China deseja que o Tibete continue fazendo parte da China, deve então criar as condições necessárias para isso. É chegada a hora de os chineses mostrarem o caminho pelo qual Tibete e China possam viver juntos e de forma amigável. Um resumo detalhado sobre o status básico do Tibete deve ser apresentado. É necessário delinear um plano detalhado e transparente sobre o status fundamental do Tibete. Se esse plano for claramente apresentado, não obstante o sucesso nas negociações, nós, tibetanos, teremos condições de decidir se desejamos ou não coexistir com a China. Caso nossos direitos fundamentais sejam garantidos de forma satisfatória, não deixaremos de reconhecer as eventuais vantagens de uma convivência com os chineses.

Concluí com uma expressão de esperança, dizendo que confiava na visão e na sabedoria dos líderes chineses e que esperava que eles levassem em consideração as atuais mudanças políticas

Desdobramentos da tragédia da Praça da Paz Celestial

do mundo e a necessidade de resolver a questão tibetana de forma pacífica, promovendo uma amizade genuína e duradoura entre os dois povos.

Nesse ínterim, o governo chinês publicou um documento oficial, em setembro de 1992, intitulado: "Tibet: its ownership and human rights situation" (Tibete: situação de posse e de direitos humanos). Enganosamente, o longo texto do documento apresenta a história do Tibete como parte da China desde sempre, indicando uma posição defensiva da liderança chinesa sobre a legitimidade da presença chinesa no Tibete. O documento apresenta uma série de argumentos contra a independência tibetana, afirmando que "a assim chamada independência tibetana, que o grupo de Dalai Lama e as forças antichinesas propagam, não passa de ficção dos imperialistas que cometeram agressões contra a China na história moderna". É surpreendente que o documento afirme: "Outra mentira é a declaração de que um grande número de chineses da etnia Han migraram para o Tibete, transformando a etnia tibetana em minoria", negando veementemente um fato reconhecido por todos os observadores independentes e visto como uma das principais fontes de ressentimento entre os tibetanos.

No Tibete, protestos de mais de mil leigos eclodiram em Lhasa em 23 de maio de 1993. O motivo inicial foram os preços elevados, mas logo se tornou um movimento sobre a independência. Esses protestos resultaram em opressão brutal e prisões em massa. Uma das causas foi o aumento do fluxo de migração de chineses para Lhasa. Em 1994, quando o Terceiro Fórum de Trabalhos no Tibete foi reunido pelo Comitê Central do Partido, em Pequim, foram impostas novas políticas repressivas, entre as quais um aumento de investimento em mecanismos de segurança e controle e uma nova onda de ataques à minha pessoa. Por exemplo, uma das declarações oficiais continha alegações de que "embora, às

A voz de uma nação

vezes, o Dalai Lama fale manso e diga coisas boas para enganar as massas, ele nunca deixou de lado suas atividades separatistas…". E continuava: "O ponto focal da nossa luta na região é nos opor ao separatismo e ao grupo do Dalai Lama. Como diz o ditado, para matar uma serpente, é necessário primeiro cortar sua cabeça". Esse mesmo documento incitou as comunidades monásticas dentro do Tibete a renunciarem ao Dalai Lama, afirmando: "Devemos deter firmemente qualquer influência que o grupo do Dalai Lama tenha sobre os lamas e as monjas do Tibete". A publicação dessa declaração foi acompanhada da proibição total de qualquer fotografia ou retratos meus tanto em espaços públicos quanto nos privados no Tibete. Na prática, uma forma de doutrinação ideológica (especialmente na área da educação), que não era vista desde a Revolução Cultural, estava sendo imposta ao Tibete. A liderança do Partido em Lhasa afirmou:

> A educação étnica não pode ser considerada bem-sucedida se conseguir preservar com êxito a cultura e as tradições antigas […] A essência do trabalho educacional é formar colaboradores e sucessores qualificados para a causa socialista, e essa é a única missão fundamental da educação étnica.

Declarações oficiais como essa e as políticas repressivas na região, tendo como alvos as tradições, a cultura e a identidade tibetanas, assim como a mudança demográfica em larga escala que aconteciam no planalto tibetano, provocavam em mim grande alarme, compelindo-me a anunciar para o mundo que o que estava acontecendo dentro do Tibete era, de forma deliberada ou não, uma manifestação de genocídio cultural.

CAPÍTULO 10

Práticas que me ajudam diante do sofrimento

Vou fazer uma pausa aqui para oferecer uma reflexão sobre como podemos sustentar nossa determinação diante de situações que parecem desencorajadoras e até mesmo irremediáveis. É da natureza humana nos sentirmos sem esperança quando somos confrontados com um sofrimento terrível sem conseguir enxergar uma luz no fim do túnel. É isso que vivenciam os tibetanos que continuam no Tibete e os muitos que desejam liberdade sob regimes opressores. Creio que, talvez, esse fosse o sentimento dos milhares de estudantes de Pequim, em 1989, depois da cruel repressão que se seguiu. Em todos esses anos, desde 1950, eu também fui confrontado inúmeras vezes com esse sentimento e precisei manter a esperança.

Aqui estão algumas práticas que me ajudaram ao longo da minha vida. Primeiro e principalmente, procuro sempre me lembrar de que, em qualquer jornada importante, vamos nos deparar com dificuldades, então, é crucial estar preparado desde o início. Dessa forma, não seremos pegos desprevenidos por adversidades que parecem surgir do nada. Existe um ditado tibetano que diz: "Espere pelo melhor e se prepare para o pior".

A voz de uma nação

O sofrimento e os problemas são parte inevitável da vida humana; a questão é como respondemos a isso. Quando nos deparamos com um sofrimento causado por desastres naturais, apesar da devastação e da perda da vida humana, geralmente conseguimos lidar com a dor sem nos rendermos ao derrotismo ou à amargura. Essas tragédias também trazem o melhor da humanidade, e as pessoas respondem espontaneamente com compaixão. Existe, porém, o sofrimento causado pelo próprio ser humano, quando nós mesmos somos a causa direta disso. É uma classe de sofrimento mais difícil de suportar e requer mais força da nossa parte para que possamos lidar com ele. Existe o risco de se render ao desespero e ao ódio ou de responder à violência com mais violência. Infelizmente, nós, seres humanos, tendemos a continuar repetindo esse ciclo. A chave aqui é nunca perder de vista nossa humanidade compartilhada, comum tanto ao criminoso quanto à vítima e a nós mesmos. É justamente por isso que eu sempre encorajei meus conterrâneos a não se renderem ao ódio pelos chineses.

No discurso que marcou o primeiro aniversário do levante de 1959, eu disse aos tibetanos que, apesar de nos opormos às ações do regime comunista na China, nunca consegui odiar o povo chinês. Disse que, principalmente a partir de uma perspectiva da nossa luta por liberdade, o ódio por todo um povo será uma fraqueza, e não uma força. Também os lembrei de que, quando Buda falou que o ódio só levava a mais ódio, ele não estava apenas dando um ensinamento espiritual, mas também um conselho prático. Eu realmente acredito que um movimento enraizado no ódio, por mais nobre que seja a causa, destruirá a base para uma solução duradoura. Nos ensinamentos budistas, há especial ênfase à percepção dos próprios adversários, ou seja, daqueles que criam problemas para você, como professores espirituais. Independentemente da

Práticas que me ajudam diante do sofrimento

intenção deles, esses adversários acabam nos dando a oportunidade de praticar a paciência e a compaixão. Nossos adversários são professores valiosos. Esse é um fato demonstrável da vida. Embora nossos amigos nos ajudem de diversas formas, são os adversários que nos dão os desafios para que desenvolvamos as virtudes essenciais para cultivar a paz de espírito e trazer a verdadeira felicidade.

Como seguidor do mahayana (um sistema do budismo a que me refiro como tradição do sânscrito, o qual nós, budistas tibetanos, compartilhamos com o budismo chinês), tenho um profundo apreço pela antiga nação da China na preservação da tradição budista. O budismo chegou à China cerca de quatro séculos antes de chegar ao Tibete. Muitos textos originalmente escritos no idioma indiano, e que se perderam, sobrevivem, hoje, na tradução chinesa, como o *Hetumukha*, obra do famoso lógico budista Dignāga. Entre as duas coleções canônicas tibetanas da *Kangyur* (tradução das escrituras) e *Tengyur* (tradução dos tratados), existem diversos textos importantes traduzidos do chinês. O comentário chinês sobre a famosa escritura mahayana *Samdhinirmocana Sutra*, escrita pelo monge coreano Woncheuk, é muitíssimo admirada nos mosteiros tibetanos. Diversas escolas de budismo mahayano surgiram, se desenvolveram e floresceram na China, como Tiantai Huayan, San-lun, Terra Pura e Chan. Admiravelmente, é apenas na tradição chinesa que a linhagem de ordenação completa para mulheres como *bhikshuni* (mulheres ordenadas monjas) sobreviveu e pode ser traçada diretamente à época do próprio Buda. A existência contínua dessa tradição completa para a ordenação de mulheres me traz grande contentamento. Entre os diversos monges chineses que conheci no decorrer dos anos, tanto em Taiwan quanto no Ocidente, os dois que mais me inspiraram na riqueza do budismo chinês foram o venerado mestre Chan Sheng Yen e o grande mestre vinaya chinês Dao-hai. Tive a oportunidade de ter conversas formais com ambos sobre nossas tradições budistas, a tibetana e a chinesa, e certa vez encontrei Dao-hai em Nova York. Eu até tinha o desejo de visitar o sítio budista sagrado do Monte Wutai Shan com o mestre Dao-hai para que pudéssemos conduzir uma leitura em chinês, em tibetano e em sânscrito do famoso texto de Nagarjuna, *Mūlamadhyamakakārikā*, muito apreciado pelos budistas, tanto tibetanos quanto chineses.

Obviamente, a coragem e o espírito dos incansáveis peregrinos chineses que viajaram até a Índia em busca de textos e tradições da prática budista sempre foram uma profunda e contínua inspiração para mim. Desde Faxian, no fim do século IV, até Xuanzang, em meados do século VII, e Yijing, no fim do século VII, esses monges extraordinários que arriscaram tudo em nome do Dharma. É marcante a forma como esses monges chineses mantiveram registros meticulosos das jornadas. Entre esses peregrinos, a contribuição duradoura de Xuanzang é universalmente conhecida até hoje. Sua história serviu de inspiração para a famosa fábula do macaco na tradição literária chinesa. Em grande parte, foi graças à obra *Datang Xiyuji* — um relato robusto das viagens que ele preparou para o imperador Tang — que muitos dos locais importantes associados a Buda e à história do budismo na Índia, como a universidade Nalanda, foram redescobertos posteriormente. Hoje em dia, milhões de budistas de todo o mundo podem fazer peregrinações e honrar esses locais. Eu sempre tive grande reverência e respeito pela antiga nação chinesa e por seu povo.

Em segundo lugar, acho muito útil adotar uma perspectiva mais ampla, uma vez que o sentimento de estar subjugado ou impotente costuma surgir ao examinar um problema de maneira

Práticas que me ajudam diante do sofrimento

próxima demais. Se você olhar perto demais para a palma da mão, não vai conseguir enxergá-la de maneira adequada. Ao nos aproximarmos muito, podemos acabar com alguma fixação, e nossa perspectiva fica muito mais estreita. Por outro lado, se formos capazes de situar determinado problema em um contexto maior, conseguiremos analisar sua complexidade, suas causas e efeitos e interconexões, o que nos permitirá escolher um curso de ação mais em sintonia com a realidade e com maior probabilidade de sucesso. A perspectiva mais ampla também permite ver qualquer questão dentro das proporções corretas, tornando gerenciável o que antes parecia intransponível, e reconhecer quaisquer aspectos positivos que possam existir, apesar do que aconteceu. Adotar esse tipo de perspectiva mais ampla também possibilita enxergar as oportunidades que uma situação adversa específica pode trazer. Como costumo dizer, ao me tornar uma pessoa sem país, acabei me aproximando mais da realidade. Quando se é refugiado, não existe espaço para cerimônia e pretensão. Se eu tivesse permanecido em Lhasa como um governante teocrático de um Tibete independente, preso no que poderia ser chamado "gaiola dourada", como o sagrado Dalai Lama, provavelmente seria alguém bem diferente hoje. Estar fora do meu país como refugiado me permitiu conhecer pessoas com histórias de vida muito diferentes e caminhadas distintas: pessoas buscando espiritualidade, cientistas, ativistas, líderes políticos, artistas, engenheiros. Valorizo o privilégio de ter feito amizade e tido conversas profundas com cientistas. Eu argumentaria até que minha própria tradição do budismo tibetano também ganhou muito com o exílio. Hoje, conseguimos instituir de forma bem-sucedida o diploma Geshema (o mais alto grau acadêmico da formação monástica) para as monjas; introduzimos a educação formal em ciências nos mosteiros; e demos início a conversas e

A voz de uma nação

colaborações contínuas com cientistas para o estudo e possíveis aplicações de ferramentas para um maior bem-estar mental. Se, em vez de adotar uma perspectiva mais ampla, tivéssemos nos fixado à nossa perda, talvez nunca tivéssemos tido vontade nem inclinação para explorar as oportunidades que se abriram na esteira da nossa tragédia.

Terceiro, é essencial escolher o otimismo como ponto de vista básico, por pior que as coisas possam parecer. Pessimismo implica desistir antes mesmo de tentar, esse é o problema. Claro que o otimismo deve se basear em uma análise da realidade e uma abordagem realista na busca da melhor forma de seguir adiante. No caso do Tibete, por exemplo, é uma questão existencial, e não temos como nos dar ao luxo de desistir. É isso que constitui o pessimismo.

Quarto, é importante reconhecer e valorizar os sucessos do passado, qualquer que seja. Isso é vital para nos encorajar e re-carregar nossa motivação para seguir sempre em frente. Manter a esperança é essencial para conseguir lidar com os desafios da vida. Com esperança, temos a coragem de nos importar e agir.

Por fim, independentemente do que aconteça, nunca devemos perder a fé na humanidade. Isso significa manter contato com nossa capacidade natural de nos importar com os outros e nunca nos separar da nossa humanidade compartilhada, mesmo em re-lação àqueles que talvez tenham nos prejudicado. Creio que essa orientação altruísta básica do coração é a fonte da minha maior força e coragem. Toda manhã, quando me levanto, eu me lembro que sou apenas um ser humano, um entre os bilhões que existem na Terra. Todos somos iguais e partilhamos do desejo de ser feliz e evitar o sofrimento. Como seres sociais, buscamos conexão uns com os outros e encontramos a alegria juntos. Não existe interesse independente e separado dos outros, porque nossa felicidade está

Práticas que me ajudam diante do sofrimento

interconectada com a dos outros. Com isso em mente, recitamos estes versos do mestre Shantideva, do século VIII:

Todos os que são felizes no mundo
Só o são por também desejarem a felicidade para os outros;
Todos os infelizes no mundo
Só o são por desejarem apenas a própria felicidade.
Portanto, se não houver uma mudança da perspectiva
de autocentrada para a altruísta,
Será impossível alcançar a iluminação,
Quanto mais a alegria nesta vida.
Enquanto o tempo e o espaço persistirem,
Enquanto os seres conscientes existirem,
Que eu também permaneça
E possa dissipar os sofrimentos do mundo.

Recitar esses versos me inspira e reforça minha determinação diariamente.

Somos todos seres humanos compartilhando este pequeno planeta. Todos nascemos aqui, nesta época, na longa história da humanidade. A expectativa de vida humana é de, no máximo, 100 anos. Isso é apenas um piscar de olhos na longa vida do nosso planeta. O que realmente importa é o que realizamos nesta nossa curta vida. Se vivermos separados da nossa humanidade compartilhada, envolvidos na discórdia e na divisão e causando mal para os outros, será um enorme desperdício da nossa preciosa vida! Se escolhermos viver nos importando com os outros e cuidando deles — da nossa família humana e do nosso frágil planeta —, a vida terá significado. Então, quando o último dia chegar, vamos olhar para trás sem arrependimentos e sentir que nossa vida na Terra valeu a pena.

CAPÍTULO 11

✳

O fim do milênio

Uma das consequências desse endurecimento da política chinesa dentro do Tibete — além, é claro, de seus terríveis efeitos sobre o povo tibetano — foi a tragédia que aconteceu durante a seleção do novo Panchen Lama. Eu tinha a esperança de que poderia ajudar na busca por sua reencarnação, trabalhando em conjunto com o mosteiro Tashi Lhunpo no Tibete e, com isso, também com as autoridades chinesas. Como ocorre com todos os lamas tibetanos, o reconhecimento da reencarnação do panchen-lama é uma questão de grande significado espiritual no budismo tibetano, embora a "seleção oficial" do panchen-lama talvez também carregue um significado político do ponto de vista das autoridades chinesas. Em fevereiro de 1991, no terceiro dia do ano novo tibetano, conduzi uma consulta divinatória para saber se a reencarnação tinha nascido dentro ou fora do Tibete, e o resultado indicou que ele tinha nascido dentro do Tibete. Desse modo, em março de 1991, enviei uma mensagem para Pequim, por intermédio da embaixada da China em Nova Délhi mencionando

O fim do milênio

que gostaria de oferecer minha assistência no processo de busca do novo panchen-lama. Desde quando o quarto Panchen Lama, Lobsang Chökyi Gyaltsen, reconheceu o quinto Dalai Lama, no século XVII, os dalai-lamas e os panchen-lamas tiveram papéis importantes no reconhecimento da reencarnação do outro. Considerando essa tradição histórica, os tibetanos de todo o mundo, assim como as comunidades budistas tibetanas nas regiões do Himalaia, que têm uma conexão histórica com a instituição do panchen-lama, me procuraram, pedindo que eu reconhecesse o próximo. Desse modo, era minha responsabilidade, tanto em termos históricos quanto morais, ajudar nessa busca.

No dia 17 de julho de 1993, Jadrel Rinpoche, o abade de Tashi Lhunpo, no comando do processo de busca, se encontrou com meu irmão Gyalo Thondup em Pequim e lhe entregou um pergaminho no qual pedia minha ajuda no processo. Presumindo que Jadrel Rinpoche agia com a total permissão da liderança chinesa, convidei-o para visitar Dharamsala para uma consulta. Embora não tenha ido, no fim de 1994, recebi dele uma lista com uma seleção criteriosa de mais de vinte candidatos. Rinpoche também me informou que ele e sua equipe de buscas consideraram que um dos candidatos, Gedhun Choekyi Nyima, era a verdadeira reencarnação. Com base nessa informação, executei uma série de sessões divinatórias e outros procedimentos tradicionais, como consultas com oráculos, e fiquei feliz de ter chegado à mesma conclusão.

Essa informação foi transmitida de forma confidencial para Jadrel Rinpoche em fevereiro de 1995, com o texto de uma oração para a vida longa do jovem 11º Panchen Lama. Eu esperava que ele conseguisse navegar pela política de Pequim. Considerando que a reencarnação de um lama é uma questão religiosa no budismo tibetano, e o candidato escolhido estaria dentro do território controlado pela China, minha esperança era de que a escolha de Jadrel Rinpoche e da equipe dele fosse aceita pela liderança chinesa. Também escrevi confidencialmente para Geshe Yeshe Wangchuk, na época um importante monge no mosteiro de Sera, no Tibete, informando-lhe que eu estava muito feliz com a forma como minhas observações confirmaram o candidato recomendado pelo comitê de busca. Enviei uma cópia da oração de vida longa que compus para o novo panchen-lama, solicitando que Geshe usasse sua influência para assegurar às autoridades chinesas que os pais do novo sucessor não tiveram nenhum tipo de contato comigo. Também informei a ele que, por ora, era melhor manter o resultado das minhas observações como uma informação confidencial.

Infelizmente, em março de 1995, o governo chinês insistiu que três dos cinco nomes fossem colocados em uma urna de ouro para que a seleção fosse feita por sorteio,[*] em vez de aprovar a

---

[*] O uso da urna de ouro provavelmente foi uma tentativa da parte da liderança de Pequim de invocar a "autoridade" de um costume que foi introduzido pela primeira vez pelo imperador Qianlong, da dinastia Qing, no fim do século XVIII. Existem dois fatos históricos importantes sobre a "Urna de Ouro" que precisamos ter em mente. O primeiro é que ela foi introduzida por Qianlong, um devoto do budismo tibetano, para ser usada na presença de ícones sagrados com o nome dos candidatos enrolados dentro de bolas de massa de farinha que eram inseridas na urna. A urna, por si só, não tem significado. Uma parte importante da motivação de Qianlong era tentar evitar a corrupção ou disputas desnecessárias entre diferentes grupos no processo de se reconhecer a nova reencarnação de proeminentes lamas tibetanos. Segundo, mesmo nos casos em que a urna foi usada em conexão com o panchen-lama e o dalai-lama — ou seja, na seleção do oitavo e do nono Panchen Lamas e do décimo ao 12º Dalai Lama —, foi algo mais cerimonial do que efetivo. O verdadeiro reconhecimento foi feito por meio dos tradicionais sistemas tibetanos de divinação e outros métodos, principalmente consulta a oráculos. De qualquer modo, era ilógico que o regime comunista chinês, um estado ateu, invocasse esse costume para o reconhecimento do panchen-lama.

O fim do milênio

reencarnação correta. Isso me deixou em um beco sem saída. Era bem provável que eles escolhessem o candidato errado. Então, depois de várias sessões de divinação, cheguei à conclusão de que eu precisava compartilhar com os budistas tibetanos de todo o mundo o resultado de minhas divinações sobre a reencarnação do panchen-lama. Desse modo, no dia 14 de maio de 1995 (no dia da lua cheia, 15º dia do quarto mês no calendário tibetano), depois de ter enviado ao governo chinês um aviso prévio por meu irmão Gyalo Thondup, anunciei formalmente que eu tinha aceitado Gedhun Choekyi Nyima como o 11º Panchen Lama. Escolhi tal dia pela importância do anúncio, já que se tratava de um dia auspicioso ligado a um importante sistema de ensinamento budista, conhecido como tantra Kalachakra, um conjunto de ensinamentos e práticas com especial ligação aos panchen-lamas. Também me certifiquei de que uma cópia do meu anúncio formal fosse entregue à embaixada chinesa em Nova Délhi, com o pedido de que uma cópia fosse enviada a Jadrel Rinpoche e sua equipe de busca, no mosteiro Tashi Lhunpo dos panchen-lamas, no Tibete. Para mim, essa confirmação da reencarnação do panchen-lama era, acima de tudo, uma questão de integridade da tradição do budismo tibetano. Assim que fui convencido da autenticidade do novo sucessor, a mesma pessoa selecionada pelo grupo oficial de busca organizado pelo mosteiro ao qual pertencia, era impensável que outro candidato pudesse ser confirmado.

Infelizmente, as consequências foram terríveis. Jadrel Rinpoche foi condenado a seis anos de prisão e o mosteiro Tashi Lhunpo foi submetido a uma séria perseguição, incluindo a prisão de mais de trinta monges. Até hoje, não tive nenhuma notícia confiável sobre Jadrel Rinpoche ou de seu paradeiro, mesmo que supostamente ele tenha sido libertado da prisão. Ele não apenas se dedicou fielmente ao panchen-lama anterior como também se esforçou

A voz de uma nação

muito para assegurar que a nova reencarnação fosse reconhecida de acordo com a tradição do budismo tibetano. Além disso, ele se empenhou para que a liderança de Pequim aprovasse o trabalho do comitê de busca que ele liderava e, para isso, manteve Pequim a par de todos os estágios do processo de busca. Desse modo, vê-lo sofrer tanto por seus esforços sinceros foi realmente doloroso para mim. Gedhun Choekyi Nyima, um menino de apenas 6 anos, e sua família foram detidos, e o novo Panchen Lama se tornou o mais jovem prisioneiro político do mundo naquela época. Até hoje, seu paradeiro é desconhecido, constituindo talvez um dos segredos mais bem guardados da história do Partido Comunista da China. Alguns chineses, entre os quais uma pessoa muito bem informada, me disseram que Gedhun Choekyi Nyima foi mantido em uma espécie de prisão domiciliar na área de uma base militar em algum lugar da China continental. As autoridades chinesas selecionaram um candidato diferente, Gyaltsen Norbu, cujos pais eram membros do Partido Comunista, e o enviaram para o mosteiro Tashi Lhunpo como o novo Panchen Lama. O ato foi acompanhado pela alocação de um grande número de soldados chineses em Shigatse, onde fica o mosteiro. Sinto-me profundamente triste pelos dois garotos presos nessa trágica situação. Sabemos que o verdadeiro escolhido está desaparecido, enquanto o garoto escolhido pela liderança do regime comunista chinês que foi nomeado em Tashi Lhunpo é conhecido pelos tibetanos e também por alguns budistas chineses como o "falso Panchen Lama" ou o "Panchen Lama chinês". Até hoje, a fotografia de Gedhun Choekyi Nyima é proibida.

Em novembro de 1996, o presidente chinês Jiang Zemin foi à Índia em uma visita oficial de oito dias. Constatei que não era possível me encontrar com ele, mas aproveitei a oportunidade dessa visita para fazer um apelo, por meio de uma declaração, para que ele revertesse a política repressiva no Tibete. Em 19 de fevereiro de 1997, o supremo líder da China, Deng Xiaoping, morreu. Na minha declaração daquele dia, expressei minha tristeza com o fato de que as negociações sérias acerca da questão do Tibete não aconteceram durante a vida de Xiaoping e expressei minha esperança de que houvesse outras oportunidades para um novo começo. Na minha carta de condolências para Jiang Zemin, escrevi:

> É lamentável que as negociações sérias acerca da questão do Tibete não puderam ocorrer durante a vida do sr. Xiaoping. No entanto, creio firmemente que a ausência dele fornece novas oportunidades e desafios tanto para os tibetanos quanto para os chineses. Tenho muita esperança de que, sob sua liderança, o governo da China perceba a sabedoria de resolver a questão do Tibete por meio de negociações em um espírito de reconciliação e compromisso. De minha parte, permaneço comprometido na crença de que nosso problema pode ser resolvido apenas por meio de negociações feitas em uma atmosfera de sinceridade e abertura.

Considerando a abertura inicial de Xiaoping com a declaração feita a meu irmão, de que, "a não ser pela independência, todo o restante é negociável", eu esperava que tivéssemos feito algum progresso durante sua liderança. Infelizmente, não era para ser assim.

A morte de Xiaoping marcou o fim de uma era. Ele foi o último dos antigos revolucionários comunistas a governar a China e também o último dos líderes que conheci pessoalmente. Ele foi o responsável pela abertura da China e, sob sua liderança, houve progressos significativos no desenvolvimento econômico, resultando na retirada de milhões de pessoas da pobreza, principalmente da

A voz de uma nação

provocada pela fome do Grande Salto Adiante e pelo sofrimento da Revolução Cultural. Ao mesmo tempo, foi sob o olhar de Xiaoping que o Exército da Libertação Popular da China atirou contra o próprio povo que ocupava a Praça da Paz Celestial.

Em março de 1997, tive a sorte de visitar Taiwan pela primeira vez. Meus anfitriões oficiais foram a Associação Budista da China (Taiwan) e o governo do Partido Nacionalista (também conhecido como Kuomintang), fundado originalmente por Chiang Kai-shek, que, depois da tomada de poder da China continental por Mao Tsé-Tung em 1949, fugiu para sua ilha. Considerando que o Kuomintang se via como uma continuação do governo da República Popular da China, apesar de estar longe do continente, na época, ainda afirmava sua soberania sobre toda a China continental, bem como sobre o Tibete. Fui recebido pelo presidente de Taiwan, Lee Teng-hui, que indicou que não havia uma suavização da posição "oficial" do país acerca do status do Tibete. Não preciso dizer que minha visita a Taiwan, principalmente minha reunião com o presidente, desagradou Pequim, que me acusou de conluio para enfraquecer a China. Para mim, o aspecto mais valioso e memorável da visita foi a chance de conhecer tantos budistas chineses que tinham sincera devoção ao budismo e que eram livres para praticar sua fé, sem a interferência do Estado. Em 2001, fiz uma segunda visita a Taiwan a convite do presidente, Chen Shui-bian. Na época, também tive a oportunidade de conhecer Tsai Ing-wen, que viria a ser, posteriormente, presidente do país. Esse foi o início da renúncia de Taiwan à reivindicação de soberania sobre o Tibete, resultando na emissão de vistos para tibetanos exilados na Índia com seus documentos de viagem indianos e, finalmente, no fechamento do Gabinete da Frente Unida (conhecido como Comissão de Assuntos Mongóis e Tibetanos), originalmente estabelecido para lidar com os assuntos de povos não chineses, como os tibetanos e os mongóis na Mongólia Interior.* Por fim, em 2009, em resposta a um convite, visitei a região sul de Taiwan para fazer orações nas áreas atingidas por um forte furacão que causou muito sofrimento e morte.

Como parte da minha abordagem usual de constantes consultas ao povo tibetano, ocorreu uma reunião importante em setembro de 1997, com o objetivo de ver nossa posição em relação às conversas com o governo chinês. No fim, como sempre declarei, é o povo tibetano que deve escolher o próprio destino, não o Dalai Lama nem o regime comunista chinês. Na conclusão dessa reunião, a Assembleia dos Representantes do Povo Tibetano adotou uma articulação formal do que descrevi como a Abordagem do Caminho do Meio. Os principais pontos foram:

- Sem buscar a independência para o Tibete, a Administração Tibetana Central aspira a criação de uma entidade política que englobe as três províncias tradicionais do Tibete.
- Tal entidade deve gozar do status de uma autonomia regional nacional genuína.
- Tal autonomia deve ser governada por poderes legislativo e executivo eleitos pelo voto por meio de um processo democrático e deve contar com um sistema judicial independente.
- Assim que o governo chinês chegar a um acordo em relação a tal status, o Tibete não vai buscar separação do país e continuará fazendo parte da República Popular da China.
- O Governo Central da República Popular da China é responsável pelos aspectos políticos das relações internacionais

---

* A referência aqui é ao fechamento do Gabinete da Frente Unida em Taiwan, que foi constituído como uma continuação do mesmo gabinete de Pequim, sob o governo nacionalista do Kuomintang, na China.

e defesa do Tibete, ao passo que o povo tibetano deverá administrar todos os outros assuntos ligados à nação, tais como religião, cultura, educação, economia, saúde, proteções ecológicas e ambientais.

- Para resolver a questão do Tibete, sua santidade, o Dalai Lama assume a principal responsabilidade por uma busca sincera de negociações e reconciliação com o governo da China.

Em fevereiro de 1998, o Escritório de Informação do Conselho de Estado da República Popular da China publicou como resposta um documento oficial intitulado "New progress in human rights in the Tibet Autonomous Region" (Novos progressos nos direitos humanos na região autônoma do Tibete), sinalizando uma estratégia pública agressiva. O documento concluía com o seguinte texto:

[…] o Dalai Lama exilado vem tentando, por todos os meios, encobrir isso e vilipendiar e atacar o desenvolvimento do progresso no novo Tibete. […] As mentiras desenfreadas fabricadas pelo Dalai Lama e sua violação e desrespeito a este documento servem apenas para mostrar sua verdadeira natureza. Ele acena com a bandeira da religião para conduzir atividades cujo objetivo é dividir a pátria-mãe.

Nesse meio-tempo, de minha parte, tentei encorajar a entrada da China na comunidade mundial. Minha profunda crença na época e hoje é que a abertura da China era a melhor forma de atender aos interesses dos chineses. Dessa forma, nas discussões e debates acerca da possibilidade de os Estados Unidos concederem ou não o status de nação mais favorecida à China, manifestei meu apoio a essa medida. Na verdade, escrevi para o presidente do senado

O fim do milênio

estadunidense do Comitê de Relações Exteriores para expressar meu encorajamento pessoal para essa concessão de status. Em relação a nosso contato direto com a liderança de Pequim depois de 1989, nada de significativo ocorreu por muitos anos. Isso posto, houve realmente algumas reuniões em Hong Kong e em Chiang Mai, na Tailândia, confidenciais na época, entre meus enviados Lodi Gyari e Kelsang Gyaltsen e um emissário de Jiang Zemin, presidente chinês. Além disso, em 28 de setembro de 1997, quando a senadora Dianne Feinstein e seu marido, o empresário estadunidense Richard Blum, se reuniram com o presidente chinês, eles fizeram a gentileza de entregar em mãos uma carta minha para Jiang Zemin. Isso ocorreu vários meses depois da cúpula em Pequim entre os presidentes Bill Clinton e Zemin.

Na coletiva de imprensa em Pequim, Clinton revelou que a questão do Tibete havia sido discutida e encorajou a retomada das conversas. Zemin comentou:

> Na verdade, desde que o Dalai Lama declare e se comprometa a assumir publicamente que o Tibete é parte inalienável da China e também reconheça Taiwan como uma província chinesa, as conversas e negociações estão abertas. Na verdade, temos vários canais de comunicação com o Dalai Lama. Desse modo, espero que ele tenha uma resposta positiva quanto a isso.

Aquela era a primeira vez que o líder da República Popular da China discursava publicamente acerca da questão do Tibete e da possibilidade de um diálogo genuíno. Claro que, em relação à primeira condição de Zemin, ele sabia que eu já tinha feito declarações públicas abrindo mão do pedido de independência desde meu discurso no Parlamento Europeu em Estrasburgo, em 1988.

A voz de uma nação

Em relação à segunda condição, sinceramente, a questão de Taiwan é completamente separada do Tibete e da nossa causa. Zemin pode ter sido sincero ao buscar meus enviados, mas não ficou claro até que ponto ele tinha o apoio do Politburo chinês.

Depois que os agitados anos 1990 chegaram ao fim, houve uma surpresa boa. Aos 14 anos, o karmapa, chefe da linhagem Karma Kagyu do budismo tibetano, conseguiu fugir do Tibete para a Índia, aparecendo de forma repentina em Dharamsala, em 5 de janeiro de 2000. Eu conheci seu predecessor, o 16º Karmapa, que foi um importante lama entre os altos líderes espirituais tibetanos que vieram para o exílio em 1959. Desse modo, foi uma grande felicidade poder dar as boas-vindas a Ogyen Trinley Dorje, e me oferecer para ajudar seu grupo de todas as formas possíveis, principalmente em relação à sua educação.

CAPÍTULO 12

A última rodada de conversas

Em 2001, quando eu estava com 66 anos, dei um grande passo dentro da estrutura política da comunidade tibetana exilada ao optar por uma aposentadoria parcial, transferindo o aspecto executivo da liderança política tibetana. Pela primeira vez, o executivo responsável pela administração tibetana no exílio seria eleito diretamente pelo povo, e esse líder, então, nomearia seu próprio gabinete. Como já havia estabelecido uma Assembleia de Representantes do Povo Tibetano (equivalente a um Parlamento eleito), senti que esse era mais um marco para o avanço na direção da democracia total em nossa administração. Para institucionalizar essas mudanças, revisamos o Estatuto dos Tibetanos no Exílio, e essa emenda foi adotada pela Assembleia de Representantes do Povo Tibetano em 14 de junho de 2001. Dentro dessa nova estrutura, o professor Samdhong Rinpoche se tornou o primeiro líder eleito de forma direta para a administração, recebendo o título de kalon tripa (chefe de gabinete).

A voz de uma nação

O pensamento subjacente a isso foi que, se a questão do Tibete não fosse resolvida durante minha vida, seria necessário institucionalizar o movimento pela liberdade do nosso povo para que ele continuasse vibrante e ativo por um longo tempo. Enquanto eu estiver vivo, obviamente, vou continuar comprometido a fazer todo o possível. No entanto, sempre acreditei que uma confiança excessiva em um único indivíduo, principalmente no caso do destino de todo um povo, era algo instável. Para ser sincero, às vezes sinto que os tibetanos dependem muito de mim.

No dia 22 de outubro de 2002, na iniciativa de Pequim, meu enviado, Lodi Gyari, se reuniu com um importante representante do Departamento de Trabalho da Frente Unida (o órgão do Partido Comunista Chinês responsável, entre outras coisas, pelas relações com os povos que a República Popular da China considera "minorias nacionais"), em Ottawa, no Canadá. Isso abriria uma nova fase de conversas com Pequim, completando, no total, nove rodadas de discussões formais, com a última sendo concluída em janeiro de 2010. Durante todo o processo, nossos representantes trabalharam comigo e com Samdhong Rinpoche, o kalon tripa.

Sabíamos que as primeiras reuniões seriam dedicadas a estabelecer relações pessoais e de confiança entre minha delegação, composta por dois enviados, Lodi Gyari e Kelsang Gyaltsen, e sua contraparte chinesa da Frente Unida. Como nessa época Pequim já havia sido escolhida como sede dos Jogos Olímpicos de 2008, havia, compreensivelmente, uma grande preocupação por parte dos representantes chineses nas reuniões em garantir que as Olimpíadas fossem bem-sucedidas. Durante a quarta reunião, que ocorreu na embaixada chinesa em Berna, na Suíça, em 2005, meus enviados se esforçaram muito para convencer a contraparte chinesa a considerar uma visita minha à China em peregrinação, principalmente ao Monte Wutai Shan, um lugar sagrado que sempre quis visitar.

A última rodada de conversas

Um motivo importante que apresentaram foi que, de acordo com a tradição tibetana, eu me aproximava rapidamente do chamado ano *kag* (literalmente, um obstáculo de idade), e o costume é sair em uma importante peregrinação para superar quaisquer obstáculos possíveis.* Eles também solicitaram que fosse concedida uma autorização especial para uma visita discreta de um pequeno grupo de monges da comunidade tibetana exilada na Índia, que faria oferendas diante das imagens sagradas no Templo Jokhang, em Lhasa, assim como diversos mosteiros e locais sagrados do Tibete, orando pela minha boa saúde. Os enviados também apresentaram a ideia de que tal visita particular talvez pudesse ser uma oportunidade para eu compartilhar diretamente com a liderança de Pequim minhas aspirações para o povo tibetano. A delegação chinesa respondeu que era uma questão de importância nacional e que não estavam em posição de tomar tal decisão, mas asseguraram aos meus enviados que passariam a sugestão para a liderança em Pequim. Infelizmente, a sugestão não deu em nada.

Embora essas conversas tenham oferecido uma oportunidade para trocas francas, inclusive a apresentação de um documento formal que delineava o que queríamos dizer com uma autonomia genuína para o povo tibetano dentro da República Popular da China, nunca conseguimos engajar substancialmente um nível maior do que a liderança da Frente Unida. Isso significou que era impossível chegar ao ponto em que poderíamos negociar com alguém ou alguma entidade com poder de tomada de decisão. Entre a sétima e a oitava reunião, ocorreram os Jogos Olímpicos de Pequim. Com a atenção do mundo voltada para a China, principalmente a da mídia internacional, muitos tibetanos e simpatizantes de várias

---

* Conforme uma crença na tradição tibetana, a pessoa pode ficar mais suscetível a doenças e outras adversidades em idades específicas, dependendo do ano do nascimento.

A voz de uma nação

partes do mundo livre aproveitaram a oportunidade para fazer protestos contra o que acontecia dentro do Tibete e denunciar que não havia nenhum progresso visível resultante das nossas conversas com Pequim.

Durante o aniversário daquele ano do levante de Lhasa de 10 de março de 1959, eclodiram protestos espontâneos em Lhasa, que se espalharam por todo o planalto tibetano. Em 10 de março de 2008, logo que fiquei sabendo, por uma mensagem de Lhasa, que um grupo de algumas centenas de monges do mosteiro Drepung caminhavam em direção ao centro da cidade, exigindo liberdade religiosa, fui tomado por uma profunda preocupação e logo dei início às orações pela segurança deles. No dia seguinte, vários monges de Sera marcharam em protesto, exigindo a soltura dos monges detidos no dia anterior. Em seguida, monges e monjas de outros mosteiros, incluindo o de Ganden, começaram a marcha para Lhasa para se juntar ao protesto. A reação da polícia foi brutal e muitos foram presos. Esse tratamento cruel dispensado aos monges e monjas foi a centelha que acendeu um pavio havia muito tempo preparado pelo domínio opressor chinês no Tibete. No dia 14 de março, houve um grande protesto, exigindo a soltura dos monges e monjas. Quando a polícia se reagrupou naquele dia, recebeu reforços do exército, com gás lacrimogêneo, metralhadoras e tanques blindados. A partir de 14 de março, protestos espontâneos se espalharam para Amdo e Kham (as partes nordeste e leste do Tibete) e aconteceram durante boa parte de abril.

Houve manifestações internacionais em muitos países durante o revezamento da tocha olímpica, como uma expressão de solidariedade para com o povo tibetano. Isso começou com desordens durante o discurso do chefe do comitê organizador de Pequim, na cerimônia inaugural da tocha em Atenas, em 24 de março de 2008. Alguns líderes mundiais solicitaram moderação às autoridades

A última rodada de conversas

chinesas e reiteraram seu apoio ao processo de conversas que havia começado. Porém, em vez de aproveitar a oportunidade para fazer avaliações e reflexões sobre o motivo da insatisfação e da reação dos tibetanos, a máquina de propaganda da China respondeu à crise culpando-me, acusando-me de instigar os protestos dentro do Tibete. No dia 18 de março de 2008, o líder do Partido Comunista no Tibete disse:

> O Dalai Lama é um lobo em pele de monge, um demônio com rosto humano, mas coração de monstro [...] Estamos agora travando uma batalha de fogo e sangue com a facção do Dalai Lama, uma batalha de vida ou morte entre nós e o inimigo.

Durante sua visita de estado a Laos, o primeiro-ministro chinês, Wen Jiabao, me encorajou (enquanto falava com a mídia internacional) a acalmar a situação dentro do Tibete. Em resposta, eu me ofereci para falar diretamente com o líder chinês Hu Jintao. Não obtive resposta. Enquanto isso, o canal estatal do regime comunista chinês transmitiu por todo o território os protestos tibetanos, apresentando-os como um ataque contra os chineses. Essa propaganda teve como trágica consequência uma onda de racismo contra os tibetanos que moravam na China. Ouvi histórias de discriminação, envolvendo a recusa de aluguel de quartos em hotéis, de empresas de transporte público, como trens e aviões, a vender passagens, e cusparadas em tibetanos em parques. O que a mídia estatal pareceu não perceber é que eles estavam conseguindo criar uma geração de tibetanos profundamente ressentidos, que nunca esqueceriam a experiência do evidente racismo.

Embora a resposta do governo chinês a esses protestos tibetanos tenha sido dura, foi muito encorajador ver que muitos chineses, incluindo intelectuais e escritores na China continental,

A voz de uma nação

demostraram apoio e empatia sem precedentes. Mais de mil artigos em chinês apareceram dentro e fora da República Popular da China, expressando apoio à causa tibetana e pedindo ao governo que abrisse um diálogo significativo comigo. Entre os que escreveram estava Liu Xiaobo, um dos autores da Carta 08 (um manifesto pelos direitos humanos na China, publicado em dezembro de 2008) e vencedor do Prêmio Nobel da Paz por sua longa luta não violenta em prol dos direitos humanos em seu país. Para demonstrar de forma inequívoca o apoio à nossa abordagem para resolver a questão tibetana, segue uma lista com alguns títulos dessas publicações escritas por autores chineses: "Federalism is the best way to resolve the issue of Tibet" (Federalismo é a melhor forma de resolver a questão do Tibete), "The Middle Way Approach is the panacea for curing the disease of ethnic animosity" (A Abordagem do Caminho do Meio é a solução para curar a doença da animosidade étnica), "The Dalai Lama's Middle Way Approach is the right way of resolving the issue of Tibet" (A Abordagem do Caminho do Meio do Dalai Lama é o caminho certo para se resolver a questão do Tibete).

Nessa ocasião, enviei uma série de apelos. Estimulei os tibetanos a praticar a não violência e a não se desviarem desse caminho, por mais difícil que a situação fosse. Também os lembrei de que, desde o início, apoiei que os Jogos Olímpicos de 2008 fossem realizados em Pequim, e solicitei que os tibetanos não os atrapalhassem, porque eu entendia que receber as Olimpíadas era uma questão de grande orgulho para a nação mais populosa do mundo. (Na verdade, quando fui convidado para discursar na cerimônia da Medalha de Ouro no Congresso dos Estados Unidos, em outubro de 2007, falei sobre como sempre encorajei os líderes mundiais a apoiarem a entrada da China na Organização Mundial do Comércio, OMC, assim como concederem à China

A última rodada de conversas

a chance de sediar os Jogos Olímpicos em Pequim.) Enfatizei uma vez mais que nossa luta é contra a liderança da República Popular da China, e não contra o povo chinês. Temos que tomar cuidado para não causarmos mal-entendidos nem fazer nada que possa ferir o povo chinês.

Aos irmãos e irmãs da China em todo o mundo, fiz um apelo, pedindo que apoiassem meu chamado para acabar com a repressão brutal dentro do Tibete e desfazer mal-entendidos entre nossas duas comunidades. Enfatizei que os chineses e os tibetanos compartilham uma herança espiritual comum no budismo mahayana, que cultuamos o Buda da compaixão e valorizamos a compaixão por todos os seres sofredores como um dos mais altos ideais espirituais. Preocupado com o risco do surgimento de uma inimizade entre chineses e tibetanos, também sugeri que os tibetanos que moram em outras partes do mundo estabelecessem Associações de Amizade Sino-Tibetanas. Essas associações poderiam enviar convites aos chineses que vivem nas mesmas cidades para participarem de festivais e celebrações tibetanos e para compartilharem refeições.

Nesse ínterim, instrui meus enviados a entrar em contato novamente com a contraparte chinesa para marcar uma reunião. Era uma questão urgente neutralizar a situação dentro do Tibete e encorajar a liderança chinesa a investigar os verdadeiros motivos dos protestos que se espalhavam, causando sérios problemas para o povo tibetano. Nossa iniciativa levou a uma reunião informal entre meus dois enviados e o representante chinês em Shenzhen, em maio de 2008. Nessa reunião, ambos os lados concordaram em fazer uma sétima rodada de conversas formais em Pequim, em julho de 2008. Logo depois, no dia 12 de maio de 2008, um grande terremoto atingiu a província de Sichuan, incluindo a região tibetana de Ngawa (Ngaba). Assim que ficamos sabendo, todas as comunidades tibetanas da diáspora, incluindo o templo Thekchen

A voz de uma nação

Choeling, aqui em Dharamsala, começamos orações em grande escala pelas vítimas do terremoto. Também fiz uma doação pessoal para o fundo de auxílio, por meio da Federação Internacional da Cruz Vermelha e do Crescente Vermelho. Depois, no mesmo mês, durante uma visita a Londres, a embaixada chinesa foi gentil o bastante para permitir que meu secretário assinasse, em meu nome, o livro de condolências da embaixada, expressando minha solidariedade às vítimas.

Em relação a nosso diálogo, depois da sexta reunião, eu estava me sentindo frustrado por termos ficado andando em círculos, conversando sobre conversas. Existe um ditado tibetano que diz: "Os passos devem contribuir para a jornada". Então, pedi que a equipe me apresentasse uma análise das conversas até aquele ponto. Naquele estágio, eles permaneciam esperançosos. Sentiam que, depois de todo esforço de ouvir as queixas e preocupações de cada um dos lados, talvez tivessem criado um espaço para entrarem nas discussões concretas.

Desse modo, a sétima rodada de reuniões aconteceu em Pequim, em julho de 2008. No início dessa rodada, meus enviados expressaram para as contrapartes que, àquela altura, as discussões deveriam tocar em questões significativas e compartilharam a crescente frustração e impaciência, tanto minhas quanto da comunidade tibetana. Foi-nos solicitado que apresentássemos na reunião seguinte uma declaração formal acerca do nosso ponto de vista em relação ao grau ou à forma de autonomia que buscávamos.

Embora nossa posição já estivesse clara havia anos, preparamos um documento formal com o título "Memorandum on genuine autonomy for the Tibetan People" (Memorando sobre a autonomia genuína para o povo tibetano), o qual foi apresentado na oitava rodada de conversas, no dia 31 de outubro de 2008. Reiteramos nosso comprometimento de não buscar separação

A última rodada de conversas

ou independência, mas uma solução para a questão tibetana por meio de uma autonomia genuína compatível com os princípios de autonomia descritos na Constituição da República Popular da China. Considerando que nosso objetivo fundamental era (e continua sendo) a proteção dos tibetanos como povo com cultura, idioma e religião únicos, um ponto importante da nossa proposta foi a busca de uma estrutura na qual todas as áreas tibetanas pudessem gozar da mesma forma de proteção e governança. Também enfatizamos que, se nossa autonomia fosse realmente genuína, ela precisava incluir o direito, dentro da República Popular da China, de um autogoverno em nível local.

Esse documento foi redigido em formato e linguagem que respeitavam cuidadosamente a Constituição da República Popular da China, assim como a Lei sobre Autonomia Nacional Regional. Queríamos assegurar a Pequim que realmente acreditávamos que nossos objetivos poderiam ser alcançados dentro da estrutura existente da República Popular da China e, em nossa compreensão, compatível com sua constituição.

Mesmo que os chineses soubessem que o memorando representava nossa tentativa sincera de apresentar uma base formal para as discussões, Pequim optou por uma reação negativa, incluindo uma declaração pública em 10 de novembro, menos de duas semanas depois da reunião, acusando-nos de "separação étnica" e "busca de uma base jurídica para a chamada independência, independência parcial ou independência velada do Tibete". Eles declararam enfaticamente que "a porta para a independência total, parcial ou velada do Tibete nunca se abriria". (Essa mesma linha de crítica se repetiu depois em um documento oficial chinês, publicado em 2009, com o título "Fifty years of democratic reform in Tibet" [Cinquenta anos de reforma democrática no Tibete], no qual está declarado que: "É impossível que os seguidores do

A voz de uma nação

Dalai Lama sustentem a 'independência tibetana', nem que sejam bem-sucedidos nas tentativas de buscar uma independência parcial ou velada sob a bandeira de 'um maior grau de autonomia'".) Mas a autonomia que pedíamos não era, como os chineses afirmavam, algum tipo de "maior grau de autonomia", que está fora da Lei de Autonomia Nacional da República Popular da China.

Diante da resposta negativa inicial de Pequim, e de acordo com nosso Estatuto dos Tibetanos no Exílio, fizemos uma reunião de cinco dias, entre 17 e 22 de novembro de 2008, para discutir o diálogo em andamento com Pequim. Quase seiscentos representantes das comunidades tibetanas de diferentes partes do mundo, assim como de setores importantes, deliberaram e houve, novamente, um apoio esmagador à nossa Abordagem do Caminho do Meio.

Um mês depois, dirigindo-me ao Parlamento europeu em Bruxelas, no dia 4 de dezembro de 2008, respondi às críticas chinesas ao enfatizar que nossa intenção nunca fora expulsar estrangeiros do planalto tibetano, e sim expressar nossa preocupação em relação ao movimento induzido de massas de maioria Han, mas também de outras nacionalidades, para muitas regiões tibetanas, que, por sua vez, começaram a marginalizar a população tibetana nativa, além de ameaçar o frágil meio ambiente tibetano. Confrontado com respostas injustas e excessivas à nossa proposta, não pude deixar de compartilhar minha frustração, dizendo que, embora minha fé no povo chinês continuasse inabalável, minha fé no governo chinês estava se desgastando a cada dia.

A resposta oficial de Pequim ao memorando foi profundamente decepcionante. Durante as rodadas de negociação, que começaram em 2002, em nenhum momento o lado chinês apresentou qualquer proposta substancial. Apesar do ataque imediato e deliberado à nossa proposta, nós ainda preparamos uma nota de esclarecimento ao memorando, respondendo às suas reações e

A última rodada de conversas

alegações, supondo que, talvez, pudesse ter havido algum tipo de incompreensão da parte deles. Na nota de esclarecimento, também abordamos o que os chineses chamaram de "as três aderências", formando um tipo de fronteira que não poderia ser cruzada: (1) a aderência à liderança do país pelo Partido Comunista Chinês, (2) a aderência ao socialismo com características chinesas e (3) a aderência à Lei de Autonomia Nacional Regional. Nosso documento de esclarecimento foi apresentado na nona rodada de discussões, em janeiro de 2010, que marcou o fim das conversas. As conversas formais não foram retomadas desde então.

Em 19 de março de 2011, quando eu estava com 75 anos, fiz um anúncio público de minha decisão de uma aposentadoria total e, dessa forma, da intenção de concluir o processo de devolução da autoridade política que tinha começado em 2001, quando tivemos nosso primeiro líder político eleito pelo voto direto da comunidade tibetana no exílio. Afirmei que o governo por reis e líderes religiosos era algo ultrapassado e que precisávamos seguir a tendência do mundo livre, ou seja, seguir em direção à democracia. Além disso, era o mais adequado para mim, como o 14º Dalai Lama na linhagem de dalai-lamas, pôr fim de forma voluntária, feliz e orgulhosa à autoridade temporal do dalai-lama, para que uma liderança eleita de forma democrática pudesse assumir o papel. Em 29 de março do mesmo ano, conseguimos concluir os preparativos necessários, incluindo uma alteração no Estatuto dos Tibetanos no Exílio, para institucionalizar essa mudança fundamental. Essa emenda ao estatuto foi antecedida por uma assembleia especial do povo tibetano, e meu último ato executivo foi assinar o estatuto revisado. Com isso, eu me aposentei, transferindo toda a autoridade secular para a liderança tibetana eleita. Em agosto de 2011, tendo vencido a eleição, Lobsang Sangay assumiu o governo como kalon

A voz de uma nação

tripa e recebeu posteriormente o título de sikyong (presidente da Administração Central Tibetana). Depois de dois mandatos de cinco anos de Lobsang Sangay, Penpa Tsering, o atual sikyong, foi eleito em 2021.

Ao anunciar essa aposentadoria total da minha posição política, em maio de 2011, tranquilizei o povo tibetano, tanto dentro do Tibete quanto no exílio, informando que minha decisão de transferir a autoridade política não refletia, de forma alguma, uma perda de interesse ou de determinação, tampouco uma desistência do meu envolvimento na luta tibetana pela verdade e pela liberdade. Como tibetano, e alguém carmicamente ligado à linhagem dos dalai-lamas, não existe possibilidade alguma de eu abandonar a causa do Tibete e do seu povo. A base de minha motivação estava, única e exclusivamente, na crença do que é melhor para o povo tibetano, sobretudo no que diz respeito a assegurar a sustentabilidade de longo prazo da nossa luta por liberdade. Se a questão tibetana ainda permanecesse insolúvel por muitas décadas, todos sabíamos que em algum momento seria impossível eu liderar o movimento. Se, em vez disso, instituíssemos um sistema enquanto ainda estou vivo, no qual a Administração Central Tibetana assumisse a total responsabilidade pela liderança, nossa administração teria tempo de adquirir as habilidades e a experiência necessárias para exercer a função sem a necessidade da minha liderança. E, se durante esse período de transição, surgissem desafios, claro que eu estaria presente para dar assistência sempre que possível. Além disso, esse ato de devolução demonstraria para o mundo, e principalmente para Pequim, que a nossa luta diz respeito ao bem-estar de um povo, não do dalai-lama ou de sua instituição. Eu estava colocando fim à liderança política do dalai-lama em relação ao povo tibetano, com felicidade e orgulho. Essa devolução total do poder não foi apenas uma decisão relacionada à minha

O Dalai Lama foi convocado para assumir a liderança do Tibete e de seu povo em novembro de 1950, quando tinha quase 16 anos.

O 14º Dalai Lama com sua família. *Da esquerda para a direita:* sua mãe, Dekyi Tsering; sua irmã mais velha, Tsering Dolma; seus irmãos, Gyalo Thondup, Taktser Rinpoche e Lobsang Samten; sua santidade; sua irmã mais nova, Jetsun Pema, e seu irmão mais novo, Tenzin Choegyal.

Sendo cumprimentado pelo presidente Mao Tsé-Tung na inauguração da Assembleia Popular Nacional em Pequim, em setembro de 1954.

Com o Panchen Lama, acompanhado pelo vice-primeiro-ministro chinês, Deng Xiaoping, cumprimentando simpatizantes em uma estação ferroviária em Pequim, 1954.

Com o Panchen Lama (que, na época, tinha 16 anos, e o Dalai Lama, 19) em Pequim, 1954.

Oferecendo um banquete em celebração ao Losar (o Ano-Novo tibetano), em Pequim. *Da esquerda para a direita:* o primeiro-ministro chinês, Zhou Enlai, o Panchen Lama, Mao Tsé-Tung, o Dalai Lama e Liu Shaoqi (que seria o sucessor de Mao como presidente).

Com os primeiros-ministros Jawaharlal Nehru (Índia) e Zhou Enlai (China) em um evento oficial na Índia, em 1956.

Em fevereiro de 1959, enquanto as tensões em Lhasa, capital tibetana, aumentavam – e culminariam na Revolta Popular Tibetana de 10 de março –, o Dalai Lama, ainda um estudante, teve que passar pelos rigorosos exames finais para conquistar o título acadêmico de Geshe Lharam.

O Dalai Lama sendo escoltado por soldados e guerreiros da resistência tibetanos enquanto fugia para o exílio, em março de 1959.

Com sua comitiva, após fugir da capital do Tibete, Lhasa, em março de 1959.

Com o irmão mais novo, Tenzin Choegyal, atravessando uma passagem durante sua longa jornada para a liberdade, em março de 1959.

Mosteiro de Drepung (fundado perto de Lhasa, em 1416), que foi completamente destruído pelo Exército de Libertação Popular durante a Revolução Cultural, ainda em ruínas, em 1993.

Revolta espontânea do povo tibetano em Lhasa,
em março de 1959.

Adruk Gompo Tashi, líder da resistência tibetana, conhecida como a Força Voluntária para a Proteção da Fé (*tensung danglang magmi*).

Refugiados tibetanos chegando à Índia após a fuga de Dalai Lama para o exílio, em março de 1959. Ao todo, mais de 80 mil refugiados tibetanos fugiram para o exílio de 1959 até o início dos anos 1960.

Refugiados tibetanos trabalhando na construção de uma estrada no norte da Índia. A invasão do Tibete pela China significou, para a Índia, a necessidade de proteger militarmente seus mais de 3 mil quilômetros de fronteira com o Tibete.

Nehru visita o Dalai Lama em abril de 1959, em Mussoorie, onde sua santidade ficou hospedado quando chegou à Índia.

Visita à construção de um novo assentamento no sul da Índia, no início dos anos 1960.

Visita a outro novo assentamento tibetano no sul da Índia. O monge na extrema esquerda da imagem era o secretário-sênior do Dalai Lama, Tarha Tenzin Choenyi.

Cumprimentando algumas crianças tibetanas refugiadas, no início dos anos 1960, na primeira residência do Dalai Lama em Dharamshala, Swarg Ashram.

Com alguns estudantes tibetanos em uma escola montada no norte da Índia, início dos anos 1960.

Com crianças refugiadas, início dos anos 1960.

Com Indira Gandhi, a filha de Nehru, que no futuro se tornaria a terceira primeira-ministra da Índia.

Conduzindo a Cerimônia Kalachakra (um evento religioso gigantesco que dura dias e está conectado ao conceito de paz no budismo tibetano), em Dharamshala, 1970.

Recebendo o Prêmio Nobel da Paz em 1989, em Oslo, Noruega.

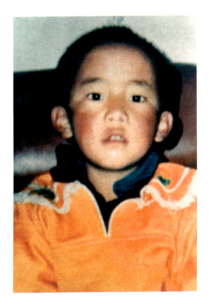

O 11º Panchen Lama, Gedhun Choekyi Nyima, fotografado aos 6 anos. Atualmente, não há nenhuma informação confiável sobre seu paradeiro, e essa fotografia permanece banida dentro do Tibete.

No Capitólio dos Estados Unidos, recebendo do presidente
George W. Bush a Medalha de Ouro do Congresso,
em 27 de outubro de 2017.

A última rodada de conversas

pessoa, mas também marcou o fim da autoridade temporal dos dalai-lamas, instituída no século XVII, na era de um dos meus predecessores, o quinto Dalai Lama.

Como estava ficando cada vez mais claro que nossas discussões com Pequim não estavam levando a nenhum desfecho significativo, muitos tibetanos começaram a se desesperar. Uma expressão trágica disso foi a onda de autoimolações que ocorreram dentro do Tibete, começando em 27 de fevereiro de 2009, quando um jovem monge Tapey, do mosteiro Kirti, no condado de Ngawa (região nordeste do Tibete), ateou fogo ao próprio corpo no mercado. Desde então, mais de 160 monges, monjas e leigos — a maioria jovem —, recorreram a esse tipo de protesto, em especial no Tibete, mas alguns também na Índia e no Nepal. Um dos casos mais recentes aconteceu em 25 de fevereiro de 2022. Tsewang Norbu, um famoso cantor, com grande número de seguidores tanto no Tibete quanto na China, se autoimolou diante do palácio Potala. Ele tinha 25 anos. Eu soube que as canções dele foram retiradas das plataformas de música da China e que todas as notícias sobre sua morte foram abafadas. Na verdade, toda a presença on-line dele, incluindo informações biográficas, foi apagada sem deixar vestígios, sendo impossível encontrar qualquer menção em quaisquer recursos disponíveis na China e no Tibete. Disseram-me que o pai de Norbu cometeu suicídio em maio, depois de ter sido assediado repetidamente pela polícia chinesa. Esse último exemplo é uma forte indicação de que o sofrimento dos tibetanos transcende o status socioeconômico e reside em um lugar muito mais profundo da psique do povo. Esses atos de autoimolação expressam a intensidade do desespero, da desesperança e da infelicidade que o povo tibetano sente diante do governo do regime comunista da China na terra deles.

A voz de uma nação

O primeiro caso conhecido de autoimolação tibetana aconteceu em 1998, em Nova Délhi. Fui visitar Thupten Ngodup enquanto ele jazia em seu leito de morte em uma unidade de tratamento de queimados em um hospital da capital indiana. Uma das primeiras vezes que falei publicamente sobre meus sentimentos em relação a essa questão dolorosa foi em uma coletiva de imprensa durante uma visita que fiz a Tóquio, em junho de 2010. Fazia cerca de um ano desde que o jovem monge do mosteiro Kirti, na região nordeste do Tibete, tinha se autoimolado. Um jornalista fez uma pergunta sobre o assunto e dividi minha resposta em três partes. Primeiro, a profunda tristeza que sentia sempre que era informado de um incidente desse tipo; segundo, que não poderia jamais encorajar tais atos, porque não acredito que tenham qualquer efeito sobre as autoridades chinesas; e terceiro, que tinha esperança de que esses sacrifícios pudessem fazer as autoridades chinesas se perguntarem quais seriam as motivações daqueles jovens tibetanos. Até hoje, sinto-me em grande conflito em relação a isso. Por um lado, consigo compreender o profundo desespero dessas pessoas quanto ao que está acontecendo em sua terra natal. Por outro, uma vida subtraída é uma perda imensa. Esse ato é, sem dúvida, extremo, mas permanece o fato de que aqueles que o cometeram optaram por não matar outras pessoas, apenas sacrificar a própria vida.

CAPÍTULO 13

✳

Balanço geral dos acontecimentos

Conforme mencionei, desde que vim para o exílio, em 1959, tivemos apenas dois períodos de discussões profundas com Pequim, e nenhum deles resultou em negociações concretas e substanciais. É muito natural que eu tenha me perguntado por que essas rodadas de conversas não levaram a uma solução negociada sobre a questão tibetana.

Em retrospecto, quando tivemos nossa primeira série de conversas, iniciada pela abertura de Xiaoping com meu irmão, em março de 1979, e a reunião subsequente do meu irmão com Hu Yaobang, acreditamos que havia ali um potencial verdadeiro de abertura. De nossa parte, depositamos muitas esperanças na possibilidade de realmente abordarmos as questões específicas de como poderíamos chegar, dentro da estrutura da declaração inicial de Deng Xiaoping de que "a não ser pela independência, todo o restante é negociável", a uma solução duradoura mutuamente aceitável. O objetivo era que tais conversas culminassem em um acordo formal, assinado por mim e pelo líder chinês. Pelo menos

A voz de uma nação

sabíamos que, no nível mais alto da liderança chinesa, havia uma disposição expressa para uma conversa. Além disso, parecia claro, na época, que o governo chinês estava genuinamente aberto a discussões sérias acerca de questões internacionais que continuavam no cerne da formação da República Popular da China como país moderno, já que, naquele mesmo mês de março de 1979, Xiaoping convidou o governador de Hong Kong para conversar sobre o futuro do que, naquela ocasião, ainda era uma colônia britânica, o que levou a uma série de negociações internacionais, concluídas em 1984, com o acordo de devolução da colônia à China em 1997.

Durante uma das rodadas iniciais de reuniões em 1982, o lado chinês compartilhou com nossa delegação uma cópia de um texto da Região Administrativa Especial, proposto para aplicação ao status de Hong Kong e mais tarde adotado como o Artigo 31 da Constituição da República Popular da China, e sugeriu que o estudássemos, pois tal documento poderia ter relevância para o Tibete. Minha delegação entendeu que isso significava que a criação de uma solução que seguisse as linhas do Artigo 31 poderia ser possível, o que estaria de acordo com o princípio básico declarado por Xiaoping. No fim das contas, porém, como vimos, o lado chinês não demonstrou nenhum interesse sério.

A respeito do segundo período de diálogos, entre 2002 e 2010, olhando para trás, com as vantagens do retrospecto, eu me pergunto se chegou a existir uma intenção genuína de discussões substanciais por parte da liderança chinesa. Nossas conversas nunca ultrapassaram o nível da Frente Unida, aquela ala dentro do Partido Comunista Chinês responsável por lidar com as minorias nacionais. É possível perguntar por que persistimos em tal contexto. A resposta é simples: no fim, o problema do Tibete apenas deve ser e pode ser resolvido somente por meio de conversas entre o povo tibetano e o chinês. Não existe outra opção viável. Por ter me

Balanço geral dos acontecimentos

tornado o Dalai Lama, foi minha responsabilidade e meu papel na vida falar e continuar falando em nome do povo tibetano.

Uma resposta explícita de Pequim ao nosso memorando chegou em 2013, na forma de um documento oficial da China sobre o Tibete intitulado "Development and progress of Tibet" (Desenvolvimento e progresso do Tibete), o qual nos acusava de termos "proposto os chamados conceitos de 'Tibete grandioso' e 'um alto grau de autonomia', o que, na verdade, estava contra as condições apresentadas pela China e violava a Constituição e as leis relevantes". Talvez a acusação de um "Tibete grandioso" fosse uma referência à nossa proposta de que todas as áreas tibetanas, compostas pelas províncias de Ü-Tsang, Kham e Amdo, fossem governadas por uma única administração, a fim de assegurar uma política uniforme por todo o planalto tibetano. Isso, na verdade, não era uma ideia nova. Antes de sua morte, em 1989, o Panchen Lama, agindo na sua capacidade de vice-presidente da Assembleia Popular Nacional da República Popular da China, declarou que o desejo para se estabelecer uma região autônoma para uma nacionalidade tibetana unificada era adequado e estava de acordo com as regras jurídicas. Por *regras jurídicas*, o Panchen Lama se referia à própria doutrina de nacionalidades do Partido Comunista da China, que afirma que as unidades territoriais autônomas devem corresponder aos locais onde tais nacionalidades vivem e a áreas adjacentes. De acordo com a doutrina, todo o planalto tibetano, composto pelas três províncias, deveriam estar dentro de uma única região autônoma. Além disso, em 1956, um comitê especial foi criado pelo Governo Central Chinês, o qual incluía o importante membro do Partido Comunista Sangye Yeshe (também conhecido como Tien Bao) — um raro comunista tibetano que tinha total confiança no presidente Mao Tsé-Tung —, para redigir um plano detalhado para a integração das áreas tibetanas em uma

A voz de uma nação

única região autônoma. Essa iniciativa foi frustrada por elementos de extrema esquerda dentro do Partido Comunista da China. Existe também um precedente de procedimentos da República Popular da China com outras nacionalidades, quando distritos antes divididos em áreas separadas foram posteriormente unidos sob uma administração única. Em 1979, por exemplo, as áreas divididas da Mongólia Interior foram reunidas dentro da região autônoma da Mongólia Interior. O cerne da questão é realmente qual seria a melhor forma de proteger o povo tibetano com seu idioma, cultura e herança espiritual únicos.

Em nossas negociações com Pequim, de nossa parte, havia uma clareza de objetivo e uma linha reconhecível de comando pela qual meus enviados se reportavam diretamente a mim, que, por minha vez, estava falando em nome do povo tibetano, tanto os que viviam no Tibete quanto os que viviam no exílio. Quando a segunda série de diálogos começou, os líderes da equipe foram designados como meus enviados. Isso significava que o lado chinês poderia sempre saber com quem estava falando. Mas, para nós, como estrangeiros, era difícil saber com quem se estava lidando do lado chinês. Em primeiro lugar, quando ocorrem mudanças de liderança no Partido Comunista Chinês, o significado disso pode ser nebuloso: em retrospecto, houve uma mudança radical entre a era de Mao Tsé-Tung e a de Xiaoping; ainda assim, as nuances de mudanças entre Xiaoping e Jiang Zemin, entre Zemin e Hu Jintao e entre Jintao e Xi Jinping foram extremamente difíceis de avaliar e lidar em tempo real. Além disso, na negociação com qualquer líder chinês, nunca fica claro se a conversa se dá com um indivíduo no poder ou com alguém preso na teia complexa de relações de poder com outros membros do Politburo. Por exemplo, a abertura de Jiang Zemin, em 1998, pode ter sido sincera, mas parece ter sido frustrada dentro da liderança. Diante disso, desde

Balanço geral dos acontecimentos

que Xi Jinping surgiu como o mais poderoso líder chinês desde Deng Xiaoping, a minha esperança era a de que ele aproveitasse a oportunidade para demonstrar uma visão arrojada para resolver a questão tibetana. Eu sabia que o presidente Jinping fizera comentários positivos acerca da importância do budismo, como na luta pela China contra um vácuo moral que se manifestou em casos abundantes de corrupção. Tal visão se confirmaria posteriormente na visita dele à Organização das Nações Unidas para a Educação, a Ciência e a Cultura, Unesco, em Paris, na qual ele fez um comentário sobre como o budismo teve um profundo impacto na crença religiosa, na filosofia, na literatura e nos costumes do povo chinês. Algumas pessoas também me disseram que a mãe de Jinping era uma budista praticante. E, obviamente, como mencionado antes, eu mesmo conheci pessoalmente o pai de Xi Jinping na minha visita a Pequim de 1954 a 1955. O pai dele, que sofrera durante a Revolução Cultural, mesmo sendo um aliado de Deng Xiaoping, se opôs à repressão brutal contra os protestos estudantis da Praça da Paz Celestial. Desse modo, eu tinha esperanças de que o presidente Jinping teria mais empatia pelo povo tibetano. Na verdade, quando foi anunciada a visita de Xi Jinping a Nova Délhi em 2014, cheguei a comunicar meu desejo de conhecê-lo pessoalmente. No entanto, meu gesto não teve resposta.

Duas questões importantes vêm à mente. Os chineses chegaram a se engajar seriamente nas negociações concretas sobre o Tibete? Que lições podemos tirar para o futuro de nossa luta por liberdade com nossa experiência, até o momento, de lidar com a República Popular da China?

Alguns dos nossos apoiadores internacionais acreditam que o lado chinês nunca foi sincero nas intenções de resolver a situação. Dizem que o que importava para a China era ser vista conversando, em vez de realmente conversar. Os motivos para isso, nos

167

A voz de uma nação

anos 1980, seriam, primeiro, facilitar as negociações sobre Hong Kong e Macau (as quais foram um grande triunfo internacional de Deng Xiaoping), depois possibilitar a abertura internacional econômica da China e, por fim, atrair a aceitação internacional de sua ascensão ao cenário mundial, exemplificada pela organização dos Jogos Olímpicos de 2008.

Conheci Deng Xiaoping nos anos 1950 e, quando recebi seu aceno de abertura, acreditei que fosse sério. Essa crença foi fortalecida quando Hu Yaobang visitou o Tibete e reconheceu publicamente alguns dos erros cometidos pelo Partido Comunista da China contra o povo tibetano, e sua posterior reunião com meu irmão Gyalo Thondup. No entanto, as discussões iniciadas não chegaram a lugar nenhum; as propostas deles nunca avançaram além da questão do meu status pessoal e do meu retorno.

Vou abordar agora a segunda questão das lições que podemos aprender com nossas experiências com essas conversas. Primeiro e mais importante, quando ambos os lados se comprometerem pelo caminho da negociação, é necessário que haja uma confiança genuína nas boas intenções da outra parte. Isso é crucial para que eventos mundiais — o mundo não para só porque estamos conversando — não afetem o diálogo. Segundo, como parte da produção da confiança mútua, deve haver uma linha aberta de comunicação para resolver imediatamente qualquer desconfiança ou dúvida que possa surgir por quaisquer motivos, incluindo, principalmente, declarações públicas de qualquer uma das partes. Terceiro, em qualquer negociação, existe uma grande disparidade de poder, como é o caso no nosso diálogo: o lado mais forte precisa demonstrar magnanimidade e respeito a seu companheiro de diálogo.

Dizem que, em uma negociação, ambos os lados precisam ceder, e minha abordagem sempre foi declarar com honestidade como acredito que deva ser a solução que estamos tentando

Balanço geral dos acontecimentos

alcançar. Como sabem meus dois enviados e os colegas que os acompanharam nas diversas rodadas de conversas, minha abordagem nos diálogos sempre foi sincera e simples. Como monge, deposito o mais profundo valor na honestidade. Desse modo, eu disse a meus enviados que eu queria apresentar em termos claros e justos quais eram meus objetivos reais, em vez de começar com algum tipo de "posição de negociação" que poderia ser reduzida para o que realmente queríamos. Desse modo, as propostas que fiz representam, como venho declarando, um afastamento substancial da exigência inicial de restauração da independência tibetana. Elas implicam uma adaptação significativa da nossa parte. Como povo de um país ocupado, nós, tibetanos, temos o direito à restauração da nossa independência, mas, por motivos já explicados, acredito ser possível que nós, tibetanos, encontremos uma forma de viver no seio da família da República Popular da China, desde que exista um respeito genuíno aos nossos direitos, à nossa dignidade e às nossas necessidades como um povo com herança linguística, cultural, religiosa e histórica única.

Até hoje, não acredito que Pequim tenha conseguido criar um estado multinacional no qual o povo tibetano possa realmente sentir que tem um lar. Em outras palavras, Pequim fracassou na realização de sua visão presente na parte importante do seu nome, "República Popular da China", cuja equivalência chinesa contém a palavra *gunghe* (*chithun*, em tibetano), que tem a conotação de "união harmônica". Costumo citar o exemplo da União Soviética (conhecida como União das Repúblicas Socialistas Soviéticas, URSS), antes do seu colapso, como exemplo de uma tentativa séria de se criar um estado moderno multinacional. Diferentemente do nome "República Popular da China", as palavras "Rússia" ou "russo" não aparecem no nome do estado composto moderno. Esse simples fato facilitou a identificação dos povos não russos com o novo estado, possibilitando, inclusive, que não russos, como Stalin e Brezhnev, se tornassem líderes da União Soviética. O regime comunista da China, por outro lado, ainda não conseguiu criar um estado multinacional inclusivo no qual os tibetanos conseguissem sentir-se bem-vindos. A simples verdade é que nenhum tibetano jamais vai dizer: "Sou chinês".

Minha posição sobre a melhor forma de resolver a questão do Tibete tem sido consistente desde que as discussões diretas com Pequim começaram, em 1979. Eu a chamo de *Abordagem do Caminho do Meio*. No centro dessa abordagem estava a busca por uma estrutura robusta que pudesse oferecer a capacidade de os tibetanos continuarem a sobreviver como um povo distinto com dignidade, com seu idioma, sua cultura e ecologia únicos, e com a fé budista. Além disso, na minha abordagem, sempre busquei respeitar o princípio de que é importante levar a sério as perspectivas e interesses de ambos os lados. O mais importante para a China parece ser a integridade territorial e a estabilidade, ao passo que o que mais importa para nós é uma autonomia genuína que garanta um autogoverno nas áreas do idioma, da cultura, da ecologia e da religião. Quando e se chegarmos a um acordo mutuamente aceitável, será necessário um mecanismo robusto de conformidade, a fim de assegurar que ambos os lados respeitem os termos acordados. Digo isso a partir da minha própria experiência pessoal e da observação da situação em Hong Kong na última década.

Embora as conversas formais com Pequim tenham chegado ao fim em 2010, até 2019, mantive contatos informais e, na época, confidenciais com a liderança chinesa por meio de alguns chineses. Entre os que vieram me ver e conversar comigo estavam alguns que pareciam ter acesso a importantes líderes em Pequim. Pareciam ter um único objetivo: convencer-me a voltar para "casa". Nessas reuniões, deixei bem claro que, no momento, essas discussões eram

Balanço geral dos acontecimentos

bastante prematuras. Disse que deveríamos trabalhar, na verdade, para pavimentar uma forma de eu fazer uma visita à China e ao Tibete, principalmente em peregrinação. Talvez Pequim sentisse que, considerando minha idade, eu pudesse estar mais maleável agora a voltar para casa. Por trás desse convite informal, talvez também houvesse a crença de que, com a "volta" do Dalai Lama, a questão do Tibete "estaria resolvida", com a resposta à pergunta na forma de minha volta permanente. Se esse é o caso, isso significaria que, depois de diversas mudanças de liderança nas últimas quatro décadas e apesar de duas séries de conversas (1979–1989 e 2002–2010), Pequim não avançou além dos cinco pontos apresentados por Hu Yaobang, todos exclusivamente acerca do meu status pessoal, sem qualquer tentativa de abordar a verdadeira questão, ou seja, a do bem-estar do povo tibetano.

É lastimável que Pequim não tenha aproveitado a oportunidade que ofereci para resolver a questão do Tibete de uma forma mutuamente benéfica. Não acredito que Pequim não tenha compreendido a minha proposta. A única conclusão racional a que posso chegar é que: *embora possa ter havido, em algum momento, um desejo e uma vontade genuínos de se resolver a questão tibetana por meio de uma negociação, a liderança chinesa nunca teve a coragem nem a vontade política para fazer isso.* Tenho a mais sincera esperança de que Pequim encontre a coragem necessária para resolver essa questão duradoura no Tibete por meios pacíficos antes que seja tarde demais.

CAPÍTULO 14

✳

Minhas esperanças

Embora até hoje não tenha havido nenhum progresso significativo com o governo de Pequim, o que me dá esperança é que o relacionamento entre os dois povos — tibetano e chinês — não foi irremediavelmente arruinado. À medida que cada vez mais chineses comuns passam a entender a questão do Tibete, eles começam a compreender e a concordar com a nossa luta. Eu também tenho comemorado as oportunidades que tenho de conversar com os chineses, principalmente os da China Continental. Por exemplo, com o apoio do Brookings Institution, tive uma série de conversas com proeminentes acadêmicos chineses que têm profundas preocupações acerca do futuro da China. Essas conversas, que são muito abertas e sinceras, aconteceram no Aspen Institute, que fica em Washington, D.C., e, inesquecivelmente, em Ladakh, na Índia. Em um desses encontros em Washington, D.C., um foco importante de conversa se voltou para a questão da crise moral à luz da cultura agressiva de "enriquecer" que está varrendo a China. Achei essas conversas profundamente úteis para

Minhas esperanças

compreender a China atual, seus desafios e oportunidades. Também tive conversas semelhantes com outros acadêmicos chineses em locais como Berlim, Genebra e Hamburgo.

Graças ao notável intelectual chinês Wang Lixiong, que se casou com a corajosa ativista e poeta tibetana Tsering Woeser, tive uma rara oportunidade, em 2010, de participar de uma roda de perguntas e respostas com chineses dentro da China. Anunciando esse diálogo on-line ao vivo algumas semanas antes, Wang pediu que usuários da internet na China fizessem perguntas para mim. Foi solicitado, então, que eles classificassem essas perguntas de acordo com sua preferência e, por meio desse processo democrático, foram selecionadas oito perguntas. Considerei que eram perguntas que muitas pessoas na China realmente queriam saber a meu respeito. Por isso, permitam que eu compartilhe brevemente a troca de perguntas e respostas dessa sessão.

Uma pergunta foi em relação à minha visão sobre o futuro papel de líderes religiosos no Tibete, e, em particular, o status do dalai-lama e do panchen-lama. Aqui, respondi que, já em 1969, dei uma declaração formal dizendo que a continuidade ou não da instituição dos dalai-lamas era uma questão que cabia ao povo tibetano decidir. Também disse que, assim que o Tibete conquistar a autonomia genuína, eu não terei nenhuma posição oficial em qualquer futuro governo tibetano.

Houve uma pergunta relacionada à forma como chineses e tibetanos podem promover e sustentar boas relações entre si. Aqui, enfatizei que, se chineses e tibetanos fizessem uma abordagem com base na igualdade e no reconhecimento da humanidade que compartilham, não haveria barreiras para a comunicação. Com base nisso, muitos problemas seriam facilmente resolvidos. Eu disse ainda que, em minha abordagem pessoal, independentemente do país que visite, sempre enfatizo a importância da humanidade que temos em comum. Mesmo quando nos encontramos para discutir

A voz de uma nação

um problema de difícil solução, é fundamental que ambos os lados se conectem primeiro um com o outro no nível humano. Esse é o nível no qual somos todos exatamente iguais. É apenas quando esse fato é reconhecido e mutuamente honrado que as partes podem resolver questões mais desafiadoras que surjam por conta de diferenças raciais, religiosas, culturais, linguísticas ou políticas.

Perguntaram por que diversas reuniões entre o governo tibetano e o chinês acabaram sendo infrutíferas. Quais eram as questões exatas que permaneceram insolúveis por tantas décadas? Respondi que o principal problema era o governo chinês continuar insistindo que a questão tibetana não existia; só existe a questão do Dalai Lama. Só que a verdade pura e simples é que não tenho nenhuma exigência para mim. As questões concernem ao destino do povo tibetano, sua cultura, seu idioma, sua religião e sua frágil ecologia. Quando e se a liderança chinesa estiver pronta para encarar a questão tibetana e trabalhar para sua solução, eu darei todo o meu apoio, porque nosso objetivo é a busca de um lugar significativo para o Tibete e seu povo dentro do seio da família da República Popular da China. Também disse que o governo de Pequim vive enfatizando a estabilidade do Tibete, mas a verdadeira estabilidade só pode vir a partir da confiança, a qual não pode ser atingida por meio da força e da repressão.

Achei esse debate ao vivo pela internet bastante memorável. Foi quase inacreditável poder conversar ao vivo com irmãos e irmãs chineses dentro da China. O que trouxe comigo desse debate foi que muitos chineses ponderados, preocupados com o futuro do país, compreendem a situação do Tibete e reconhecem que é preciso encontrar uma solução duradoura para assegurar a sobrevivência do povo tibetano. Essa troca com irmãos e irmãs chineses me deu esperança e reforçou minha crença de que, independentemente do status ou do nosso relacionamento no nível governamental e "oficial", desde que tibetanos e chineses evitem o caminho do ódio

174

Minhas esperanças

mútuo, sempre haverá uma base para encontrar uma compreensão genuína entre nossos dois povos.

Em 2013, durante uma visita a Nova York, tive a maravilhosa oportunidade de conversar com o artista e ativista chinês Ai Weiwei. Uma pergunta que ele me fez foi se eu esperava voltar para minha terra natal. "Sim, eu tenho esperança", respondi. Sim, é realmente da natureza humana sentir saudade de casa, mesmo que nós, tibetanos, costumemos dizer: "Onde você é feliz, essa é a sua casa". Eu tinha esperança de poder voltar para casa pelo menos uma vez antes de morrer. Agora, com quase 90 anos, isso parece cada vez mais improvável.

Durante minhas viagens para a América do Norte, Europa, Japão e Austrália, chineses de diversos contextos foram me ver — chineses comuns, intelectuais, escritores, artistas, líderes corporativos, pessoas com acesso à alta liderança em Pequim, militares funcionários de governos anteriores. Também conversei com alguns lamas tibetanos e líderes tibetanos de alto nível dentro do sistema chinês que conseguiram se encontrar comigo. Desse modo, tive boas oportunidades de explicar para eles a necessidade de resolver a questão do Tibete por meio de um caminho de não violência e uma abordagem mutuamente benéfica. Um dos encontros mais emocionantes foi com a esposa de Liu Xiaobo, chinês laureado com o Nobel da Paz. Conheci Liu Xia durante uma viagem à Suécia em 2018. No instante em que ela me viu, começou a chorar. Eu a consolei e expressei minha profunda admiração pelos esforços corajosos de Liu Xiaobo pelos direitos humanos na China e também a coragem dela de apoiar a missão do marido. Ela disse que queria me falar do profundo respeito que o marido tinha por mim e que ele realmente acreditava que minha Abordagem do Caminho do Meio oferecia uma base real para se resolver a questão do Tibete. Ela me deu um exemplar do livro de poesia escrito pelo falecido marido e eu a presenteei com traduções para o chinês de dois dos meus livros.

A voz de uma nação

Esse tipo de contato humano tão próximo entre chineses e tibetanos, em um nível tão pessoal, deve, de qualquer maneira, ser realmente cultivado e enfatizado. Quanto aos tibetanos, é de suma importância lembrar que o povo chinês sofre sob o regime opressivo do Partido Comunista. Também nunca podemos esquecer que as nações e os países pertencem a seu povo, não a seus governos. Não importa quão duradouro e poderoso esse governo seja em determinado momento: governos chegam e vão, mas o povo permanece. Essa é a verdade simples.

Além disso, considerando o número de budistas na China, a pedido de organizações relevantes, tive a alegria de conduzir ensinamentos formais na Índia especialmente para chineses budistas a partir de 2009, quando foi estabelecida a tradição anual de fazer tal instrução. Entre os alunos estavam muitos membros monásticos, incluindo alguns de mosteiros do Monte Wutai Shan. Em algumas ocasiões, quando chineses do continente vinham fazer uma visita pessoal e particular, alguns deles choravam na minha presença e pediam perdão pelos sofrimentos do povo tibetano sob o regime comunista da China. Eles também expressavam uma profunda gratidão pelo fracasso das tentativas de Pequim de plantar o ódio contra os tibetanos no coração dos chineses. Eles disseram que se sentiam totalmente à vontade para passear por Dharamsala (onde eu moro) ou Bodh Gaya, para onde milhares de budistas tibetanos viajam no inverno para fazer peregrinações e receber lições budistas.

Durante uma de minhas visitas a Paris, tive um encontro inesquecível com um grupo de chineses. Um jovem estudante da Mongólia Interior se levantou e disse que tinha uma mensagem importante de seu avô. O avô dele fizera parte da cavalaria do Exército da Libertação Popular da China que atacou o Tibete em 1950. Depois de todos esses anos, ele encarregou o neto de pedir perdão para mim em seu nome. Fiquei tocado pela sinceridade com que o neto transmitiu o pedido do avô.

176

CAPÍTULO 15

A situação atual e o caminho para o futuro

Infelizmente, a situação atual do Tibete parece bem sombria. As políticas de Xi Jinping, que visitou o Tibete em 2021 (a primeira visita de um líder chinês em mais de trinta anos), parecem estar focadas no aumento do controle e na intensificação de medidas voltadas para assimilação. Por exemplo, na questão linguística, o chinês vem sendo reforçado como o idioma principal de educação, com o objetivo de criar uma geração de tibetanos cuja primeira língua seja o chinês, e não o tibetano. Existem relatos preocupantes de crianças (centenas de milhares, de acordo com algumas fontes) que são tiradas da família e enviadas para internatos, sugerindo que o governo chinês está adotando uma prática colonial totalmente desacreditada. Diante da gravidade desse novo desdobramento, em dezembro de 2023, o Parlamento europeu aprovou uma resolução condenando esse tipo de assimilação forçada de crianças tibetanas em internatos públicos da China e solicitou a cessação imediata de tal prática. Preocupações semelhantes foram levantadas pelo Conselho de Direitos Humanos das Nações Unidas, assim como

A voz de uma nação

pelo Congresso dos Estados Unidos. Essa prática, na verdade, é contra a própria constituição da China, que garante que "todas as nacionalidades têm liberdade de usar e desenvolver o próprio idioma". Também é uma violação direta à Lei de Autonomia Nacional Regional, que estipula que escolas e outras instituições educacionais com "alunos de minorias étnicas podem usar o próprio idioma para o ensino". Estou profundamente preocupado com essa situação.

Na questão religiosa, há uma nova política de controle direto de mosteiros e conventos pelo Partido, com aumento de vigilância e controle das comunidades monásticas. Fui informado de que, atualmente, existem delegacias operando dentro de muitos mosteiros. Os mosteiros tibetanos estão sendo obrigados a ter funcionários do regime comunista da China na administração. Esse enrijecimento em torno da vida religiosa do povo tibetano, incluindo especialmente os mosteiros, teve início em 2017, com uma política específica adotada pelo Regulamento do Conselho de Estado da China sobre Assuntos Religiosos. Para resumir, diversas novas regulamentações estão sendo introduzidas, todas com o objetivo de promover o que as autoridades chinesas chamam de "Budismo tibetano com características chinesas". Uma dessas novas regulamentações declara que o currículo monástico deve incluir cursos sobre processo político, legislação, regulamentações, política, idioma chinês e história das relações entre o Tibete e a "pátria-mãe".

A respeito da população geral tibetana, fui informado de que, em Lhasa e em todos os outros lugares, houve um aumento significativo de vigilância constante, tanto no dia a dia das pessoas quanto no uso da internet. Líderes comunitários, defensores do meio ambiente, filantropos e ativistas sociais são os principais alvos. Ainda não existem notícias sobre o destino do Panchen Lama, e continua proibida qualquer exibição da bandeira nacional tibetana

A situação atual e o caminho para o futuro

ou da minha imagem. Na verdade, há um novo experimento social sendo conduzido por meio da intimidação e da assimilação forçada, acentuado pelo aparato da nova tecnologia e das mídias digitais. No Tibete, cada vez mais os tibetanos têm acreditado, induzidos pela perspectiva das autoridades chinesas, que o que há de errado com eles é simplesmente o fato de serem tibetanos.

Se Pequim olhasse para a história passada, veria que políticas de repressão e assimilação forçada não funcionam. Na verdade, essas ações são contraprodutivas, resultando no surgimento de gerações profundamente ressentidas da presença do regime comunista da China no planalto tibetano. Se a liderança chinesa se importasse de verdade com um país estável e harmônico, no qual o povo tibetano pudesse se sentir em casa, suas políticas precisariam ser fundamentadas no respeito pela dignidade dos tibetanos, levando em conta sua aspiração fundamental de prosperar como um povo com idioma, cultura e religião distintos.

Se, no fim das contas, Pequim considera que nosso objetivo fundamental é incompatível com a estrutura da República Popular da China, então a questão do Tibete vai continuar insolúvel por gerações. Eu sempre disse que, no final, são os tibetanos que devem decidir o próprio destino. Não o Dalai Lama, muito menos a liderança em Pequim. O fato é que simplesmente ninguém gosta de ver a própria casa tomada por pessoas não convidadas com armas. Isso não é nada além da natureza humana.

Eu, por exemplo, não acredito que seria tão difícil para o governo chinês fazer os tibetanos se sentirem bem-vindos e felizes no seio da família da República Popular da China. Assim como todos os povos, os tibetanos gostariam de ser respeitados, de ter autonomia dentro da própria casa e de ter liberdade para ser quem são. As aspirações e as necessidades do povo tibetano não podem ser atendidas apenas com o desenvolvimento econômico. O cerne da questão tibetana não tem a ver com pão e manteiga, mas sim com a sobrevivência dos tibetanos enquanto povo. Encontrar uma resolução para a questão tibetana traria, sem dúvida, grandes benefícios para a República Popular da China. Principalmente quanto a conferir legitimidade à presença da China no planalto tibetano, o que é essencial para o status e a estabilidade da República Popular da China como um país moderno, composto por múltiplas nacionalidades dispostas a se unir como uma única família.

No caso do Tibete, por exemplo, já faz mais de setenta anos da invasão da China Comunista. Apesar do controle físico do país, tanto por meio da força bruta quanto da persuasão econômica, o ressentimento do povo tibetano, a resistência persistente de diversas formas e momentos de levantes nunca deixaram de acontecer. Mesmo que as gerações e as condições econômicas tenham mudado, muito pouco está diferente na percepção e atitude do povo tibetano em relação àqueles que ainda são vistos como invasores. O simples fato é que, até hoje, os tibetanos veem o domínio comunista chinês no Tibete como uma força ocupante estrangeira, indesejada e opressora.

O povo tibetano perdeu demais. O país foi invadido por meio da força e continua sob um governo sufocante. O idioma, a cultura e a religião tibetanos estão sob ataque sistemático por meio de políticas coercitivas de assimilação. A própria identidade tibetana cada vez mais é interpretada como uma ameaça à "unidade da pátria-mãe". O único poder que resta ao povo tibetano é a retidão de sua causa e o poder da verdade. O fato é que o Tibete hoje continua sendo um território ocupado, e apenas o povo tibetano pode conferir ou negar a legitimidade da presença da China no planalto tibetano.

Defendi a não violência a vida toda. Eu me esforcei muito para refrear os impulsos compreensíveis de tibetanos frustrados tanto

A situação atual e o caminho para o futuro

dentro quanto fora do Tibete. Principalmente quando as conversas diretas com Pequim tiveram início, em 1979, usei toda a minha autoridade e poder moral com o povo tibetano, convencendo-os a buscar uma solução realista na forma de uma autonomia genuína dentro da estrutura da República Popular da China. Sou obrigado a admitir que continuo profundamente decepcionado com o fato de Pequim ter escolhido não reconhecer essa grande acomodação por parte dos tibetanos e que falhou em capitalizar o potencial genuíno oferecido para se chegar a uma solução duradoura. Quando este livro for publicado, eu já estarei me aproximando do meu nonagésimo aniversário. Se nenhuma solução for alcançada durante a minha vida, o povo tibetano, principalmente os que estão no Tibete, vão culpar a liderança chinesa e o Partido Comunista pelo fracasso de chegar a um acordo comigo; muitos chineses também vão culpá-los, em especial os mais de 200 milhões que se autodenominam budistas ficarão decepcionados com o governo por seu fracasso em resolver um problema cuja solução está diante dos olhos deles há tanto tempo.

Considerando minha idade, é compreensível que muitos tibetanos estejam preocupados com o que acontecerá quando eu não estiver mais aqui. Na frente política da nossa campanha pela liberdade do povo tibetano, temos uma população substancial de tibetanos que vive no mundo livre, de forma que nossa luta vai continuar, aconteça o que acontecer. Além disso, a liderança do dia a dia do nosso movimento conta agora com um executivo eleito no gabinete do sikyong (presidente da Administração Central Tibetana) e um Parlamento tibetano bem estabelecido no exílio.

As pessoas costumam me perguntar se haverá um próximo dalai-lama. Desde os anos 1960, tenho expressado que, se a instituição dos dalai-lamas vai continuar ou não, é uma questão para o povo tibetano decidir. Desse modo, se os tibetanos sentirem que

A voz de uma nação

a instituição já serviu ao seu propósito e não há mais necessidade de um novo, então a instituição deixará de existir. Nesse caso, eu seria o último, conforme disse. Eu também declarei que, se for necessário, haverá um 15º Dalai Lama. Em 2011, fiz uma reunião com os líderes de todas as principais tradições religiosas tibetanas. No encerramento, fiz uma declaração, dizendo que, quando fizesse 90 anos, consultaria os altos lamas das tradições religiosas tibetanas, assim como o público tibetano, e, se houvesse consenso de que a instituição do dalai-lama devesse continuar, então a responsabilidade para o reconhecimento do 15º Dalai Lama ficaria a cargo da organização Gaden Phodrang Trust (o gabinete do Dalai Lama). Essa organização deverá seguir os procedimentos de busca e reconhecimento de acordo com a tradição budista tibetana, incluindo, principalmente, a consulta de protetores jurados do Dharma* historicamente ligados à linhagem dos dalai-lamas, a qual foi cuidadosamente seguida no meu caso. De minha parte, declarei que deixaria claras instruções por escrito sobre o assunto. Por mais de uma década agora, recebi diversas petições e cartas de um grande número de tibetanos de diferentes posições — lamas de diversas tradições tibetanas, abades de mosteiros, comunidades da diáspora tibetana de todo o mundo e muitos tibetanos comuns e proeminentes que vivem dentro e fora do Tibete, assim como de comunidades do budismo tibetano da região do Himalaia e da Mongólia —, todos me pedindo que a linhagem dos dalai-lamas continue.

Na declaração oficial que fiz em 2011, também afirmei que era totalmente inapropriado que os comunistas chineses, que rejeitam explicitamente a religião, incluindo a ideia de vidas passadas e

---

* *Damden chos skyong*, em tibetano, literalmente "protetores jurados do Dharma", ligados aos dalai-lamas incluem principalmente Palden Lhamo e Dorje Drakden (também conhecido como Nechung).

A situação atual e o caminho para o futuro

futuras, se envolvessem no sistema de reencarnação dos lamas, quanto mais na do próprio dalai-lama. Tal envolvimento, falei, contradizia a própria ideologia política deles e só demonstraria dois pesos e duas medidas. Em outras situações, meio que brincando, afirmei que antes que a China comunista se envolvesse nas questões do reconhecimento das reencarnações dos lamas, incluindo a do dalai-lama, eles deveriam reconhecer as reencarnações dos próprios líderes do passado, Mao Tsé-Tung e Deng Xiaoping! Na conclusão dos meus pensamentos sobre a questão da reencarnação, na declaração de 2011, pedi que, a não ser que o reconhecimento do próximo dalai-lama seja feito por meio dos métodos tradicionais do budismo tibetano, o povo e os budistas tibetanos de todo o mundo não aceitassem nenhum candidato escolhido com fins políticos por qualquer pessoa, incluindo aqueles da República Popular da China. Agora, como o propósito da reencarnação é dar continuidade ao trabalho do seu predecessor, o novo dalai-lama nascerá no mundo livre para que a missão tradicional — isto é, ser a voz da compaixão universal, o líder espiritual do budismo tibetano e o símbolo do Tibete que incorpora as aspirações do povo tibetano — continue.

CAPÍTULO 16

Apelo

Agora que estou no final do livro, permitam-me aproveitar a oportunidade para fazer alguns apelos, assim como compartilhar e expressar minha gratidão pessoal.

Para meus conterrâneos tibetanos: nunca percam a esperança, por mais escuro que o céu fique. Como diz nosso ditado: "Se você cair nove vezes, você se levantará nove vezes". Nunca se esqueçam de que um sol brilhante nos espera atrás das nuvens. Somos um povo antigo, com uma longa história de resiliência. Por milênios, nós, comedores de *tsampa*,* fomos os guardiões do rico planalto tibetano, conhecido como "telhado do mundo". No decorrer de toda a nossa história de mais de dois milênios, passamos por todos os tipos de altos e baixos, sempre certos da nossa identidade como povo, com nosso próprio idioma, nossa cultura e nossa religião únicos, e todos os valores centrais que nos definem.

---

* *Tsampa* é um alimento tradicional tibetano feito de cevada tostada e moída. Por ser base da dieta local, "comedores de *tsampa*" aqui se refere simbolicamente ao povo tibetano e à sua identidade cultural. [N. T.]

Apelo

O período sombrio de ocupação chinesa por que passamos agora pode parecer infindável, mas, na nossa longa história, não passa de um pequeno pesadelo. Como a nossa fé budista nos ensina, nada é imune à lei da impermanência.

Considerando a minha idade e a posição da China comunista como potência global atual, alguns podem pensar que o tempo não está do nosso lado. Eu discordo. Sim, a instituição do dalai-lama representa hoje um importante papel na unificação dos tibetanos por todo o mundo, mas não vamos nos esquecer de que, embora essa instituição tenha apenas quinhentos anos, a história do Tibete é um milênio e meio mais velha. Desse modo, não tenho dúvida de que a nossa luta por liberdade há de continuar: pois pertence ao destino de uma nação antiga e seu povo. Como um sistema inerentemente instável, o totalitarismo não terá o tempo a seu lado. O tempo está do lado das pessoas, sejam elas tibetanas ou chinesas, em busca de liberdade.

É preciso ter paciência, determinação incansável, união e coragem enraizadas na clareza do nosso objetivo. Hoje, depois de mais de seis décadas no exílio, a questão tibetana continua forte na consciência mundial, e isso se deve à nossa incansável determinação e firme comprometimento com nossa justa causa para com a liberdade do nosso povo. Salvar o Tibete é um trabalho nobre; é o trabalho do Dharma, o qual, conforme nossa crença budista, é a verdadeira fonte de felicidade de todos os seres. Desse modo, independentemente da provocação e do compreensível impulso humano de combater violência com violência, apelo para que nunca cedam a tal impulso. Veja a humanidade dos nossos opressores, porque, no fim das contas, será por meio da humanidade deles que chegaremos a algum tipo de acordo. No entanto, isso não significa permitir que os abusos e a violação da nossa dignidade humana continuem de forma incontestada.

A voz de uma nação

De todas as maneiras possíveis, devemos nos colocar contra a injustiça. A não violência não impede uma postura firme, nem a expressão enérgica de nossa oposição. Mahatma Gandhi ensinou ao mundo o poder duradouro do significado de uma luta robusta, eficaz e não violenta. Principalmente aos meus conterrâneos tibetanos que vivem em países livres, peço que nunca se esqueçam dos irmãos e irmãs de nossa pátria. Eles nos consideram a esperança nesses tempos sombrios e esperam que mantenhamos a chama brilhante do nosso desejo por um modo livre de vida.

Para a grande nação da Índia e nossos irmãos e irmãs indianos de Dharma: vocês são meus anfitriões e meu lar desde 1959. Passei mais tempo de vida na Índia do que em minha própria pátria, o Tibete. Jamais esquecerei a generosidade incrível e duradoura que ofereceram a mim e a meu povo no exílio. O fato de a Índia ter nos dado um novo lar, uma base, foi o que nos deu forças, acima de qualquer outra coisa, para reestabelecer nossa civilização no exílio e manter a tocha da justiça pelo Tibete acesa por tantas décadas. Nós, tibetanos, sempre olhamos para a Índia como fonte e mestre de sabedoria, conhecimento e espiritualidade na nossa tradição budista, que recebemos de vocês há tantos séculos. No decorrer da nossa longa história cultural e religiosa, a Índia (*arya-bhumi*, "terra dos nobres") tem sido nosso guru, e nós, tibetanos, somos o *chela* (aluno). Agradeço pelo apoio incansável a mim e a meu povo e peço que continuem nos ajudando pelo tempo de que precisarmos.

Para nossos irmãos e nossas irmãs chineses: peço que abram o coração para o drama em curso do povo do Tibete. Chineses e tibetanos compartilham uma herança espiritual comum no budismo mahayana, e compartilhamos a compaixão por todos os seres em sofrimento. Asseguro a vocês que, no decorrer da longa história da minha luta em nome do povo tibetano, nunca desenvolvi nenhuma inimizade com o povo da China. Sempre implorei

186

aos tibetanos que não cedessem ao ódio por causa das injustiças impostas por um governo cruel em nome do povo chinês. Peço que continuem vigilantes contra quaisquer tentativas de promoção de ódio racial contra os tibetanos por meio de propaganda com o objetivo de dividir a longa história de afeto, companheirismo e amizade entre nossos povos. Apelo para que se esforcem para compreender que a luta tibetana por liberdade é justa e, com certeza, não é antichinesa. Ajudem-nos a encontrar uma solução pacífica e duradoura para a questão tibetana, por meio de diálogos e no espírito de compreensão e conciliação. No decorrer dos anos, muitos acadêmicos e intelectuais chineses já se pronunciaram. Acredito que muitos chineses que conhecem a verdade sobre o Tibete, sua cultura e seu povo, também vão se pronunciar quando tiverem a oportunidade de expressar os verdadeiros sentimentos, sem medo de represálias. Proteger o Tibete é uma questão importante para a própria China. Quero compartilhar com vocês que, para mim, assim como para tanta gente em todo o mundo, é muito triste que a incrível liberalização econômica da China não foi acompanhada pelo progresso em termos de respeito aos direitos humanos e da liberdade democrática para o povo.

Para as nações e os povos do mundo, principalmente aqueles que apoiam e são solidários à causa do povo tibetano: sua expressão de preocupação e apoio, assim como a atenção da mídia internacional ao Tibete, continuam a nos encorajar e consolar. Agradeço a vocês e peço que não se esqueçam do Tibete nesse momento crítico e desafiador da história do nosso povo.

Logo no início do longo percurso dos meus esforços para salvar o Tibete e seu povo, comecei a reconhecer que a sobrevivência do Tibete — como civilização, com seu idioma distinto e a tradição budista — é uma questão de grande importância não apenas para os tibetanos. Claro, com nossa herança cultural que enfatiza a harmonia com a natureza, se nós, tibetanos, tivéssemos poder, a frágil ecologia do planalto tibetano também poderia ser protegida, principalmente contra a exploração desenfreada. Além disso, a proteção do Tibete está ligada à sobrevivência e ao desenvolvimento de uma cultura enraizada na compaixão e tem o potencial de beneficiar toda a humanidade. A tradição tibetana representa hoje o único guardião vivo de um espectro completo da rica herança da grande escola Nalanda do budismo indiano: a filosofia, a lógica, a língua, a psicologia e as diversas práticas espirituais. No cerne da nossa tradição está a ênfase no princípio de interdependência de todas as coisas e também na compreensão de que a compaixão, baseada no reconhecimento da humanidade compartilhada, constitui o fundamento de uma forma ética de vida que resulta na felicidade para todos. À medida que nosso mundo se torna mais interconectado, todos os seres humanos precisam aprender a se elevar acima do interesse próprio pelo bem uns dos outros e pelo bem do nosso frágil planeta.

Em mais de cinco décadas de viagens por todo o mundo, a principal mensagem da minha cultura que venho compartilhando é a importância de abraçar as partes mais compassivas da natureza humana, e que fazer isso nos ajuda a promover a paz e a felicidade tanto no nível social quanto no individual. Uma de minhas convicções mais profundas é que, se cada um de nós abraçar o que chamo de "unicidade da humanidade" — um senso visceral da nossa condição humana compartilhada que reconhece o simples fato de que, assim como eu, todo mundo deseja ser feliz e não deseja o sofrimento —, o mundo seria um lugar melhor e mais amoroso para todos. Como criaturas sociais, cada um veio de um útero materno e sobreviveu graças aos cuidados de alguém, principalmente dos nossos pais, em nosso período mais vulnerável da

Apelo

infância. Essa total dependência do cuidado de alguém e o apreço inato por termos recebido tal cuidado deixam marcados em nós a capacidade natural de cuidar do outro, até mesmo de estranhos. Eu, às vezes, descrevo isso como "calor humano", uma qualidade que todos temos. Essa é a nossa natureza básica. Eu realmente acredito que, mesmo que o mundo se torne cada vez mais complexo, todas as soluções que conseguirmos para resolver nossos desafios — tanto no nível individual quanto no social — devem levar em conta essa natureza básica de quem nós somos. Tenho a mais profunda crença de que o conhecimento tibetano e a nossa cultura de compaixão têm o potencial de oferecer um importante recurso para a promoção da paz interior e da felicidade para todos. Desse modo, a sobrevivência do Tibete e do povo tibetano é algo do interesse da própria humanidade.

Termino este livro compartilhando os versos de Shantideva, o mestre budista do século VIII, cujos escritos continuam sendo uma fonte de profunda inspiração para mim:

Os sábios que meditaram por muitos éons
Veem isso [o altruísmo] como o maior benefício.
É por meio disso que seres incontáveis podem alcançar,
Com facilidade, o estado mais elevado de felicidade.
Aqueles que desejam desfazer centenas de misérias da existência,
E aqueles que buscam aliviar as aflições dos seres,
Também aqueles que anseiam por desfrutar de muitas centenas
   de alegrias,
Nunca devem abandonar a mente altruísta despertada.
Que eu seja o protetor daqueles sem proteção;
Que eu seja o guia para os que viajam pelo caminho;
Que eu me torne um barco, uma ponte e uma passagem
Para aqueles que anseiam alcançar a outra margem.

A voz de uma nação

Assim como os grandes elementos, como a terra,
Bem como o espaço, a todo momento,
Que eu seja sustento de muitas formas
Para incontáveis seres.
Da mesma forma, para seres cujo alcance
Chega às extremidades mais distantes do espaço,
A todo momento e até que todos atinjam o nirvana,
Que eu permaneça sendo uma fonte de sustento para todos.
Enquanto o espaço perdurar,
Enquanto os seres sencientes permanecerem,
Até então, que eu também permaneça,
E dissipe as misérias do mundo.

Agradecimentos

Eu gostaria de começar agradecendo, acima de tudo, à Índia, seu povo e seus líderes, pela gentil hospitalidade, generosidade sem limites no apoio a mim e aos refugiados tibetanos, e pela preocupação inabalável com o futuro do povo tibetano. Também quero expressar minha gratidão a todas as pessoas, organizações e governos que se mantiveram solidários à nossa causa justa e, sempre que necessário, se pronunciaram sobre o assunto. Em particular, agradeço a tantos em todo o mundo que emprestaram sua voz e compreensão ao se juntar à rede de diversos grupos de apoio ao Tibete. Expresso aqui a minha profunda admiração pelos meus companheiros tibetanos, dentro e fora do Tibete, pela incansável estabilidade na defesa de seus direitos e sua liberdade. Essa sempre foi uma das maiores fontes de encorajamento e vitalidade para mim no meu trabalho em nome do povo tibetano.

Em relação a este livro, agradeço a meu tradutor de longa data para o inglês, Thupten Jinpa, pelo auxílio no processo de escrita; Jaś Elsner, por trabalhar junto com Jinpa; a todos que ajudaram com a leitura do manuscrito e ofereceram comentários críticos; a minha equipe, por tomar todas as providências necessárias; minha agente para este livro, Stephanie Tade, por organizar a publicação; e William Morrow, por publicar o livro.

APÊNDICE A

Tibete: um resumo da história

Permitam-me abordar um tema que sempre surge nas diversas rodadas de discussão com nossas contrapartes chinesas: que deve haver um consenso em relação ao status histórico do Tibete conforme as alegações de Pequim. Por exemplo, em alguns momentos, solicitaram-me declarações oficiais confirmando a afirmação deles de que o Tibete é "parte inalienável da China desde os tempos antigos". Não fica claro até que ponto eles veem isso como uma condição prévia para uma negociação séria ou se os representantes chineses sempre são instruídos por seus superiores a reafirmar isso como uma estratégia para manter as aparências e evitar entrar em qualquer negociação substancial.

Minha posição em relação a esse ponto da história passada é simples e consistente. Eu sempre disse que, como monge budista, mentir é contra os votos que fiz, e isso inclui dizer que o Tibete é "parte inalienável da China desde os tempos antigos", quando não acredito que isso seja verdade. Por meio de meus enviados, deixamos bem claro para Pequim que, do mesmo modo que eles têm a própria versão da história, nós, tibetanos, também temos nosso próprio ponto de vista sobre ela. De forma semelhante, historiadores contemporâneos que estudam o longo relacionamento entre o Tibete e a China terão sua própria compreensão da longa e complexa história das duas nações. Se Pequim insistir em nossa aceitação de sua versão como uma condição prévia para qualquer negociação substancial, então o que estão pedindo é uma total submissão, incluindo até mesmo na narrativa da nossa própria história!

Eis um breve resumo de como eu entendo nossa história. Do século VII até o fim do IX, o Tibete era uma nação poderosa sob o império Purgyal, cujo exército, em determinado momento, chegou a invadir Chang'an (atual Xian), capital de Tang, obrigando o imperador Tang a fugir. A prova mais notável do status independente e igualitário dos dois impérios nessa época é o tratado de 821-822, gravados em uma coluna em Lhasa, tanto em tibetano quanto em chinês, com cópias idênticas colocadas na capital Chang'an e na fronteira acordada dos dois países. Tal tratado foi feito entre o imperador tibetano Tri Ralpachen e o imperador Muzong, da dinastia Tang. O trecho a seguir faz parte do tratado sino-tibetano:

Tanto o Tibete quanto a China devem manter o território e as fronteiras que atualmente possuem. Toda a região a leste constituirá o território da Grande China, e toda a região a oeste certamente constituirá o território do Grande Tibete. De nenhum dos lados dessa fronteira haverá guerra, invasões hostis ou tomada de território [...]

[...] Entre os dois países, não haverá poeira nem fumaça. Nem mesmo palavras de alarme repentino ou inimizade serão pronunciadas, e todos, desde aqueles que guardam a fronteira até o mais alto escalão, viverão em tranquilidade, sem desconfiança nem medo, seu território sendo seu território,

Apêndice A

e seu leito sendo seu leito. Habitando em paz, alcançarão a bênção da felicidade por dez mil gerações. O som de louvor se espalhará por todos os lugares banhados pelo sol e pela lua. E, para que este acordo, que estabelece uma grande era em que os tibetanos serão felizes no Tibete e os chineses serão felizes na China, jamais seja alterado, as Três Joias, o corpo de santos, o sol e a lua, os planetas e as estrelas foram invocados como testemunhas.

Na segunda metade do século IX, o império tibetano se dividiu em vários reinos menores. Logo depois, a dinastia Tang, na China, chegou ao fim, e o país também se dividiu em diversos reinos e dinastias menores. No fim da segunda metade do século X, a dinastia chinesa Song emergiu, reinando sobre um território bem menor do que fora o império Tang. Durante esse período posterior à era imperial do Tibete e da dinastia Tang, houve pouco contato entre o Tibete e a China. Posteriormente, já no início do século XIII, grandes partes das regiões central, interior e oriental da Ásia caíram sob o exército mongol de Gengis Khan. Em 1260, um dos netos de Gengis Khan, Kublai Khan, ascendeu como o grande khan dos mongóis. Foi então que Kublai nomeou Drogon Chogyal Phagpa (também conhecido como Phagpa Lama, sobrinho do grande mestre tibetano Sakya Pandita) como o preceptor nacional (*kou-shih*), efetivamente tornando-o o líder do budismo dentro do domínio de Kublai. Foi assim que começou o que os tibetanos chamam de relação "sacerdote-patrono" (*chöyon*), na qual o khan mongol oferecia proteção aos lamas tibetanos de alta hierarquia. Em 1271, quando Kublai proclamou a dinastia Yuan como governantes mongóis na China, ele nomeou Phagpa Lama como preceptor imperial (*ti-shih*), com sua liderança religiosa se estendendo por todos os territórios da China. A criação da

A voz de uma nação

dinastia Yuan, em 1271, e a derrota final da dinastia Song no sul da China marcou posteriormente o controle mongol total da China como parte do reino imperial de Kublai.[*] A supremacia mongol ao Tibete, por meio da escola Sakya de Phagpa Lama, chegou ao fim em 1354, quando a dinastia Phagmo Drupa estabeleceu seu governo no Tibete. Na China, o reinado mongol de Yuan chegou ao fim em 1368, com a ascensão da dinastia chinesa nativa Ming. Durante a dinastia Ming (1368-1644), as relações entre o Tibete e a China eram, em grande parte, espirituais e cerimoniais.[**] Como dinastia chinesa nativa, os Ming se viam como responsáveis pela reconquista da independência da China do controle mongol — ou seja, de um governo estrangeiro, assim como o Tibete conquistara a própria independência dos mongóis uma década antes.

Na primeira metade do século XVII, a militarmente ascendente Manchúria proclamou a nova dinastia Qing e, após a tomada de Pequim pelos Ming, iniciou seu domínio sobre a China. Durante o reinado do imperador manchu Qing Shunzhi, o quinto Dalai Lama estabeleceu relações diplomáticas com a corte Qing e, em 1653,

---

[*] Depois de um estudo cuidadoso, o notável especialista na dinastia Yuan Herbert Franke concluiu (na obra *Tibetan in Yuan China*, p. 301) que "a maior parte do Tibete permaneceu fora do controle direto da burocracia sino-mongol e que até mesmo as regiões fronteiriças permaneceram como uma região turbulenta e ingovernável durante toda a dinastia Yuan". Diferentemente da China, de acordo com historiadores como Franke, o Tibete nunca caiu diretamente no governo nem no controle completo dos mongóis.
[**] É interessante notar que a dinastia Ming optou por dar continuidade à prática de conferir títulos ou honras formais a importantes personalidades tibetanas, incluindo lamas de alta hierarquia. Um fato que demonstra que o imperador Ming não tinha qualquer influência sobre o Tibete foi quando o mestre tibetano do século XIV, Tsongkhapa, declinou do convite do imperador Yongle para visitar Pequim em pelo menos duas ocasiões (JINPA, Thupten. *Tsongkhapa: a Buddha in the Land of Snow.* Boulder: Shambhala Publications, 2019. p. 226–230) e, posteriormente, o terceiro e o quarto Dalai Lamas declinaram de convites semelhantes do imperador Ming da China.

Apêndice A

visitou Pequim, onde foi recebido como um soberano irmão pelo imperador Qing. Essa visita do Dalai Lama fortaleceu as relações entre o imperador manchu e o Tibete, dando início a um período bastante rico de interações entre os governantes Qing e importantes lamas tibetanos, especialmente o dalai-lama, seguindo o modelo sacerdote-patrono. Os imperadores manchus da dinastia Qing, seguidores devotos do budismo tibetano, assumiram seu papel de patronos com muita seriedade. De acordo com o status de patrono protetor do imperador manchu, a pedido dos tibetanos, Qing mandou um exército para expulsar vários milhares de soldados zungares que entraram na região central do Tibete em 1717, ajudando a devolver o trono ao sétimo Dalai Lama em 1720, e estabelecendo a tradição de *ambans*, representantes imperiais residentes da corte manchu. Por volta do fim do século XVIII, novamente a pedido dos tibetanos, o imperador manchu enviou tropas para ajudar a derrotar invasores nepaleses.[*] Em essência, a dinastia Qing era um império manchu cuja família imperial era devota do budismo tibetano e cujo domínio continha ambas as nações, a China e o

---

[*] Julgando pelos registros históricos, os imperadores da dinastia Qing nunca pareceram ter um controle físico do Tibete, e os tibetanos, pelo menos os da região central do Tibete, nunca pagaram impostos ao representante Qing, o *amban*. Até mesmo no caso de 1,5 mil homens lotados em determinado momento na região central do Tibete, o papel deles parecia ser o de proteger, e não o de uma força colonial controladora. Esse papel primariamente de proteção do imperador manchu, seus *ambans* e as tropas Qing no Tibete pode ser identificado em uma carta ao oitavo Dalai Lama. Nela, o general manchu encarregado das tropas Qing no Tibete escreve: "Isso demonstra a preocupação do imperador com o bem-estar do Tibete e a garantia de sua proteção em perpetuidade [...] O imperador retirará os *ambans* e as tropas [...] Além disso, caso situações semelhantes ocorram no futuro, o imperador não terá nada a ver com elas. Portanto, os tibetanos poderão decidir por si mesmos o que lhes é favorável ou não, ou o que é grave ou leve, e fazer suas próprias escolhas". Tradução do inglês dessa citação tirada de SMITH. *Tibetan nation*, p. 136.

Tibete, assim como outras nações.* A principal identidade manchu da dinastia Qing é ilustrada pelo fato de que o representante do imperador de mais alto escalão em Lhasa costumava ser da etnia manchu ou um mongol. O fim da dinastia Qing manchu, logo depois da primeira década do século XX, marcou o fim da relação sacerdote-patrono com o Qing.

Em suma, quando se deu a invasão do regime comunista da China, o Tibete tinha seu próprio governo nacional, moeda, passaportes, serviço dos correios, forças militares, relações internacionais — por exemplo, o Tibete recusou-se a dar permissão aos Aliados para transportar por seu território armas que abasteceriam a China contra o Japão durante a Segunda Guerra Mundial. Essa posição de independência continuou sendo o *status quo* até a invasão feita pelo regime comunista da China em 1950.

Acredito que o resumo acima é a história do meu país. Na verdade, um notável acadêmico chinês, o professor Hon-Shiang Lau, que conheci em 2016, em Bruxelas, me disse que sua cuidadosa pesquisa com fontes chinesas não revelou nenhuma evidência de que o Tibete já tivesse sido parte da China. Na época, ele me contou que estava escrevendo um livro apresentando o resultado de sua pesquisa de anos.

---

* O especialista em estudos tibetanos modernos Gray Tuttle escreveu o livro *Tibetan Buddhists in the making of modern China* (Nova York: Columbia University Press, 2007). Na página 63 da referida obra, ele escreve sobre a natureza exata da relação entre a dinastia Qing e o Tibete: "As relações de Qing com o Tibete sempre foram tratadas pela dinastia manchu (mediadas pelo Departamento Doméstico Imperial e a Corte de Administração de Fronteiras) com o auxílio de alguns líderes budistas mongóis, mongour e tibetanos, além da nobreza tibetana". De forma semelhante, o acadêmico de relações internacionais, Warren Smith, concluiu em seu livro *Tibetan nations* (p. 137): "A natureza das relações de Ch'ing com o Tibete continuam sendo aquela entre nações, ou um império e um estado periférico parcialmente autônomo, não uma relação entre um governo central e uma parte remota do mesmo estado".

Apêndice A

A resolução da questão tibetana *não depende nem deve depender* de os dois lados terem uma visão consensual da história passada. Sempre afirmei que, em relação ao status histórico preciso do Tibete em qualquer momento específico, é uma questão de historiadores olharem de forma neutra para o passado e se basear nas evidências disponíveis. Ninguém pode mudar a história passada; com certeza não eu. A história não é uma decisão política a ser tomada no presente. Quanto ao caminho para o futuro, esse, na verdade, está no escopo da tomada de decisão política do presente. Eu realmente acredito que ambos os lados estão comprometidos em estabelecer um futuro juntos com base em uma relação mutuamente benéfica; não há necessidade para se insistir que as duas partes concordem com uma mesma versão do passado.

APÊNDICE B

Tratado de 821-822 entre o Tibete e a China*

O grande rei do Tibete, o divino senhor miraculoso, e o grande rei da China, o soberano chinês Huangdi, em uma relação de parentesco de sobrinho e tio, se reuniram para estabelecer a aliança entre seus reinos. Eles fizeram e ratificaram um grande acordo. Todos os deuses e os homens sabem e são testemunhas, de forma que ele, talvez, nunca seja alterado; e um relato do acordo foi gravado em um pilar de pedra para informar as futuras eras e futuras gerações. O divino senhor miraculoso, Trisong Detsen, e o rei chinês, Wen Wu Hsiao-te Wang-ti, sobrinho e tio, buscando uma sabedoria de longo alcance para prevenir todas as causas de danos ao bem-estar de suas nações, agora e no futuro, estenderam sua benevolência de forma imparcial para todos. Com o único desejo de agir pela paz e beneficiar todos os indivíduos, eles chegaram a um acordo em relação ao alto objetivo de assegurar o

---

* A versão em inglês do texto usado para esta tradução foi feita a partir do documento original em tibetano. E a versão em português, a partir da tradução em inglês.

Apêndice B

bem duradouro; e eles fizeram este grande acordo para cumprir a decisão de restaurar a antiga amizade e o respeito mútuos e sua antiga relação de boa vizinhança.

O Tibete e a China respeitarão as fronteiras ocupadas atualmente. Todo o território a leste constitui a Grande China; e todo o oeste, sem dúvida, constitui as terras do Grande Tibete. De agora em diante, nenhum dos lados iniciará qualquer guerra ou fará tentativa de tomada territorial. Qualquer pessoa que despertar suspeitas será detida; seus atos serão investigados e ela será escoltada de volta.

Agora que os dois reinos se aliaram por meio deste grande tratado, é necessário que os mensageiros voltem a ser enviados pela antiga rota para manter as comunicações e as trocas de mensagens amigáveis sobre as relações harmoniosas entre sobrinho e tio.

De acordo com o antigo costume, haverá a troca de cavalos aos pés da passagem de Chiang Chun, a fronteira entre o Tibete e a China. Na barreira de Suiyung, os chineses devem recepcionar os enviados tibetanos e fornecer a eles todos os meios necessários para continuarem. Em Ch'ing-shui, os tibetanos devem recepcionar os chineses e fornecer todos os recursos. Ambos os lados deverão se tratar com a honra e o respeito de costume, de acordo com as relações amigáveis entre sobrinho e tio.

Entre os dois países não deverão ser vistas fumaça nem poeira. Não deverá haver alarmes repentinos e a palavra "inimigo" não há de ser pronunciada. Nem mesmo os guardiões da fronteira devem demonstrar ansiedade ou medo, devendo, sim, apreciar o território e ir para casa com a consciência tranquila. Todos deverão viver em paz e compartilhar a bênção da felicidade por dez mil anos. A fama deste texto deverá se estender a todos os lugares alcançados pelo sol e pela lua. Este acordo solene estabelece uma época grandiosa, em que os tibetanos serão felizes no território do Tibete e os

A voz de uma nação

chineses o serão nas terras da China. Para que isso nunca mude, as três preciosas joias da religião; a reunião dos santos; o sol e a lua; os planetas e as estrelas foram invocados como testemunhas. Foi feito um juramento com palavras solenes e o sacrifício de animais; e o acordo foi ratificado.

Se as partes não cumprirem este acordo, ou se uma delas o violar, seja o Tibete ou a China, nenhuma ação que a outra parte possa tomar como meio de retaliação poderá ser considerada uma quebra de contrato. Os reis e os ministros do Tibete e da China fizeram os juramentos para isso e o acordo foi redigido em detalhes. Os dois reis fixaram seus selos. Os ministros com poderes especiais para executar o acordo acrescentaram sua assinatura e cópias foram colocadas nos registros reais de cada uma das partes.[*]

O tratado está gravado em tibetano e em chinês em uma das faces de um pilar de pedra próximo ao Templo de Jokhang, em Lhasa. Na outra face está uma introdução histórica apenas em tibetano; e nas outras duas faces está uma lista, nas duas línguas, com o nome dos ministros que o testemunharam.

---

[*] A versão em inglês do tratado está disponível em www.claudearpi.net/wp-content/uploads/2016/11/821822TreatybetweenTibetanChina-1.pdf; e foi reproduzida nesta obra com permissão de Claude Arpi. Para uma tradução anterior do tratado, feita por RICHARDSON, H. E., consulte: "The Sino-Tibetan Treaty Inscription of AD 821–823 at Lhasa". *Journal of Royal Asiatic Society 2*, p. 153-154, 1978.

APÊNDICE C

Cartas aos líderes chineses Deng Xiaoping e Jiang Zemin

CARTA PARA DENG XIAOPING, 23 DE MARÇO DE 1981

Vossa excelência,

Concordo e acredito na ideologia comunista que busca o bem-estar para os seres humanos em geral, e do proletariado em particular, e na política de Lenin, de igualdade das nacionalidades. De forma semelhante, fiquei muito satisfeito com as conversas que tive com o presidente Mao Tsé-Tung sobre a ideologia e a política das nacionalidades.

Se essa mesma ideologia fosse implementada, teria trazido muita admiração e alegria. No entanto, se alguém fizer um comentário geral sobre os desdobramentos das últimas duas décadas, houve um lapso no progresso econômico e educacional, a base da felicidade humana. Além disso, em relação às dificuldades causadas por rompimentos insuportáveis, houve uma perda de confiança entre o Partido e as massas, entre os oficiais e as massas, entre os próprios oficiais e entre o próprio povo.

A voz de uma nação

Ao enganarem-se uns aos outros com falsos pressupostos e representações equivocadas, houve, na verdade, um grande lapso e atraso na conquista dos verdadeiros objetivos. Agora é natural que surjam sinais de insatisfação de todos os lados, como indicações claras de que os objetivos não foram alcançados.

No caso da situação no Tibete, é lamentável que alguns oficiais tibetanos, que não têm a sabedoria nem a competência necessárias para a promoção da felicidade humana básica e o bem-estar de curto e longo prazos do próprio povo, entreguem-se à bajulação dos oficiais chineses e colaborem com estes, que nada sabem acerca dos tibetanos e trabalham apenas pela fama temporária, esforçando-se para fabricar relatórios impressionantes. Na realidade, o povo tibetano não apenas está passando por sofrimentos incomensuráveis, como também houve um número desnecessário de vidas perdidas. Além disso, durante a Revolução Cultural, ocorreu uma imensa destruição da herança cultural e antiga do Tibete. Todos esses lastimáveis eventos apresentam uma breve impressão do passado.

Agora, levando em conta as experiências dos erros do passado, existe uma nova política de se buscar a verdade dos fatos e uma política de modernização. Em relação à questão tibetana, fico feliz em aplaudir os esforços do camarada Hu Yaobang em tentar de todas as formas possíveis corrigir os erros cometidos, ao admiti-los depois de sua visita a Lhasa.

Como bem sabe, durante os últimos vinte anos, nós, tibetanos no exterior, além de tentar preservar nossa identidade nacional e valores tradicionais, educamos nossa juventude para que eles possam decidir o próprio futuro por meio de um conhecimento da retidão, da justiça e dos princípios democráticos para construir uma comunidade tibetana melhor.

Apêndice C

Para resumir, considerando o fato de que estamos vivendo em países estrangeiros, podemos nos orgulhar de nossas conquistas na história de refugiados no mundo. Em termos políticos, sempre buscamos o caminho da verdade e da justiça em nossa luta pelos direitos legítimos do povo tibetano. Nunca cedemos às distorções, aos exageros e às críticas do povo chinês. Também não cultivamos nenhum sentimento ruim em relação a ele. Acima de tudo, sempre mantivemos nossa posição de verdade e justiça, sem nos alinharmos com nenhum dos blocos políticos das potências internacionais.

Em 1979, a convite de vossa excelência, Gyalo Thondup visitou a China. Por intermédio dele, vossa excelência enviou-me uma mensagem dizendo que deveríamos manter contato. Vossa excelência também nos convidou a enviar delegações investigativas ao Tibete. Depois disso, as três delegações enviadas descobriram aspectos positivos e negativos da situação no Tibete. Se o povo tibetano estiver genuinamente feliz e com a identidade preservada, não há motivos para reclamar. No entanto, na realidade, mais de 90% dos tibetanos estão sofrendo tanto em termos mentais quanto físicos e vivem na mais profunda tristeza. Essas tristes condições não foram causadas por desastres naturais, mas pela ação humana. Desse modo, devem-se envidar todos os esforços para resolver os problemas de acordo com a realidade existente e de forma razoável.

Para isso, devemos aprimorar as relações entre a China e o Tibete, assim como dos tibetanos dentro e fora do Tibete. Com verdade e igualdade como alicerce, devemos tentar desenvolver a amizade entre tibetanos e chineses por meio de uma melhor compreensão do futuro. Chegou a hora de aplicar, com urgência, nossa sabedoria comum em um espírito de tolerância e flexibilidade para chegarmos a uma felicidade genuína para o povo tibetano.

De minha parte, continuo comprometido a contribuir com meus esforços para o bem de todos os seres humanos e, em

A voz de uma nação

particular, dos pobres e dos fracos, da melhor forma possível e sem qualquer distinção com base em fronteiras nacionais. Como o povo tibetano deposita em mim toda a confiança e esperança, gostaria de comunicar à vossa excelência os desejos e aspirações de meu povo para o futuro e imediato bem-estar.

Espero que vossa excelência me informe seu ponto de vista acerca desses pontos.

Com todo o meu apreço e estima,
O Dalai Lama

Notas sobre a carta acima para Deng Xiaoping

Em uma época bem recente, de acordo com os contatos que fiz em Pequim por intermédio de Gyalo Thondup, três delegações investigativas já visitaram o Tibete. A quarta está agendada para partir em abril deste ano. Embora Pequim já tenha concordado com o envio de cinquenta professores da Índia para diferentes escolas do Tibete por um período de dois anos e a abertura de um escritório de comunicação em Lhasa para facilitar os contatos mútuos, recentemente Gyalo Thondup recebeu a seguinte mensagem de Pequim por meio da agência de notícias Xinhua, em Hong Kong:

- Em relação à quarta delegação investigativa, nada foi confirmado até o momento. Uma resposta será encaminhada posteriormente por Hong Kong ou pela embaixada chinesa em Nova Délhi.
- Embora tenhamos concordado inicialmente com a abertura de um escritório de comunicações em Lhasa e com o envio de professores, seria melhor adiar a abertura do escritório de comunicações e, em vez disso, manter os

Apêndice C

contatos por intermédio de Hong Kong e pela embaixada chinesa em Nova Délhi.

- Em relação à transferência dos professores da Índia, onde contam com boas instalações e meios de trabalho, eles talvez tenham dificuldades de morar no Tibete, onde as instalações não são as ideais no momento. Talvez isso fosse ruim para o moral deles. Dessa forma, sugerimos que o envio de professores para o Tibete também seja adiado. Por ora, alguns professores podem ser enviados para escolas de outras nacionalidades dentro da China, de onde eles poderiam ser gradualmente enviados para o Tibete. (Subsequentemente, uma mensagem recebida pela embaixada chinesa em Nova Délhi nos comunicou que a quarta delegação deveria ser adiada também.)

Nossa resposta para as questões acima:

- Concordamos com o adiamento da quarta delegação para este ano, assim como com o adiamento da abertura do escritório de comunicações em Lhasa por ora.
- Em relação ao envio de professores ao Tibete, como nossos professores já estão cientes das condições difíceis das escolas do Tibete, isso não vai diminuir o moral deles nem impedir que cumpram suas tarefas. Acima de tudo, o principal motivo de enviar os professores é aprimorar os padrões da educação de alunos vivendo em situações difíceis. Esperamos que reconsidere essa questão. A preocupação dos professores será única e exclusivamente com questões de educação e eles não entrarão em qualquer atividade política. Desse modo, não há com o que se preocupar.

A voz de uma nação

CARTA PARA DENG XIAOPING, 11 DE SETEMBRO DE 1992

Excelentíssimo sr. Deng Xiaoping,

Estou muito satisfeito com o restabelecimento do contato direto entre nós. Espero que esta carta resulte em uma melhora das relações e no desenvolvimento de confiança e compreensão mútuas.

Fui informado sobre as discussões do sr. Ding Guangen com Gyalo Thondup, em 22 de junho de 1992, e o posicionamento do governo chinês acerca das negociações para a solução da questão tibetana. Estou decepcionado com a posição dura e inflexível apresentada pelo sr. Ding Guangen, principalmente com a ênfase nas precondições para as negociações. No entanto, permaneço comprometido com a crença de que nossos problemas podem ser resolvidos por meio de negociações feitas em uma atmosfera de sinceridade e abertura, para o benefício tanto do povo tibetano quanto do povo chinês. Para que isso seja possível, ambos os lados precisam retirar os obstáculos e nenhum deve, desse modo, estabelecer precondições.

Para que negociações significativas ocorram, é essencial haver confiança mútua. Desse modo, para criar confiança, acredito que seja importante que os líderes e o povo da China conheçam os esforços que já fiz até o momento. Meus três representantes levam consigo uma carta minha, acompanhada por observações detalhadas dos meus pontos de vista e meus esforços por todos os anos para promover negociações em nome dos interesses dos tibetanos e dos chineses. Eles vão responder e discutir quaisquer perguntas e pontos que queiram levantar. Tenho esperança de que, com essas discussões renovadas, vamos abrir o caminho que nos conduzirá para as negociações.

De minha parte, apresentei muitas ideias para resolver nosso problema. Creio que tenha chegado a hora de o governo chinês

Apêndice C

fazer uma proposta genuinamente significativa, se é seu desejo ver o Tibete e a China vivendo juntos e em paz. Desse modo, espero sinceramente que vossa excelência responda em um espírito de abertura e amizade.

Atenciosamente,

O Dalai Lama

CARTA PARA JIANG ZEMIN, 11 DE SETEMBRO DE 1992

Prezado sr. Zemin,

Estou muito satisfeito com o restabelecimento do contato direto entre nós. Espero que esta carta resulte em uma melhora das relações e no desenvolvimento de confiança e compreensão mútuas.

Fui informado sobre as discussões do sr. Ding Guangen com Gyalo Thondup, em 22 de junho de 1992, e o posicionamento do governo chinês acerca das negociações para a solução da questão tibetana. Estou decepcionado com a posição dura e inflexível apresentada pelo sr. Ding Guangen, principalmente com a ênfase nas precondições para as negociações. No entanto, permaneço comprometido com a crença de que nossos problemas podem ser resolvidos por meio de negociações feitas em uma atmosfera de sinceridade e abertura, para o benefício tanto do povo tibetano quanto do povo chinês. Para que isso seja possível, ambos os lados precisam retirar os obstáculos e nenhum deve, desse modo, estabelecer precondições.

Para que negociações significativas ocorram, é essencial haver confiança mútua. Desse modo, para criar confiança, acredito que seja importante que os líderes e o povo da China conheçam os esforços que já fiz até o momento. Meus três representantes levam consigo uma carta minha, acompanhada por observações detalhadas

209

A voz de uma nação

dos meus pontos de vista e meus esforços por todos os anos para promover negociações em nome dos interesses dos tibetanos e dos chineses. Eles vão responder e discutir quaisquer perguntas e pontos que queiram levantar. Tenho esperança de que, com essas discussões renovadas, vamos abrir o caminho que nos conduzirá para as negociações.

De minha parte, apresentei muitas ideias para resolver nosso problema. Creio que tenha chegado a hora de o governo chinês fazer uma proposta genuinamente significativa, se é seu desejo ver o Tibete e a China vivendo juntos e em paz. Desse modo, espero sinceramente que vossa excelência responda em um espírito de abertura e amizade.

Atenciosamente,
O Dalai Lama

Notas sobre as cartas para Deng Xiaoping e Jiang Zemin, em 11 de setembro de 1992

Em 22 de junho de 1992, o sr. Ding Guangen, chefe do Departamento dos Trabalhos da Frente Unida do Comitê Central do CCP, se reuniu com o sr. Gyalo Thondup, em Pequim, e reafirmou a promessa feita pelo sr. Deng Xiaoping ao sr. Gyalo Thondup, em 1979, de que o governo chinês estava disposto a discutir e resolver quaisquer questões conosco, exceto a total independência. O sr. Ding Guangen também disse que, do ponto de vista do governo chinês, "o Dalai Lama continua com suas atividades de independência", mas o governo chinês estava disposto a começar imediatamente as negociações assim que eu desistisse da independência do Tibete. Essa posição, afirmada repetidas vezes no passado pelo governo chinês, mostra que a liderança chinesa ainda

Apêndice C

não compreendeu minhas ideias acerca da relação entre tibetanos e chineses. Desse modo, aproveito a oportunidade para esclarecer minha posição por meio destas observações.

1. Já é um fato estabelecido que o Tibete e a China existiram como países separados no passado. No entanto, como resultado de deturpações das relações singulares do Tibete com os imperadores mongol e manchu, surgiram disputas entre o Tibete e os Kuomintang e o atual governo chinês. O fato de o governo chinês ter considerado necessário concluir um "Acordo de 17 Pontos" com o governo tibetano, em 1951, claramente mostra o reconhecimento do governo chinês acerca da posição ímpar do Tibete.

2. Quando visitei Pequim em 1954, tive a impressão de que a maioria dos líderes do Partido Comunista que conhecia era honesta, direta e tinha a mente aberta. O presidente Mao Tsé-Tung, em particular, me disse em diversas ocasiões que os chineses estavam no Tibete apenas para ajudar a aproveitar seus recursos naturais e usá-los para o desenvolvimento do país; que os generais Zhang Jingwu e Fan Ming só estavam no Tibete para ajudar a mim e ao povo do país, e não para dominar o governo e o povo tibetanos; que todos os oficiais chineses no Tibete estavam lá para nos ajudar e que partiriam quando o Tibete tivesse progredido. Qualquer oficial chinês que não agisse de acordo com isso seria enviado de volta à China. O presidente Mao disse ainda que havia decidido pela criação de um "Comitê Preparatório para o Estabelecimento da Região Autônoma do Tibete", em vez do plano anterior de se colocar o Tibete sob o controle direto do governo chinês por meio de uma "Comissão Político-Militar".

A voz de uma nação

Na minha última reunião com o presidente Mao, antes de eu deixar a China, ele me deu uma longa explicação sobre a democracia. Disse que eu deveria fornecer a liderança e me deu conselhos sobre como continuar em contato com o ponto de vista do povo. Ele falava de uma forma gentil e compassiva, que era emocionante e inspiradora.

Enquanto estive em Pequim, eu disse ao primeiro-ministro, Zhou Enlai, que nós, tibetanos, estávamos completamente cientes da nossa necessidade de nos desenvolvermos politicamente e que, na verdade, eu já tinha dado alguns passos para isso.

Na volta para o Tibete, eu disse ao general Zhang Guohua que eu tinha ido para China cheio de dúvidas e ansiedade sobre o futuro do meu povo e do meu país, mas que agora voltava com muitas esperanças e otimismo e uma impressão muito positiva dos líderes chineses. Meu desejo inato de proteger meu povo, principalmente os pobres e os fracos, e a perspectiva de uma cooperação mútua e amizade entre o Tibete e a China me deram esperança e otimismo em relação ao futuro desenvolvimento do Tibete. Era assim que eu me sentia na época acerca da relação entre tibetanos e chineses.

3. Quando o "Comitê Preparatório para o Estabelecimento da Região Autônoma do Tibete" foi criado em Lhasa, em 1956, não havia outra alternativa a não ser trabalhar, com sinceridade, pelo interesse e o benefício de ambas as partes. Só que, naquela época, as autoridades chinesas já tinham começado a usar ações impensáveis de força bruta para impor o comunismo ao povo tibetano nas regiões de Kham e Amdo, principalmente em Lithang, o que aumentou o

Apêndice C

ressentimento dos tibetanos contra as políticas chinesas, levando a uma resistência aberta.

Eu não conseguia acreditar que o presidente Mao tinha aprovado uma política de tamanha repressão por conta das promessas que ele tinha me feito quando estive na China. Desse modo, escrevi a ele três cartas explicando a situação e buscando um fim à repressão. Infelizmente, não obtive resposta para as minhas cartas.

No fim de 1956, visitei a Índia para participar do Buddha Jayanti, a comemoração do aniversário de Buda. Na época, muitos tibetanos me aconselharam a não retornar ao Tibete e continuar as conversas com a China a partir da Índia. Eu também sentia que deveria ficar um tempo na Índia. Enquanto estive lá, me encontrei com o primeiro-ministro, Zhou Enlai, e lhe disse como eu estava profundamente triste com a repressão militar imposta aos tibetanos de Kham e Amdo em nome das "reformas". O primeiro-ministro disse que considerava tais questões como erros cometidos pelos funcionários chineses, que as "reformas" no Tibete deveriam ocorrer apenas de acordo com os desejos do povo tibetano e que, na verdade, o governo chinês já havia decidido adiar tais "reformas" pelos próximos seis anos. Ele, então, me estimulou a voltar ao Tibete para evitar quaisquer levantes adicionais.

De acordo com o primeiro-ministro indiano, Jawaharlal Nehru, o primeiro-ministro chinês, Zhou Enlai, disse a ele que o governo chinês "não considerava o Tibete uma província da China, pois o povo era diferente do povo chinês propriamente dito. Desse modo, eles (os chineses) consideravam o Tibete uma região autônoma, que deveria ter autonomia". O primeiro-ministro Nehru me disse que

A voz de uma nação

teve garantias do primeiro-ministro Zhou Enlai de que a autonomia do Tibete seria respeitada e, dessa forma, ele me aconselhou a me esforçar para proteger isso e cooperar com as reformas propostas pela China.

Àquela altura, a situação no Tibete já estava extremamente perigosa e desesperadora. Mesmo assim, decidi voltar ao país para dar mais uma oportunidade ao governo chinês para que cumprissem suas promessas. No meu retorno à Lhasa, passando por Dromo, Gyangtse e Shigatse, tive muitas reuniões com autoridades tibetanas e chinesas; disse a eles que os chineses não estavam no Tibete para dominar os tibetanos, que os tibetanos não se sujeitavam à China e que os próprios líderes chineses haviam prometido estabelecer o Tibete como uma região autônoma com total liberdade interna, que todos nós precisávamos trabalhar para manter. Enfatizei que os líderes chineses tinham me assegurado que todos os funcionários chineses no Tibete estavam lá para nos ajudar e que, se eles agissem de outra forma, estariam agindo contra as ordens do próprio governo. Creio que, uma vez mais, eu estava me esforçando para promover a cooperação entre o Tibete e a China.

4. No entanto, por causa da dura repressão militar em Kham e Amdo, no Tibete Oriental, milhares de jovens e idosos tibetanos, sem conseguir viver sob tais circunstâncias, começaram a chegar a Lhasa como refugiados. O resultado dessas ações chinesas foi que os tibetanos começaram a se sentir ansiosos e a perder a fé nas promessas feitas pela China. Isso levou a um ressentimento maior e a uma piora da situação. Ainda assim, continuei a aconselhar meu povo

Apêndice C

a buscar uma solução pacífica e a demonstrar moderação. Correndo o risco de perder a confiança dos tibetanos, eu me esforcei para evitar uma ruptura da comunicação com as autoridades chinesas em Lhasa. No entanto, a situação continuava se deteriorando, até, finalmente, explodir nos trágicos eventos de 1959, os quais me obrigaram a deixar o Tibete.

Diante de uma situação tão desesperadora, eu não tive alternativa a não ser apelar para as Nações Unidas, que, por sua vez, aprovaram três resoluções sobre o Tibete (em 1959, 1961 e 1965), em que pediam a "cessação das práticas que privavam o povo tibetano de sua liberdade e de seus direitos humanos fundamentais, incluindo o direito ao governo próprio", e pediam aos Estados membros para se empenharem nos esforços para atingirem tal objetivo.

O governo chinês não respeitou as resoluções das Nações Unidas. Nesse ínterim, a Revolução Cultural teve início e não houve qualquer oportunidade para se resolver as questões entre tibetanos e chineses. Na verdade, não houve nem a possibilidade de se identificar um líder com quem pudéssemos conversar.

5. Apesar da minha decepção e das minhas esperanças frustradas ao lidar com o governo chinês, e como o Tibete e a China continuarão sendo vizinhos, estou convencido de que devemos lutar para encontrar uma forma de coexistirmos em paz e ajudar uns aos outros. Acredito que isso seja possível e que vale a pena nos esforçarmos. Com essa convicção, eu disse em minha declaração ao povo tibetano, no dia 10 de março de 1971:

A voz de uma nação

Mesmo que nós, tibetanos, tenhamos que nos opor ao regime comunista da China, nunca vou conseguir odiar o povo do país. O ódio não é um sinal de força, mas, sim, de fraqueza. Quando Buda afirmou que o ódio não poderia ser vencido com ódio, ele não estava falando apenas do campo espiritual. Suas palavras refletem a realidade prática da vida. Tudo que se consegue por meio do ódio não dura muito tempo. Por outro lado, o ódio só vai gerar mais problemas. E, para os tibetanos que enfrentam tal situação trágica, o ódio só trará mais depressão. Além disso, como podemos odiar um povo que não sabe o que está fazendo? Como podemos odiar milhões de chineses que não têm poder e são governados por seus líderes? Não podemos nem mesmo odiar os líderes chineses, pois eles sofreram muito por sua nação e pela causa que eles acreditam ser a certa. Não acredito no ódio, mas acredito, como sempre acreditei, que, um dia, a verdade e a justiça triunfarão.

Na minha declaração de 10 de março de 1973, referindo-me à alegação chinesa de que os tibetanos tinham virado "senhores do país" depois de serem "libertados dos três grandes senhores feudais" e estavam gozando de "progresso e felicidade sem precedentes", afirmei:

O objetivo da luta dos tibetanos fora do Tibete é conquistar a felicidade para o povo tibetano. Se os tibetanos no Tibete realmente estão felizes sob o governo chinês, então não há motivo para nós, no exílio, discutirmos.

Novamente, no meu discurso de 10 de março de 1979, recebi com boa vontade a declaração do sr. Deng Xiaoping

Apêndice C

de "buscar a verdade a partir dos fatos", para dar ao povo chinês seus direitos muito celebrados e a necessidade de reconhecer os próprios erros e equívocos. Ao comentar esses sinais de honestidade, progresso e abertura, eu disse:

Os atuais líderes chineses devem deixar para trás o dogmatismo e a visão limitada do passado, bem como o receio de serem desmoralizados e reconhecer a realidade do cenário global contemporâneo. Devem aceitar os próprios erros, a realidade e o direito de todos os povos da raça humana à igualdade e à felicidade. A aceitação disso não deve ser feita apenas no papel, mas também ser colocada em prática. Se isso for aceito e seguido, todos os problemas poderão ser resolvidos com honestidade e justiça.

Com essa convicção, renovei meus esforços para promover a reconciliação e a amizade entre a China e o Tibete.

6. Em 1979, o sr. Deng Xiaoping convidou o sr. Gyalo Thondup para ir a Pequim e lhe disse que, a não ser pela independência total, todas as outras questões poderiam ser discutidas e todos os problemas poderiam ser resolvidos. O sr. Xiaoping disse ao sr. Thondup que deveríamos manter contato um com o outro e que poderíamos enviar delegações investigativas para o Tibete. Isso naturalmente nos deu muitas esperanças de resolver nossos problemas de forma pacífica, e começamos a mandar delegações ao Tibete.

Em 23 de março de 1981, enviei uma carta ao sr. Deng Xiaoping, na qual eu disse:

As três delegações investigativas conseguiram encontrar tanto aspectos positivos quanto negativos na situação do

A voz de uma nação

Tibete. Se a identidade do povo tibetano for preservada e se eles estiverem genuinamente felizes, não há motivo para queixas. No entanto, na realidade, mais de 90% dos tibetanos estão sofrendo, tanto em termos físicos quanto mentais, e vivem em um estado de profunda tristeza. Essas tristes condições não foram provocadas por desastres naturais, mas por atos humanos. Desse modo, é necessário que se empreendam esforços genuínos para resolver tais problemas de acordo com a realidade existente e com muita sensatez.

Para fazer isso, devemos aprimorar o relacionamento entre a China e o Tibete, assim como entre os tibetanos dentro e fora do Tibete. Com verdade e igualdade como base, devemos tentar desenvolver uma amizade entre tibetanos e chineses por meio de uma melhor compreensão no futuro. Chegou a hora de aplicar nossa sabedoria comum a um espírito de tolerância e compreensão, a fim de conseguir uma felicidade genuína para o planalto tibetano, e fazer isso com urgência.

De minha parte, continuo comprometido a contribuir com meus esforços pelo bem-estar de todos os seres humanos, em particular os pobres e os fracos, com todo o meu empenho, sem fazer quaisquer distinções com base em fronteiras nacionais [...]

Espero que o senhor me informe seus pontos de vista acerca das questões listadas.

Não houve resposta para a minha carta. Em vez disso, em 28 de julho de 1981, o secretário-geral, Hu Yaobang, entregou um documento ao sr. Gyalo Thondup com o título "Five Point Policy Towards the Dalai Lama" (Política de cinco pontos para o Dalai Lama).

Apêndice C

Isso foi uma surpresa e uma grande decepção. O motivo dos nossos esforços consistentes para lidar com o governo chinês é chegar a uma felicidade genuína e duradoura para os seis milhões de tibetanos que devem conviver com os vizinhos da China de geração a geração. No entanto, a liderança chinesa optou por ignorar isso, apresentando em seu lugar uma tentativa de reduzir toda a questão ao meu status pessoal e às condições para o meu retorno, sem nenhuma disposição para lidar com as verdadeiras questões subjacentes.

Ainda assim, continuei depositando minhas esperanças na declaração do sr. Deng Xiaoping de "buscar a verdade a partir dos fatos" e em sua política de liberalização. Desse modo, enviei várias delegações ao Tibete e à China e, sempre que surgia uma oportunidade, explicávamos nossos pontos de vista para promover uma compreensão por meio de discussões e diálogos. Como foi sugerido inicialmente pelo sr. Deng Xiaoping, concordei em enviar professores tibetanos da Índia para melhorar a educação dos tibetanos no Tibete. Mas, por algum motivo, o governo chinês acabou não aceitando isso.

Esses contatos resultaram em quatro delegações investigativas ao Tibete, duas a Pequim e o início de visitas familiares entre os tibetanos no Tibete e no exílio. No entanto, esses passos não levaram a nenhum progresso substancial para resolver os problemas entre nós, devido à rigidez da posição dos líderes chineses, os quais, acredito, falharam em refletir as políticas do sr. Deng Xiaoping.

7. Uma vez mais, não perdi as esperanças. Isso se refletiu nas minhas declarações anuais de 10 de março para o povo

A voz de uma nação

tibetano em 1981, 1983, 1984 e 1985, nas quais eu disse o seguinte:

[...] a história passada desapareceu no passado. O que é mais importante é que, no futuro, realmente haja verdadeira paz e felicidade pelo desenvolvimento de relações amigáveis e significativas entre a China e o Tibete. Para que isso aconteça, é importante que ambas as partes trabalhem com afinco para ter uma compreensão tolerante e um espírito aberto. (1981)

O direito a expressar as próprias ideias e se esforçar para implementá-las permite que povos de todos os cantos sejam criativos e progressistas, impulsionando o progresso rápido da sociedade humana e promovendo harmonia genuína [...]. A privação da liberdade para expressar os próprios pontos de vista, seja pela força ou por outros meios, é algo absolutamente anacrônico e uma forma brutal de opressão [...]. As pessoas do mundo inteiro não só hão de se opor a isso, mas também hão de condenar isso. Desse modo, os seis milhões de tibetanos devem ter o direito de preservar e aprimorar sua identidade cultural e liberdade religiosa, o direito de determinar o próprio destino e resolver os próprios problemas e encontrar a própria realização por meio da expressão própria, sem a interferência de nenhum quartel. Isso é razoável e justo. (1983)

Independentemente dos variados graus de desenvolvimento e disparidades econômicas, continentes, nações, comunidades, famílias, todos os indivíduos, na verdade, dependem uns dos outros para sua existência e bem-estar.

Apêndice C

Todo ser humano deseja felicidade e rejeita o sofrimento. Ao perceber isso de forma clara, devemos desenvolver a compaixão mútua, o amor e um senso fundamental de justiça. Em tal atmosfera, existe esperança de que os problemas entre as nações e os problemas entre as famílias possam gradualmente ser superados e que as pessoas possam viver em paz e harmonia. Em vez disso, se as pessoas adotarem uma atitude de egoísmo, domínio e inveja, o mundo inteiro, assim como os indivíduos, nunca vai usufruir da paz e da harmonia. Desse modo, acredito que todas as relações humanas baseadas na compaixão e no amor mútuos sejam de importância fundamental à felicidade humana." (1984)

[...] para se chegar à felicidade genuína em qualquer sociedade humana, a liberdade de pensamento é de extrema importância. Tal liberdade só pode ser conseguida por meio de confiança e compreensão mútuas, bem como ausência de medo [...]. No caso do Tibete e da China também, a não ser que possamos remover o estado de mútuo medo e desconfiança, a não ser que consigamos desenvolver um senso genuíno de amizade e boa vontade, os problemas que enfrentamos hoje continuarão existindo.

É importante para ambos os lados aprender um com o outro [...]. Agora é a vez de os chineses agirem de acordo com os ideais iluminados e os princípios do mundo moderno; de se apresentarem com a mente aberta e fazerem uma tentativa séria de conhecer e compreender o ponto de vista do povo tibetano e seus verdadeiros

A voz de uma nação

sentimentos e aspirações [...]. É errado reagir com desconfiança ou se ofender com opiniões contrárias à sua própria forma de pensar. É essencial que diferenças de opinião sejam examinadas e discutidas de forma aberta. Quando pontos de vista diferentes são discutidos de forma franca e razoável, em pé de igualdade, as decisões e os acordos resultantes serão genuínos e benéficos para todos os envolvidos. No entanto, enquanto houver contradições entre pensamento e ações, nunca poderá haver acordos genuínos e significativos.

Desse modo, agora, sinto que o mais importante é manter contato próximo, expressar nossos pontos de vista com sinceridade e nos esforçar realmente para que possamos compreender uns aos outros. E por meio de uma melhora nas relações humanas, tenho confiança de que nossos problemas podem ser resolvidos para nossa mútua satisfação. (1985)

Foram dessas e de outras formas que expressei meus pontos de vista de forma clara. Não houve, porém, reciprocidades às minhas abordagens conciliatórias.

8. Como todas as trocas entre tibetanos e chineses não foram frutíferas, senti-me compelido a expor publicamente meus pontos de vista em relação aos passos necessários para uma solução adequada para as questões fundamentais. Em 21 de setembro de 1987, anunciei, nos Estados Unidos, meu Plano de Paz de Cinco Pontos. Na sua introdução, eu disse que, na esperança de uma verdadeira reconciliação e solução duradoura para o problema, era meu desejo dar o

Apêndice C

primeiro passo para tal iniciativa. Eu esperava que o plano contribuísse, no futuro, para a amizade e a cooperação entre todos os países vizinhos, incluindo o povo chinês, para seu próprio bem e benefício. Os elementos básicos eram:

- Transformação de todo o Tibete em uma zona de *ahimsa* (de paz e não violência).
- Abandono da política de transferência da população chinesa, a qual ameaça a própria existência dos tibetanos como povo.
- Respeito pelos direitos humanos fundamentais do povo tibetano e liberdade democrática.
- Restauração e proteção do meio ambiente natural do Tibete e abandono do seu uso, pela China, para a produção de armas nucleares e despejo de lixo nuclear.
- Início de negociações sinceras sobre o status futuro do Tibete e as relações entre os tibetanos e os chineses.

Como resposta à essa iniciativa, o sr. Yan Mingfu se encontrou com Gyalo Thondup, no dia 17 de outubro de 1987, e entregou uma mensagem com cinco pontos de crítica a mim pela minha iniciativa de paz descrita acima e acusando-me de ter instigado as manifestações de 27 de setembro de 1987, que ocorreram em Lhasa, e de ter trabalhado contra os interesses do povo tibetano.

Essa resposta, longe de ter provocado uma séria consideração à minha sincera proposta de reconciliação, foi bastante decepcionante e humilhante.

Apesar disso, tentei novamente esclarecer nosso ponto de vista em uma resposta detalhada de catorze pontos em 17 de dezembro de 1987.

A voz de uma nação

9. Em 15 de julho de 1988, no Parlamento europeu em Estrasburgo, apresentei novamente o Plano de Paz de Cinco Pontos. Propus como estrutura para as negociações assegurar os direitos básicos do povo tibetano; a China continuaria responsável pela política externa do Tibete e manteria um número restrito de instalações militares no país, para defesa, até que a conferência regional de paz fosse reunida e o Tibete, transformado em um santuário neutro de paz. Fui criticado por muitos tibetanos por tal proposta. Minha ideia era tornar possível que a China e o Tibete permanecessem juntos em uma relação de amizade duradoura e assegurar o direito dos tibetanos de governar seu próprio país. Acredito sinceramente que, no futuro, um Tibete desmilitarizado como zona de *ahimsa* vai contribuir para a harmonia e a paz, não apenas entre tibetanos e chineses, mas também entre todos os países vizinhos e toda a região.

10. No dia 23 de setembro de 1988, o governo chinês deu uma declaração de que a China estava disposta a começar as negociações conosco. O anúncio dizia que a data e o local das negociações seriam deixados para o Dalai Lama decidir. Ficamos muito felizes com esse anúncio de Pequim e respondemos no dia 25 de outubro de 1988, apresentando nossa escolha de um encontro em janeiro de 1989, em Genebra, um local neutro reconhecido internacionalmente. Anunciamos que tínhamos uma equipe de negociações pronta e informamos o nome de cada membro da equipe.

    A resposta do governo chinês veio em 18 de novembro de 1988, rejeitando Genebra e expressando a preferência por Pequim ou Hong Kong como local. Além disso,

Apêndice C

disseram que minha equipe de negociações não poderia incluir "um estrangeiro", que os membros eram "jovens demais" e ainda que pessoas mais velhas deveriam ser incluídas, considerando a presença do sr. Gyalo Thondup. Explicamos que o estrangeiro era apenas um conselheiro jurídico e não um membro das negociações propriamente ditas e que o sr. Gyalo Thondup poderia ser incluído como conselheiro da equipe.

Com uma atitude flexível e aberta, aceitamos os pedidos do governo chinês e concordamos em enviar representantes para Hong Kong para a realização de reuniões preliminares com os representantes do governo chinês. Infelizmente, quando ambos os lados finalmente concordaram com Hong Kong como o local para tais discussões preliminares, o governo chinês se recusou a mais comunicações e não cumpriu a própria sugestão.

11. Embora eu tenha defendido essa proposta por mais de dois anos, não havia qualquer evidência de consideração, nem mesmo seu reconhecimento, por parte do governo chinês.

Desse modo, na minha declaração de 10 de março de 1991, fui compelido a afirmar que, a não ser que o governo chinês respondesse no futuro próximo, eu me consideraria livre de qualquer obrigação de manter a proposta que tinha feito na França.

Como parece não haver nenhum benefício das muitas soluções que defendi acerca do Tibete e da China, eu tinha de encontrar um novo caminho. Dessa forma, em um discurso proferido na Universidade de Yale, em 9 de outubro de 1991, declarei:

A voz de uma nação

[...] Estou considerando a possibilidade de uma visita ao Tibete o quanto antes. Tenho em mente dois objetivos para essa visita.

Primeiro, quero me certificar da situação no Tibete por mim mesmo e me comunicar diretamente com meu povo. Ao fazer isso, também espero ajudar a liderança chinesa a compreender os verdadeiros sentimentos dos tibetanos. De tal forma, seria importante que os altos líderes chineses me acompanhassem em tal visita e que observadores externos, incluindo a imprensa, estivessem presentes para relatar suas descobertas.

Segundo, gostaria de aconselhar e persuadir meu povo a não abandonar a não violência como forma adequada de luta. Minha capacidade de falar com meu povo pode constituir um importante elemento para se encontrar uma proposta pacífica. Minha visita poderia ser uma nova oportunidade para promover uma compreensão e criar uma base para uma solução negociada.

Infelizmente, essa sondagem foi imediatamente vetada pelo governo chinês. Naquela época, a imprensa vivia me perguntando se eu estava renovando o pedido pela independência do Tibete, já que havia declarado que a proposta de Estrasburgo não era mais válida. Sempre que me faziam essa pergunta, eu respondia que não queria comentar.

12. O governo chinês tem descrito, com grande dúvida e desconfiança, nossa luta como um movimento para restaurar a "antiga sociedade", e que isso não é interessante para o povo tibetano, mas apenas para o interesse e o status do Dalai Lama. Desde muito jovem, eu estava ciente das

Apêndice C

muitas falhas do sistema existente no Tibete e queria aprimorá-lo. Na época, comecei um processo de reforma no Tibete. Logo depois da nossa fuga para a Índia, introduzimos paulatinamente a democracia em nossa comunidade exilada. Encorajei repetidas vezes que meu povo seguisse esse caminho. Como resultado, nossa comunidade no exílio agora implementa um sistema em total conformidade com os princípios democráticos universais. É impossível para o Tibete voltar ao antigo sistema de governo. Os chineses alegam que meus esforços pela causa tibetana visam meu próprio benefício e minha posição, só que já dei diversas declarações de que, em um futuro governo do Tibete, não assumirei nenhuma responsabilidade governamental nem posição política. Além disso, isso se reflete claramente no Estatuto que rege a Administração Tibetana no Exílio e nas "Guidelines for future Tibet's polity and the basic features of its Constitution" (Diretrizes para a futura política do Tibete e as características básicas de sua Constituição), as quais anunciei em 26 de fevereiro de 1992.

Na conclusão das diretrizes, sugiro que:

O Tibete não será influenciado nem dominado por políticas e ideologias de outros países, mas permanecerá um estado neutro no verdadeiro sentido do termo. Deve manter uma relação harmoniosa com os países vizinhos em termos de igualdade e benefícios mútuos. Deve manter relações cordiais e fraternas com todas as nações, sem nenhum senso de hostilidade, nem inimizade.

De forma semelhante, em minha declaração de 10 de março de 1992, afirmei:

A voz de uma nação

Quando relações genuinamente cordiais forem estabelecidas entre tibetanos e chineses, isso nos possibilitará não apenas chegar a uma resolução para as disputas entre as duas nações ainda no século XX, mas também que os tibetanos possam fazer uma contribuição significativa por meio de nossa rica tradição cultural para a paz mundial entre milhões de jovens chineses.

Meus esforços para estabelecer uma relação pessoal com os líderes chineses incluem meu convite, apresentado por meio da embaixada em Nova Délhi no fim de 1980, para uma reunião com o secretário-geral, Hu Yaobang, durante uma de suas visitas ao exterior, em qualquer lugar de sua conveniência. Novamente, em dezembro de 1991, quando o primeiro-ministro, Li Peng, visitou Nova Délhi, propus uma reunião. Essas tentativas de diálogo não renderam frutos.

13. Uma revisão imparcial dos pontos acima mostra claramente que minhas ideias e sucessivos esforços buscaram consistentemente soluções que vão permitir ao Tibete e à China viver juntos em paz. Diante desses fatos, é difícil compreender o objetivo da posição do governo chinês de que a declaração do sr. Deng Xiaoping, em 1979, continua válida e que tão logo "o Dalai Lama desista de suas atividades separatistas", as negociações podem começar. Essa posição já foi repetida diversas vezes sem respostas específicas a nenhuma das minhas muitas iniciativas.

Se a China deseja que o Tibete permaneça na China, então precisa criar as condições necessárias para isso. Agora chegou o momento para mostrar a forma como Tibete e China vão viver em amizade. Um esquema detalhado com

Apêndice C

um passo a passo acerca do status básico do Tibete deve ser explicado. Se tal esquema claro nos for apresentado, independentemente da possibilidade de um acordo ou não, nós, tibetanos, poderemos tomar uma decisão de ficar ou não na China. Se nós, tibetanos, obtivermos nossos direitos básicos de forma satisfatória, poderemos ver as possíveis vantagens de viver com os chineses.

Confio na perspicácia e na sabedoria dos líderes da China e espero que considerem as mudanças políticas globais atuais e a necessidade de resolver pacificamente a questão tibetana, promovendo uma amizade genuína e duradoura entre nossos dois povos vizinhos.

CARTA DE CONDOLÊNCIAS PARA JIANG ZEMIN, 1997

Vossa excelência,

Desejo expressar minhas condolências para os familiares, para o povo e para o governo da República Popular da China pelo falecimento do sr. Deng Xiaoping. A partida do sr. Deng Xiaoping é uma grande perda para o país.

Estive com o sr. Deng Xiaoping quando da minha visita à China, em 1954. Ele foi um revolucionário e um grande líder para a China, com coragem excepcional, perseverança, capacidade e habilidade de liderança.

No caso do Tibete, em 1979, o sr. Deng Xiaoping convidou meu irmão mais velho, sr. Gyalo Thondup, para ir a Pequim e disse a ele que, exceto a independência do Tibete, todos os outros assuntos poderiam ser discutidos e resolvidos. Encorajado pelas mudanças gerais na China e pela nova atitude pragmática em relação à questão tibetana, comecei, desde então, a fazer tentativas

A voz de uma nação

consistentes e sinceras para envolver o governo chinês em negociações sérias acerca do futuro do Tibete. Infelizmente, o governo chinês não respondeu positivamente às minhas propostas e iniciativas pelos últimos dezoito anos para que cheguemos a uma solução negociada para resolver os problemas dentro da estrutura proposta pelo sr. Deng Xiaoping.

É lamentável que as sérias negociações sobre a questão tibetana não tenham sido concluídas durante a vida do sr. Xiaoping. No entanto, tenho a firme crença de que sua ausência traga novas oportunidades e desafios tanto para tibetanos quanto para chineses. Espero realmente que, sob a sua liderança, o governo da China perceba a sabedoria de resolver a questão tibetana por meio de negociações em um espírito de reconciliação e compromisso. De minha parte, permaneço comprometido com a crença de que nosso problema pode ser resolvido com negociações feitas em uma atmosfera de sinceridade e abertura.

Com orações e votos de bondade,

Atenciosamente,

O Dalai Lama

CARTA PARA JIANG ZEMIN, 1997[*]

Vossa excelência,

Enquanto vossa excelência, juntamente com outros membros da liderança chinesa, se prepara para a crucial Assembleia do Partido, eu gostaria de fazer mais um esforço para pressionar a necessidade de uma solução célere para a questão tibetana.

---

[*] Essa carta foi entregue em mãos pela senadora estadunidense Diana Feinstein e seu marido, Richard Blum, quando estiveram com o presidente Jiang Zemin em Pequim, em 8 de setembro de 1997.

Apêndice C

Como já se passaram quase cinco décadas, a questão tibetana resultou em muitos sofrimentos para o povo do Tibete, tanto em termos físicos quanto emocionais. Além disso, a incapacidade de resolver essa questão vem manchando cada vez mais a imagem e a reputação da grande nação da China.

Tenho um grande respeito pessoal e admiração pela China e espero sinceramente que ela se torne uma das lideranças da comunidade internacional. Quanto antes conseguirmos chegar a uma solução aceitável para a questão tibetana, melhor para os povos tibetano e chinês. Continuo acreditando que, com esforços sérios de ambos os lados, conseguiremos encontrar uma solução. De minha parte, aproveitei todas as oportunidades para esclarecer as interpretações equivocadas que os líderes chineses pareciam ter em relação à minha posição.

Creio que é mais importante olhar para o futuro do que viver no passado. O importante é pensar no máximo benefício para o povo em questão. Com essa convicção, venho propondo uma solução para a questão tibetana que não exija uma separação do Tibete da China. Se vossa excelência examinar minha proposta, conforme delineada em 1988, verá que ela é coerente com a política que a China vem adotando em questões como a de Hong Kong e a de Taiwan. Minha proposta não é diferente do conceito político de "um país, dois sistemas" e está claramente dentro da estrutura formulada pelo sr. Deng Xiaoping na questão do Tibete.

Nos anos recentes, a ausência de contato direto entre nossos dois lados aumentou a falta de compreensão e a desconfiança, resultando em um senso ainda mais profundo de alienação de um em relação ao outro, o que é lamentável e não atende nem aos interesses dos tibetanos nem aos do governo chinês. Por séculos, tibetanos e chineses viveram lado a lado. No futuro, também continuaremos assim. Apesar do crescente apoio internacional

A voz de uma nação

ao Tibete, no fim das contas, cabe aos tibetanos e aos chineses encontrar uma solução mutuamente aceitável.

Desse modo, chegou a hora de agirmos com coragem, visão e sabedoria. Continuo disposto a dedicar os anos de vida que me restam a serviço de uma reconciliação, respeito e amizade mútuos entre os povos tibetano e chinês. Gostaria de assegurar que vossa excelência encontrará em mim um parceiro comprometido na busca por uma resolução mutuamente aceitável e benéfica para a questão tibetana.

Assim, gostaria de propor reuniões para uma data o mais breve possível entre meus representantes e autoridades da liderança chinesa, o que dará a oportunidade para que nós possamos entender os pensamentos um do outro. Existe a necessidade de se iniciar novas aberturas para a construção de confiança e convicção. Tenho esperança de que o governo sob sua liderança agirá com sabedoria e pragmatismo e nos dará uma resposta favorável o quanto antes.

Com minhas orações e felicitações,

Atenciosamente,

O Dalai Lama

APÊNDICE D

Memorando sobre a autonomia genuína para o povo tibetano

I. INTRODUÇÃO

Desde a renovação do contato direto com o Governo Central da República Popular da China (RPC) em 2002, houve extensas discussões entre os enviados de sua santidade, o 14º Dalai Lama e os representantes do Governo Central. Nessas discussões, deixamos bem claras as aspirações dos tibetanos. A essência da Abordagem do Caminho do Meio é assegurar a autonomia genuína para o povo tibetano dentro do escopo da constituição da RPC. Isso visa ao benefício mútuo e se baseia no interesse de longo prazo tanto do povo tibetano quanto do chinês. Permanecemos firmes no propósito de não buscar separação nem independência. Estamos buscando uma solução para a questão tibetana por meio de autonomia genuína, que é compatível com os princípios da autonomia presentes na constituição da RPC. A proteção e o desenvolvimento da identidade tibetana única em todos os seus aspectos servem ao interesse maior da humanidade, em geral, e àqueles dos povos tibetano e chinês em particular.

A voz de uma nação

Durante a sétima rodada de conversas em Pequim, em 1º e 2 de julho de 2008, o vice-presidente da Assembleia Consultiva Política do Povo Chinês e o ministro do Departamento Central de Trabalho da Frente Unida, sr. Du Qinglin, pediram explicitamente sugestões de sua santidade, o Dalai Lama para a estabilidade e o desenvolvimento do Tibete. O vice-ministro executivo do Departamento Central de Trabalho da Frente Unida, sr. Zhu Weiqun, disse ainda que eles gostariam de ouvir nossos pontos de vista sobre o grau ou a forma de autonomia que estamos buscando dentro do escopo da constituição da RPC. Dessa forma, este memorando apresenta nossa posição sobre a autonomia genuína e como as necessidades específicas da nacionalidade tibetana e governo próprio podem ser atendidas por meio da aplicação dos princípios de autonomia presentes na Constituição da República Popular da China, como nós a entendemos. Com base nisso, sua santidade, o Dalai Lama está confiante de que as necessidades básicas da nacionalidade tibetana podem ser atendidas por meio da autonomia genuína dentro da RPC. A RPC é um estado multinacional e, assim como em muitas partes do mundo, busca resolver a questão da nacionalidade por meio da autonomia e do governo próprio das nacionalidades minoritárias. A Constituição da RPC contém princípios básicos de autonomia e governo próprio cujos objetivos são compatíveis com as necessidades e as aspirações dos tibetanos. A autonomia nacional regional tem por objetivo se opor tanto à opressão quanto à separação das nacionalidades ao rejeitar tanto o chauvinismo Han quanto o nacionalismo local. Sua intenção é assegurar a proteção da cultura e da identidade das nacionalidades minoritárias ao dar poder para que se tornem responsáveis pelos próprios caminhos. Em grande medida, as necessidades dos tibetanos precisam ser atendidas dentro dos princípios constitucionais de autonomia como os compreendemos. Em diversos pontos, a

234

Apêndice D

Constituição dá poderes discricionários significativos para órgãos de estado na tomada de decisão e na operação do sistema de autonomia. Esses poderes discricionários podem ser exercidos para facilitar a autonomia genuína para os tibetanos, de formas tais que responderiam à singularidade da situação tibetana. Ao implementar esses princípios, a legislação relevante à autonomia pode consequentemente ter de ser revista ou sofrer emendas para responder às características específicas e às necessidades da nacionalidade tibetana. Considerando a boa vontade de ambos os lados, os problemas pendentes podem ser resolvidos dentro dos princípios constitucionais de autonomia. Dessa forma, serão estabelecidas a unidade, a estabilidade e as relações harmoniosas entre os tibetanos e as demais nacionalidades.

II. RESPEITO PELA INTEGRIDADE DA NACIONALIDADE TIBETANA

Os tibetanos pertencem a uma nacionalidade minoritária independentemente da atual divisão administrativa. A integridade da nacionalidade tibetana deve ser respeitada. Esse é o espírito, a intenção e o princípio subjacente ao conceito constitucional de autonomia regional nacional, assim como o princípio de igualdade das nacionalidades. Não há disputa em relação ao fato de que os tibetanos compartilham o mesmo idioma, a mesma cultura, a mesma tradição espiritual, os mesmos valores e costumes centrais, que eles pertencem ao mesmo grupo étnico e que têm um forte senso de identidade comum. Os tibetanos compartilham uma história comum e, apesar dos períodos de divisão política ou administrativa, continuaram unidos pela religião, cultura, educação, idioma, estilo de vida e seu singular meio ambiente do planalto tibetano. A nacionalidade tibetana está presente em regiões contíguas no

A voz de uma nação

planalto tibetano, que eles habitam há um milênio e do qual são nativos. Para propósitos dos princípios constitucionais da autonomia regional nacional, os tibetanos na RPC vivem, de fato, como uma única nacionalidade no planalto tibetano. Por causa dos motivos aqui elencados, a RPC reconheceu a nacionalidade tibetana como uma das 55 nacionalidades minoritárias.

III. ASPIRAÇÕES DOS TIBETANOS

Os tibetanos têm história, cultura e tradição espiritual distintas, e tudo isso forma partes valiosas da herança da humanidade. Os tibetanos desejam não apenas preservar a própria herança, que eles celebram, mas igualmente desenvolver mais sua cultura, vida espiritual e conhecimento, de formas particularmente adequadas às necessidades e às condições da humanidade no século XXI.

Como parte do estado multinacional da RPC, os tibetanos podem beneficiar-se muito do rápido desenvolvimento econômico e científico que o país vivencia. Embora desejando participar ativamente e contribuir com esse desenvolvimento, queremos assegurar que isso aconteça sem que o povo perca a identidade tibetana, sua cultura e seus valores centrais, e sem colocar em risco o meio ambiente frágil e distinto do planalto tibetano, do qual os tibetanos são o povo originário.

A singularidade da situação tibetana tem sido constantemente reconhecida dentro da RPC e reflete-se nos termos do "Acordo de Dezessete Pontos" e nas declarações e políticas de sucessivos líderes da RPC desde então, e deve permanecer como base para definir o escopo e a estrutura da autonomia específica que deve ser exercida pela nacionalidade tibetana dentro da RPC. A Constituição reflete um princípio fundamental de flexibilidade para acomodar situações especiais, incluindo características e necessidades específicas das nacionalidades minoritárias.

Apêndice D

O compromisso de sua santidade, o Dalai Lama de buscar uma solução para o povo tibetano dentro da RPC é claro e inequívoco. Essa posição está em total conformidade e acordo com a declaração do supremo líder Deng Xiaoping, na qual ele enfatizou que, exceto a independência, todas as outras questões poderiam ser resolvidas por meio do diálogo. Portanto, considerando que estamos comprometidos a respeitar plenamente a integridade territorial da RPC, esperamos que o Governo Central reconheça e respeite por inteiro a integridade da nacionalidade tibetana e seu direito de exercer uma autonomia genuína dentro da RPC. Acreditamos que essa seja a base para resolver as diferenças entre nós e promover a unidade, a estabilidade e a harmonia entre as nacionalidades.

Para que os tibetanos possam avançar como nacionalidade distinta dentro da RPC, é necessário que continuem progredindo e se desenvolvendo em termos econômicos, sociais e políticos de forma correspondente ao desenvolvimento da RPC e do mundo como um todo, e, ao mesmo tempo, cuidando das características tibetanas de tal desenvolvimento e as respeitando. Para que isso aconteça, é imperativo que o direito dos tibetanos de se governarem seja reconhecido e implementado por toda a região onde vivem em comunidades compactas dentro da RPC, de acordo com as próprias necessidades, prioridades e características da nacionalidade tibetana.

A cultura e a identidade do povo tibetano só podem ser preservadas e promovidas pelos próprios tibetanos, e não pelos outros. Desse modo, os tibetanos devem ser capazes de se autoajudar, autodesenvolver e autogovernar, além de ter um excelente equilíbrio entre isso e as necessárias e bem-vindas orientação e ajuda para o Tibete por parte do Governo Central e de outras províncias e regiões da RPC.

A voz de uma nação

IV. NECESSIDADES BÁSICAS DOS TIBETANOS: A QUESTÃO DO GOVERNO PRÓPRIO

1) Idioma

O idioma é o atributo mais importante da identidade do povo tibetano. O idioma tibetano é o principal meio de comunicação, o idioma no qual a literatura, os textos espirituais e históricos, assim como os trabalhos científicos, são escritos. O tibetano não apenas está no mesmo alto nível que o sânscrito em termos gramaticais, mas também é o único idioma em que o sânscrito pode ser traduzido sem nenhum desvio. Desse modo, o tibetano não tem apenas a melhor e mais rica literatura traduzida, mas muitos acadêmicos consideram que o idioma também conta com o maior número de composições literárias. A Constituição da RPC, no seu artigo quarto, garante a liberdade de todas as nacionalidades "para usar e desenvolver o próprio idioma falado e escrito [...]".

Para que os tibetanos usem e desenvolvam a própria língua, o tibetano deve ser respeitado como principal idioma falado e escrito. De forma semelhante, o principal idioma das regiões autônomas do Tibete deve ser o tibetano.

Esse princípio é amplamente reconhecido no artigo 121 da Constituição, que afirma: "Os órgãos de autogoverno das regiões autônomas nacionais aplicam o idioma falado e escrito ou o idioma de uso comum na localidade". O artigo 10 da Lei de Autonomia Nacional Regional (LANR) diz que esses órgãos "devem garantir a liberdade das nacionalidades dessas regiões de usar e desenvolver o próprio idioma escrito e falado [...]".

Em conformidade com o princípio de reconhecimento do tibetano como principal idioma nas regiões do Tibete, a LANR (artigo 36) também permite que as autoridades do governo autônomo decidam "o idioma usado na educação e os procedimentos

238

de matrícula". Isso implica o reconhecimento do princípio de que o principal meio de educação seja o tibetano.

2) Cultura

O conceito de autonomia regional nacional tem como principal objetivo a preservação da cultura das nacionalidades minoritárias. Desse modo, a Constituição da RPC contém referências à preservação cultural nos seus artigos 22, 47 e 119, além do artigo 38 da LANR. Para os tibetanos, a nossa cultura está intimamente ligada à nossa religião, às nossas tradições, ao nosso idioma e à nossa identidade, os quais enfrentam ameaças em diversos níveis. Como os tibetanos vivem dentro do estado multinacional da RPC, essa distinta herança cultural tibetana precisa de proteção por meio de provisões constitucionais adequadas.

3) Religião

A religião é um aspecto fundamental para os tibetanos, e o budismo está intimamente ligado à nossa identidade. Reconhecemos a importância da separação da igreja e do estado, mas isso não deveria afetar a liberdade e a prática daqueles que creem. É impossível para os tibetanos imaginar liberdade pessoal ou comunitária sem a liberdade de crença, consciência e religião. A Constituição reconhece a importância da religião e protege o direito de exercê-la. O artigo 36 garante a todos os cidadãos o direito à liberdade de crença religiosa. Ninguém pode obrigar alguém a acreditar ou não em qualquer religião. A discriminação com base na religião é proibida.

Uma interpretação do princípio constitucional à luz do padrão internacional também cobriria a liberdade da forma de crença e de

A voz de uma nação

devoção. A liberdade cobre o direito dos mosteiros em relação à própria organização e administração de acordo com a tradição monástica budista, aos ensinamentos e aos estudos e à determinação do número de inscrições de monges e monjas ou grupo etário de acordo com tais regras. A prática normal de oferecer ensinamentos públicos e o empoderamento de grandes grupos está incluso nessa liberdade, e o estado não deveria interferir nas tradições e práticas religiosas, como a relação entre professor e seu discípulo, a gestão de instituições monásticas e o reconhecimento das reencarnações.

4) Educação

O desejo dos tibetanos de desenvolver e administrar o próprio sistema educacional em cooperação e coordenação com o ministério da educação do Governo Central se apoia nos princípios de educação contidos na constituição. Assim como a aspiração a se envolver e contribuir com o desenvolvimento da ciência e da tecnologia. Notamos o crescente reconhecimento, no desenvolvimento científico internacional, da contribuição que a psicologia, a metafísica e a cosmologia budistas, assim como a compreensão da mente, estão tendo na ciência moderna.

Considerando que, de acordo com o artigo 19 da Constituição, o Estado assume a responsabilidade geral de fornecer educação para seus cidadãos, o artigo 119 reconhece o princípio de que os "órgãos de autogoverno das regiões autônomas nacionais administram de forma independente os assuntos educacionais [...] em suas respectivas regiões [...]". Esse princípio também se reflete no artigo 36 da LANR.

Uma vez que o grau de autonomia e tomada de decisão não está claro, a questão que deve ser enfatizada é que o tibetano precisa exercer a autonomia genuína em relação à própria educação

Apêndice D

nacional, e isso está de acordo com os princípios de autonomia contidos na Constituição.

Quanto à aspiração de participar do desenvolvimento do conhecimento científico e da tecnologia, e contribuir com ele, a Constituição (artigo 119) e a LANR (artigo 39) reconhecem claramente o direito das regiões autônomas de desenvolver a tecnologia e o conhecimento científico.

5) Proteção ambiental

O Tibete é a principal nascente dos grandes rios asiáticos. Também tem as montanhas mais altas da Terra, assim como o mais extenso planalto de elevada altitude, é rico em recursos minerais, abriga florestas antigas e muitos vales profundos intocados por distúrbios humanos.

Essa prática de proteção ambiental foi aprimorada pelo respeito tradicional do povo tibetano a todas as formas de vida, o qual proíbe qualquer dano a seres vivos, sejam humanos ou animais. O Tibete já foi um santuário selvagem intocado, com um meio ambiente natural e único.

Hoje, o meio ambiente tradicional do Tibete sofre danos irreparáveis. Os efeitos disso são particularmente notáveis nas pastagens, nas terras aráveis, nas florestas, nos recursos hídricos e na vida selvagem.

Tendo isso em vista, de acordo como os artigos 45 e 66 da LARN, o povo tibetano deveria ter o direito ao meio ambiente e permissão para seguirem suas práticas tradicionais de conservação.

6) Uso de recursos naturais

Em relação à proteção e à administração do meio ambiente natural e ao uso de recursos naturais, a Constituição e a LANR

A voz de uma nação

só reconhecem um papel limitado para os órgãos de governo próprios das regiões autônomas (consulte os artigos 27, 28, 45 e 66 da LANR e o artigo 118 da Constituição, o qual afirma que o estado "deve levar em consideração os interesses das [regiões autônomas nacionais]"). A LANR reconhece a importância de as regiões autônomas protegerem e desenvolverem florestas e pastos (artigo 27) e de "dar prioridade a exploração e uso racional dos recursos naturais que as autoridades locais podem desenvolver", mas apenas nos limites dos planos estatais e estipulações legais. Na verdade, o papel central do Estado nessas questões se reflete no artigo 9 da Constituição.

Os princípios de autonomia manifestados na Constituição não podem, do nosso ponto de vista, realmente levar os tibetanos a serem donos do próprio destino, se não estiverem suficiente-mente envolvidos no processo de tomada de decisão sobre o uso de recursos naturais, como minerais, águas, florestas, montanhas, pastos etc.

A propriedade da terra é a base para o desenvolvimento dos recursos naturais, que constituem os fundamentos para os impostos e as receitas de uma economia. Desse modo, é essencial que apenas a nacionalidade da região autônoma tenha autoridade legal para transferir ou arrendar terras, exceto as terras de propriedade do Estado. Da mesma maneira, a região autônoma deve ter autoridade independente para formular e implementar planos de desenvolvi-mento em conjunto com os planos governamentais.

7) Desenvolvimento econômico e comércio

O desenvolvimento econômico no Tibete é bem-vindo e muito necessário. O povo tibetano continua sendo um dos mais atrasados da RPC em termos econômicos.

Apêndice D

A Constituição reconhece o princípio de que as autoridades autônomas representam um importante papel no desenvolvimento econômico de suas regiões, considerando as características e necessidades locais (artigo 118 da Constituição e também artigo 25 da LANR). A Constituição também reconhece o princípio de autonomia na administração e gestão das finanças (artigo 117; e artigo 32 da LARN). Ao mesmo tempo, a constituição também reconhece a importância de o Estado fornecer fundos e assistência às regiões autônomas para acelerar o desenvolvimento (artigo 122; e artigo 22 da LANR).

De forma semelhante, o artigo 31 da LANR reconhece a competência das regiões autônomas, principalmente as semelhantes ao Tibete, que têm fronteira com países estrangeiros, para conduzir o comércio fronteiriço, assim como o comércio com outros países. O reconhecimento desses princípios é importante para a nacionalidade tibetana, considerando a proximidade da região com países estrangeiros com os quais temos afinidades culturais, religiosas, étnicas e econômicas.

O auxílio dado pelo Governo Central e as províncias tem benefícios temporários, mas, no longo prazo, se o povo tibetano não for autossuficiente e se tornar dependente dos outros, isso fará um grande mal. Desse modo, um objetivo importante da autonomia é tornar o povo tibetano autossuficiente.

8) Saúde pública

A Constituição declara responsabilidade do Estado fornecer serviços médicos e de saúde (artigo 21). O artigo 119 reconhece que essa é uma área de responsabilidade das regiões autônomas. A LANR (artigo 40) também reconhece o direito de órgãos de autogoverno das regiões autônomas de "tomar decisões independentes

A voz de uma nação

acerca de planos de desenvolvimento de serviços médicos locais e avançar tanto na medicina tradicional quanto na moderna das nacionalidades".

O sistema de saúde existente fracassa na cobertura adequada das necessidades da população tibetana rural. De acordo com os princípios das leis supracitadas, os órgãos autônomos regionais precisam ter a competência e os recursos para cobrir a necessidade de saúde de toda a população tibetana. Também precisam das competências para promover a medicina tradicional e o sistema astrológico tibetanos estritamente de acordo com a prática tradicional.

9) Segurança pública

Em questões de segurança pública, é importante que a maioria dos servidores de segurança sejam membros da nacionalidade local, que compreendem e respeitam as tradições e os costumes locais.

Nas regiões tibetanas, existe uma ausência de autoridade com poder de decisão nas mãos de funcionários tibetanos.

Um aspecto importante da autonomia e autogoverno é a responsabilidade pela segurança e ordem pública das regiões autônomas. A Constituição (artigo 20) e a LANR (artigo 24) reconhecem a importância do envolvimento local e autorizam as regiões autônomas a organizar a própria segurança dentro "do sistema militar do Estado e das necessidades práticas, e com a aprovação do Conselho de Estado".

10) Regulamentação sobre a migração populacional

O objetivo fundamental da autonomia regional nacional e autogoverno é a preservação da identidade, da cultura, do idioma, e assim por diante, da nacionalidade minoritária, e assegurar que ela esteja

Apêndice D

no comando dos próprios assuntos. Quando aplicada a um território particular, em que a nacionalidade minoritária vive em uma comunidade concentrada ou em várias comunidades, o próprio princípio de objetivo da autonomia regional nacional é desconsiderado, se houver encorajamento e autorização de migração e assentamentos em larga escala da maioria Han ou de outras nacionalidades. As grandes mudanças demográficas resultantes desse tipo de migração resultarão em uma assimilação da nacionalidade tibetana pela nacionalidade Han, em vez de integrá-las, extinguindo gradualmente as distintas cultura e identidade tibetanas. Além disso, a entrada de um grande número de pessoas da etnia Han e outras nacionalidades nas regiões tibetanas provocará alterações fundamentais nas condições necessárias para o exercício da autonomia regional, uma vez que os critérios constitucionais para se exercer tal autonomia, ou seja, que a minoria em questão "viva em comunidades compactas" em um território específico, serão mudados e corroídos pelas transferências e movimentos populacionais. Se tais migrações e assentamentos continuarem de forma descontrolada, os tibetanos não mais viverão em comunidades compactas, o que resultará em não terem mais o direito constitucional a uma autonomia regional nacional. Isso violaria efetivamente os princípios básicos da Constituição na sua abordagem das questões de nacionalidades.

Existe um precedente na RPC para a restrição de movimento ou residência de cidadãos. Há apenas um reconhecimento muito limitado do direito das regiões autônomas de criar medidas de controle da "população transitória" em tais áreas. Para nós, seria vital que os órgãos autônomos de autogoverno tivessem a autoridade de regular a residência, o assentamento, o emprego e as atividades econômicas de pessoas que desejem morar no Tibete, vindas de outras partes da RPC, para assegurar o respeito e o cumprimento dos objetivos do princípio de autonomia.

A voz de uma nação

Não é nossa intenção expulsar não tibetanos que se assentaram permanentemente no Tibete e vivem há um bom tempo lá e já constituíram família. Nossa preocupação é com a indução de grandes movimentos de entrada de pessoas, principalmente de etnia Han, mas também de outras nacionalidades, em muitas áreas do Tibete, causando distúrbios nas comunidades existentes, marginalizando a população tibetana e ameaçando o frágil meio ambiente natural.

11) Trocas culturais, educacionais e religiosas com outros países

Além da importância das trocas e da cooperação entre a nacionalidade tibetana e outras nacionalidades, províncias e regiões da RPC nas questões de autonomia, tais como cultura, arte, educação, ciência, saúde pública, esporte, religião, meio ambiente, economia etc., o poder das regiões autônomas de conduzir tais trocas com países estrangeiros nessas áreas também é reconhecido pela LANR (artigo 42).

V. APLICAÇÃO DE UMA ÚNICA ADMINISTRAÇÃO PARA A NACIONALIDADE TIBETANA NA RPC

Para que a nacionalidade tibetana se desenvolva e floresça com sua distinta identidade, cultura e tradição espiritual por meio do exercício do autogoverno sobre as necessidades básicas supracitadas dos tibetanos, toda a comunidade, incluindo todas as regiões atualmente designadas pela RPC como regiões tibetanas autônomas, deve estar sob uma única entidade administrativa. As atuais divisões administrativas, pelas quais as comunidades tibetanas são governadas e administradas sob diferentes províncias e regiões da RPC, fomentam a fragmentação, promovem desenvolvimento desigual e enfraquecem a capacidade da nacionalidade tibetana de proteger

Apêndice D

e promover sua identidade étnica, espiritual e cultural. Em vez de respeitar a integridade da nacionalidade, tal política promove sua fragmentação e desrespeita o espírito de autonomia. Enquanto outras importantes nacionalidades minoritárias, como uigures e mongóis, contam com um autogoverno quase inteiramente dentro de suas respectivas regiões autônomas únicas, os tibetanos permanecem como se constituíssem diversas nacionalidades minoritárias, em vez de apenas uma.

Colocar todos os tibetanos que atualmente vivem nas regiões autônomas do Tibete como uma única unidade administrativa autônoma está totalmente de acordo com o princípio constitucional contido no artigo 4, e também se reflete na LANR (artigo 2): "A autonomia regional é praticada em regiões em que povos de nacionalidades minoritárias vivem em comunidades concentradas". A LANR descreve a autonomia nacional regional como a "política básica adotada pelo Partido Comunista da China para solucionar a questão nacional na China" e explica seu significado e objetivo no prefácio:

As nacionalidades minoritárias, sob a liderança do estado unificado, praticam a autonomia regional nas regiões em que elas vivem em comunidades concentradas e definem órgãos de autogoverno para o exercício do poder de autonomia. A autonomia nacional regional incorpora o respeito total ao estado e garante o direito das nacionalidades minoritárias de administrar seus assuntos internos e sua aderência ao princípio de igualdade, unidade e prosperidade comum a todas as nacionalidades.

Fica claro que a nacionalidade tibetana dentro da RPC poderá exercer seu direito de se autogovernar e administrar seus assuntos

A voz de uma nação

internos de forma eficaz quando puder fazer isso por meio de um órgão de autogoverno que tenha jurisdição sobre a nacionalidade tibetana como um todo.

A LANR reconhece o princípio de que as fronteiras das regiões autônomas nacionais talvez precisem ser alteradas. A necessidade da aplicação dos princípios fundamentais da Constituição sobre a autonomia regional por meio do respeito à integridade da nacionalidade tibetana não é apenas totalmente legítima, mas as mudanças administrativas que podem ser necessárias para se conseguir isso também não violam, de maneira alguma, os princípios constitucionais. Existem vários precedentes em que isso foi feito.

VI. A NATUREZA E A ESTRUTURA DA AUTONOMIA

Até que ponto os direitos de autogoverno e autoadministração são exercidos nos tópicos apresentados anteriormente é o que define o verdadeiro caráter da autonomia tibetana. A tarefa que temos em mãos, desse modo, é buscar uma forma em que a autonomia possa ser regulada e exercida para responder de forma eficaz à situação singular do Tibete e às necessidades básicas dos tibetanos.

O exercício da autonomia genuína incluiria o direito dos tibetanos de criar seu próprio governo regional, instituições e processos governamentais que se encaixem melhor às suas necessidades e características. Seria necessário que a Assembleia Popular da região autônoma tivesse poderes de legislar em todas as questões dentro das competências da região (ou seja, as questões supracitadas) e que outros órgãos do governo autônomo tivessem o poder de executar e administrar as decisões de forma autônoma. A autonomia também envolve representação e participação significativa na tomada de decisões no Governo Central. Os processos para uma consulta eficaz e uma cooperação próxima ou tomada de decisão conjunta

248

Apêndice D

entre o Governo Central e o governo regional em áreas de interesse comum também precisam existir para que a autonomia seja efetiva.

Um elemento crucial da autonomia genuína é a garantia da Constituição ou de outras leis para que os poderes e as responsabilidades alocadas à região autônoma não possam ser anulados nem modificados de forma unilateral. Isso significa que nem o Governo Central nem o governo da região autônoma devem ter o poder, sem o consentimento do outro, de mudar as características básicas da autonomia.

Os parâmetros e as especificidades de tal autonomia genuína para o Tibete, a qual responde às necessidades e condições singulares do povo e da região do Tibete, devem ser definidos de forma detalhada nas regulamentações sobre o exercício da autonomia, conforme previsto no artigo 116 da Constituição (e no artigo 19 da LANR) ou, se for mais adequado, em um conjunto separado de leis ou regulamentações adotado para esse objetivo. A Constituição, inclusive o artigo 31, estabelece a flexibilidade para se adotar leis especiais para atender a situações únicas, como as tibetanas, enquanto respeita, ao mesmo tempo, o sistema social, econômico e político estabelecido no país.

A seção VI da Constituição estabelece os órgãos de autogoverno das regiões autônomas nacionais e reconhece seu poder para legislar. Desse modo, o artigo 116 (previsto no artigo 19 da LANR) se refere ao seu poder de promulgar "regulamentações específicas à luz das características políticas, econômicas e culturais da nacionalidade ou nacionalidades nas regiões em questão". De forma semelhante, a Constituição reconhece o poder da administração autônoma em diversas áreas (artigos 117-120), assim como o poder dos governos autônomos de aplicar certa flexibilidade na implementação de leis e políticas do Governo Central e altos órgãos do governo a fim de adequar as condições no que diz respeito àquela área autônoma específica (artigo 115).

A voz de uma nação

As provisões jurídicas supracitadas contêm limitações significativas em relação à autoridade de tomada de decisão dos órgãos autônomos do governo. Ainda assim, a Constituição reconhece o princípio de que tais órgãos de autogoverno fazem leis e tomam decisões acerca das necessidades locais e que isso pode ser diferente das leis aplicadas em outros lugares, incluindo o Governo Central.

Embora as necessidades dos tibetanos sejam amplamente consistentes com os princípios de autonomia contidos na Constituição, como já demonstramos, sua realização não é possível devido à existência de diversos problemas, que dificultam a implementação de tais princípios atualmente ou os tornam impossíveis.

A implementação da autonomia genuína, por exemplo, requer divisões claras de poder e responsabilidade entre o Governo Central e o governo da região autônoma no que diz respeito à competência em questão. Atualmente, não existe clareza sobre o assunto, e o escopo dos poderes legislativos das regiões autônomas é incerto e extremamente restrito. Desse modo, enquanto a Constituição tem a intenção de reconhecer a necessidade especial de que regiões autônomas possam legislar acerca de muitas questões que as afetam diretamente, os requisitos do artigo 116 para aprovação prévia pelo mais elevado nível do Governo Central — pelo Comitê Permanente da Assembleia Popular Nacional (APN) — inibem a implementação desse princípio de autonomia. Na realidade, são apenas as assembleias regionais autônomas que necessitam expressamente de tal aprovação, enquanto as assembleias de províncias comuns (ou seja, não autônomas) da RPC não precisam de permissão prévia e simplesmente reportam a aprovação das regulações para o Comitê Permanente da APN "para arquivamento" (artigo 100).

O exercício da autonomia está sujeito ainda a uma quantidade considerável de leis e regulações, de acordo com o artigo 115 da Constituição. Certas leis restringem efetivamente a autonomia

Apêndice D

da região, ao passo que outras nem sempre são consistentes entre si. O resultado disso é que o escopo exato de autonomia é incerto e não está fixo, já que é unilateralmente alterado com a promulgação de leis e regulações nos mais altos níveis hierárquicos do Estado, até mesmo com alterações nas políticas. Também não há nenhum processo adequado para consulta nem para resolver diferenças que possam surgir entre os órgãos do Governo Central e do governo regional a respeito do escopo e do exercício da autonomia. Na prática, as incertezas resultantes limitam a iniciativa de autoridades regionais e impedem o exercício de uma autonomia genuína para os tibetanos hoje em dia.

Não desejamos, a essa altura, entrar em detalhes a respeito desses e de outros impedimentos para o exercício de uma autonomia genuína nos dias de hoje pelos tibetanos, apenas citá-los como exemplo para que possam ser abordados de maneira adequada em futuras conversas. Continuamos estudando a Constituição e outras provisões relevantes e, no momento oportuno, ficaremos muito felizes de apresentar análises adicionais e a forma como enxergamos o assunto.

VII. O CAMINHO PARA O FUTURO

Conforme declarado no início deste memorando, nossa intenção é explorar de que forma as necessidades da nacionalidade tibetana podem ser atendidas dentro da estrutura da RPC, uma vez que acreditamos que essas necessidades são consistentes com os princípios da Constituição sobre a autonomia. Como sua santidade, o Dalai Lama declarou diversas vezes, não temos nenhum objetivo oculto. Não temos nenhuma intenção de usar qualquer acordo sobre uma autonomia genuína como um primeiro passo para uma separação da RPC.

A voz de uma nação

O objetivo do Governo Tibetano no Exílio é representar os interesses do povo tibetano e falar em nome deles. Desse modo, ele não será mais necessário e será dissolvido assim que se chegar a um acordo entre nós. Na verdade, sua santidade já reiterou sua decisão de não aceitar nenhuma posição política no Tibete no futuro. Sua santidade, o Dalai Lama, no entanto, planeja usar toda a sua influência pessoal para assegurar que tal acordo tenha a legitimidade necessária para obter o apoio do povo tibetano.

Considerando esses fortes compromissos, propomos que o próximo passo nesse processo seja o acordo de se começar sérias discussões sobre os pontos levantados neste memorando. Para que isso seja feito de forma eficaz, propomos uma discussão sobre um ou mais mecanismos e um cronograma mutuamente aceitáveis.

APÊNDICE E

Uma observação acerca do "Memorando sobre a autonomia genuína para o povo tibetano"

INTRODUÇÃO

Essa observação aborda as principais preocupações e objeções levantadas pelo Governo Central Chinês acerca do conteúdo do "Memorando sobre a autonomia genuína para o povo tibetano" (a partir de agora, "o Memorando"), que foi apresentado ao Governo da República Popular da China (RPC) em 31 de outubro de 2008, na oitava rodada de conversas em Pequim.

Depois de estudar cuidadosamente as respostas e as reações do ministro Du Qinglin e do vice-ministro executivo, Zhu Weiqun, durante as conversas, incluindo a observação por escrito, e as declarações feitas pelo Governo Central Chinês após as conversas, parece que algumas questões levantadas no Memorando não foram bem entendidas, enquanto outras parecem não ter sido compreendidas pelo Governo Central Chinês.

A voz de uma nação

O Governo Central Chinês mantém que o Memorando fere a Constituição da RPC, assim como as "três adesões".* O lado tibetano acredita que as necessidades do povo tibetano, conforme apresentadas no Memorando, podem ser atendidas dentro da estrutura e do espírito da Constituição e de seus princípios sobre autonomia, e que essas propostas não ferem as "três adesões" nem são conflitantes com elas. Acreditamos que a presente Observação ajudará a esclarecer isso.

Sua santidade, o Dalai Lama deu início a discussões internas já em 1974 para descobrir formas de resolver o futuro status do Tibete por meio de autonomia, em vez da busca pela independência. Em 1979, o líder chinês, Deng Xiaoping, expressou disposição para discutir e resolver todas as questões, a não ser a independência do Tibete. Desde então, sua santidade, o Dalai Lama tomou diversas iniciativas para chegar a uma solução negociada mutuamente aceitável para a questão tibetana. Ao fazer isso, sua santidade, o Dalai Lama seguiu firmemente a Abordagem do Caminho do Meio, que significa a busca por uma solução mutuamente aceitável e benéfica por meio de negociações, no espírito de reconciliação e comprometimento. O Plano de Paz de Cinco Pontos e a Proposta de Estrasburgo foram apresentadas nesse espírito. Como não conseguiu nenhuma resposta positiva do Governo Central Chinês para essas iniciativas, juntamente com a imposição da lei marcial em março de 1989 e a deterioração da situação no Tibete, sua santidade, o Dalai Lama se sentiu compelido a declarar, em 1991, que a Proposta de Estrasburgo tinha se tornado nula. Ainda assim, sua santidade, o Dalai Lama manteve seu comprometimento com a Abordagem do Caminho do Meio.

---

* As "três adesões" estipuladas pelo Governo Central são: (1) a liderança do Partido Comunista Chinês; (2) o socialismo com características chinesas; e (3) o sistema de Autonomia Nacional Regional.

Apêndice E

O restabelecimento de um processo de diálogo entre o Governo Central Chinês e representantes de sua santidade, o Dalai Lama, em 2002, forneceu a oportunidade para cada um dos lados explicar suas posições e conseguir uma melhor compreensão acerca das preocupações, necessidades e interesses do outro lado. Além disso, levando em consideração as verdadeiras preocupações, necessidades e interesses do Governo Central Chinês, sua santidade, o Dalai Lama pensou muito, considerando toda a realidade da situação. Isso reflete a flexibilidade, a abertura e o pragmatismo de sua santidade, o Dalai Lama e, acima de tudo, sua sinceridade e determinação para encontrar uma solução mutuamente benéfica.

O "Memorando sobre a autonomia genuína para o povo tibetano" foi preparado como resposta para a sugestão do Governo Central Chinês feita na sétima rodada de conversas, em julho de 2008. No entanto, as reações do Governo Central Chinês e as principais críticas ao Memorando parecem basear-se não nos méritos da proposta, que lhes foi oficialmente apresentada, mas em propostas anteriores que eram públicas, assim como outras declarações feitas em diferentes épocas e contextos.

O Memorando e o presente esclarecimento reenfatizam fortemente que sua santidade, o Dalai Lama não está buscando a independência nem a separação, mas sim uma solução em relação à autonomia dentro da estrutura da Constituição e seus princípios, conforme reiterado muitas vezes no passado.

A Reunião Geral Especial dos Tibetanos na Diáspora realizada em novembro de 2008, em Dharamsala, reconfirmou, por ora, a continuação do processo de diálogos com a RPC com base na Abordagem do Caminho do Meio. Da parte deles, membros da comunidade internacional encorajaram ambos os lados a retomarem as conversas. Alguns deles expressaram a opinião de que o Memorando pode constituir uma boa base para a discussão.

255

A voz de uma nação

1. RESPEITO À SOBERANIA E À INTEGRIDADE TERRITORIAL DA RPC

Sua santidade, o Dalai Lama já declarou diversas vezes que não está buscando a separação do Tibete da República Popular da China nem sua independência. Ele procura uma solução sustentável dentro da RPC. Essa posição é afirmada de forma inequívoca no Memorando.

O Memorando clama pelo exercício de uma autonomia genuína, não de independência, nem "semi-independência", nem "independência disfarçada". O conteúdo do Memorando, que explica o sentido de autonomia genuína, deixa isso inequivocamente claro. A forma e o grau de autonomia propostos no Memorando são consistentes com os princípios de autonomia da Constituição da RPC. As regiões autônomas em diferentes partes do mundo exercem o tipo de autogoverno proposto no Memorando, sem, de forma alguma, desafiar ou ameaçar a soberania da unidade do estado de que fazem parte. Isso é válido tanto para regiões autônomas dentro de estados unitários quanto para aquelas com características de federações. Observadores da situação, incluindo acadêmicos e líderes políticos imparciais da comunidade internacional, também reconheceram que o Memorando é um pedido de *autonomia* dentro da RPC e não um pedido de *independência* ou *separação* da RPC.

O ponto de vista do governo chinês sobre a história do Tibete é diferente da visão dos tibetanos, e sua santidade, o Dalai Lama está totalmente ciente de que os tibetanos jamais vão concordar com ela. A história é um evento passado que não pode ser alterado. No entanto, a posição de sua santidade, o Dalai Lama é a de olhar para o futuro e não para o passado. Ele não deseja que essa visão diferente da história constitua um obstáculo na busca de um futuro mutuamente benéfico dentro da RPC.

Apêndice E

As respostas do Governo Central Chinês ao Memorando revelam uma desconfiança persistente de que as propostas de sua santidade sejam iniciativas táticas para avançar no objetivo oculto de independência. Sua santidade, o Dalai Lama está ciente das preocupações e sensibilidades da RPC a respeito da legitimidade da presente situação no Tibete. Por isso, sua santidade, o Dalai Lama afirmou, tanto por meio de seus enviados quanto publicamente, que está disposto a usar sua autoridade moral para legitimar um acordo de autonomia, quando este for alcançado, garantindo o apoio popular necessário para sua implementação adequada.

2. RESPEITO À CONSTITUIÇÃO DA RPC

O Memorando afirma explicitamente que a autonomia genuína desejada por sua santidade, o Dalai Lama para o povo tibetano deve se encaixar dentro da estrutura da Constituição e seus princípios sobre a autonomia, e não fora dela.

O princípio fundamental subjacente ao conceito de autonomia regional nacional é preservar e proteger a identidade, o idioma, os costumes, a tradição e a cultura de uma nacionalidade minoritária dentro de um estado multinacional que se baseia na igualdade e na cooperação. A Constituição prevê o estabelecimento de órgãos de autogoverno nos locais onde as minorias nacionais vivem em comunidades concentradas para que elas exerçam o poder da autonomia. Em conformidade com tal princípio, o documento oficial "Regional Ethnic Autonomy in Tibet" (Autonomia ética regional no Tibete), de maio de 2004, afirma que as nacionalidades minoritárias são "árbitras do próprio destino e donas dos próprios assuntos".

Dentro dos parâmetros de seus princípios subjacentes, uma Constituição precisa ser responsiva às necessidades dos tempos e se adaptar às circunstâncias novas ou alteradas. Os líderes da RPC

A voz de uma nação

mostraram a flexibilidade da Constituição da RPC em sua interpretação e implementação e também já promulgaram modificações e fizeram emendas em resposta a mudanças de circunstâncias. Se isso se aplicar à situação tibetana, talvez a flexibilidade realmente permita, como proposto no Memorando, o atendimento das necessidades tibetanas dentro da estrutura da Constituição e de seus princípios de autonomia.

3. RESPEITO ÀS TRÊS ADESÕES

A posição de sua santidade, o Dalai Lama, conforme apresentada no Memorando, não desafia nem questiona, de nenhuma forma, a liderança do Partido Comunista Chinês na RPC. Ao mesmo tempo, é razoável esperar que, para se promover a unidade, a estabilidade e uma sociedade harmoniosa, o Partido mude sua atitude de tratar a cultura, a religião e a identidade do Tibete como uma ameaça.

O Memorando também não desafia o sistema socialista da RPC. Nada no documento sugere uma exigência para uma mudança nesse sistema, muito menos sua exclusão das áreas tibetanas. Em relação à visão de sua santidade, o Dalai Lama sobre o socialismo, é de amplo conhecimento que ele sempre favoreceu uma economia e uma ideologia socialistas que promovam a igualdade e beneficiem e ergam as seções mais pobres da sociedade.

O apelo de sua santidade, o Dalai Lama por uma autonomia genuína dentro da RPC reconhece os princípios de autonomia para nacionalidades minoritárias, contidos na própria Constituição do país, e está alinhado com a intenção declarada de tais princípios. Conforme citado no Memorando, a implementação atual das disposições sobre autonomia, no entanto, efetivamente resulta na negação de uma autonomia genuína aos tibetanos, além de não permitir que exerçam o direito de se autogovernarem e sejam

Apêndice E

"donos dos próprios assuntos". Atualmente, decisões importantes em relação ao bem-estar dos tibetanos não são tomadas por eles. A implementação da autonomia genuína proposta e explicada no Memorando asseguraria aos tibetanos a capacidade de exercer o direito de uma autonomia real e, desse modo, realmente se tornarem donos dos próprios assuntos, como determinam os princípios constitucionais acerca desse tema.

Além disso, o Memorando para uma autonomia genuína não se opõe às "três adesões".

4. RESPEITO PELA HIERARQUIA E AUTORIDADE DO GOVERNO CENTRAL CHINÊS

As propostas contidas no Memorando não implicam, de forma alguma, uma negação à autoridade da Assembleia Popular Nacional (APN), nem a outros órgãos do Governo Central Chinês. Conforme declarado no Memorando, a proposta respeita totalmente as diferenças hierárquicas entre o Governo Central e os seus órgãos, incluindo a APN, e o governo autônomo do Tibete.

Qualquer forma genuína de autonomia envolve uma divisão e alocação de poderes e responsabilidades, incluindo a criação de leis e regulamentações, entre os governos central e o autônomo local. Obviamente, o poder de adotar leis e regulamentações limita-se às regiões de competência da região autônoma. Isso se aplica aos estados unitários, assim como nos sistemas federativos.

Esse princípio também é reconhecido na Constituição. O espírito dos termos constitucionais sobre autonomia é *ampliar* o poder de tomada de decisões das regiões autônomas, em comparação com o poder das províncias normais. No entanto, os requisitos para aprovação prévia pelo Comitê Permanente da APN para todas as leis e regulamentações das regiões autônomas (artigo 116 da Constituição)

A voz de uma nação

são exercidos de modo que, na verdade, deixam as regiões autônomas com menos autoridade para as tomadas de decisão necessárias às condições locais do que as províncias não autônomas da China.

Sempre que existe uma divisão ou alocação de poder de tomada de decisão entre diferentes níveis de governo (entre o Governo Central e o governo autônomo), é importante haver processos definidos para consulta e cooperação. Isso ajuda a aprimorar a compreensão mútua e assegurar que as contradições e possíveis inconsistências em políticas, leis e regulamentações sejam minimizadas. Isso também reduz as chances de disputas advindas do exercício dos poderes alocados a esses diferentes órgãos de governo. Esses processos e mecanismos não colocam o Governo Central e o governo autônomo em pé de igualdade, assim como não implicam a rejeição da liderança do Governo Central.

A característica importante da consolidação das disposições de autonomia na Constituição ou por outros meios apropriados não implica igualdade de status entre o governo central e o governo local, nem restringe ou enfraquece a autoridade do primeiro. Essa medida visa garantir segurança (jurídica) tanto às autoridades autônomas quanto às centrais, assegurando que nenhuma delas possa alterar unilateralmente os aspectos fundamentais da autonomia estabelecida, sendo necessário um processo de consulta, pelo menos, para que mudanças fundamentais sejam implementadas.

5. PREOCUPAÇÕES LEVANTADAS PELO GOVERNO CENTRAL CHINÊS SOBRE COMPETÊNCIAS ESPECÍFICAS PRESENTES NO MEMORANDO

a) Segurança pública

Foram levantadas preocupações em relação à inclusão de aspectos de segurança pública no pacote das competências alocadas para

Apêndice E

a região autônoma no Memorando, porque o governo parece ter interpretado que isso significa questões de defesa. Defesa nacional e segurança pública são questões diferentes. Sua santidade, o Dalai Lama deixa claro que a responsabilidade pela defesa nacional da RPC é e deve permanecer sendo do Governo Central. Essa não é uma competência que deve ser exercida pela região autônoma. Esse, na verdade, é o caso na maioria dos acordos de autonomia. O Memorando, na verdade, se refere especificamente a "segurança e ordem pública interna" e salienta que a maioria da equipe de segurança deve ser formada por tibetanos, porque eles entendem as tradições e os costumes locais. Isso também ajuda a controlar incidentes locais, que provocam desarmonia entre as nacionalidades. No Memorando, esse assunto é consistente com o princípio do artigo 120 da Constituição (o qual também se reflete no artigo 24 da LANR), que diz:

> Os órgãos de autogoverno das áreas autônomas nacionais podem, de acordo com o sistema militar do Estado, as necessidades práticas locais e com a aprovação do Conselho de Estado, organizar forças de segurança pública locais para a manutenção da ordem pública.

Também é necessário enfatizar neste contexto que o Memorando, em momento algum, propõe a retirada do Exército de Libertação Popular (ELP) das regiões tibetanas.

b) Idioma

A proteção, o uso e o desenvolvimento do idioma tibetano constituem uma das questões cruciais para o exercício da autonomia genuína pelos tibetanos. A ênfase na necessidade de se respeitar o tibetano como principal idioma nas regiões do Tibete não é

A voz de uma nação

controversa, uma vez que uma posição semelhante está expressamente presente no documento oficial do Governo Central Chinês "Regional Ethnic Autonomy in Tibet" (Autonomia Étnica Regional no Tibete), no qual se declara que as regulamentações adotadas pelo governo regional do Tibete determinam que "seja dada a mesma atenção aos idiomas tibetano e chinês na região autônoma do Tibete, *sendo o tibetano a de maior ênfase* [...]" (grifo nosso). Além disso, o uso de "idioma principal" no Memorando implica claramente o uso de outros idiomas também.

A ausência de uma demanda no Memorando para que o chinês também deva ser usado e ensinado não deve ser interpretada como uma "exclusão" do idioma, que é o principal e mais comum dentro da RPC como um todo. Também deve-se notar, neste contexto, que a liderança no exílio também estimula que tibetanos no exílio aprendam chinês.

A proposta dos tibetanos, que enfatiza que eles estudem o próprio idioma, não deve, dessa forma, ser interpretada como uma "visão separatista".

c) Regulamentação da migração populacional

O Memorando propõe que o governo local da região autônoma deve ter a competência de regulamentar a residência, o assentamento e o emprego ou relação de atividades econômicas de pessoas que desejam se mudar para as regiões do Tibete vindas de outros lugares. Essa é uma característica comum da autonomia e certamente há precedentes na própria RPC.

Diversos países contam com sistemas instituídos ou adotaram leis para proteger regiões vulneráveis com povos originários ou outros povos minoritários contra imigração excessiva de outras partes do país. O Memorando afirma explicitamente que *não* está sugerindo a expulsão de não tibetanos que já vivem no Tibete há

Apêndice E

anos. Sua santidade, o Dalai Lama e o Kashag também deixaram isso bem claro em declarações anteriores, assim como os enviados em suas discussões com a contraparte chinesa. Em um discurso para o Parlamento europeu, em 4 de dezembro de 2008, sua santidade, o Dalai Lama reiterou:

> Nossa intenção não é expulsar os não tibetanos. Nossa preocupação é com os movimentos migratórios induzidos, principalmente de pessoas da etnia Han, mas também de algumas outras nacionalidades, para as áreas tibetanas, o que, por sua vez, marginaliza a população tibetana nativa e ameaça o frágil meio ambiente do Tibete.

A partir disso, fica claro que sua santidade não está sugerindo, de forma alguma, que o Tibete seja habitado apenas por tibetanos, com as outras nacionalidades não tendo autorização para isso. A questão envolve a divisão adequada de poderes em relação à regulamentação de visitantes, trabalhadores periódicos e novos moradores, com o objetivo de proteger a vulnerável população originária do Tibete.

Ao responder ao Memorando, o Governo Central Chinês rejeitou a proposta de que autoridades autônomas possam regular a entrada e as atividades econômicas de pessoas de outras partes da RPC, em parte porque "na Constituição e na Lei sobre Autonomia Nacional Regional, não existem provisões para restringir o tráfego de pessoas". Na verdade, a LANR, no seu artigo 43, traz uma regulamentação explícita sobre isso:

> De acordo com as estipulações legais, os órgãos de autogoverno das regiões autônomas nacionais devem descobrir meios de controlar o tráfego de pessoas.

Desse modo, a proposta tibetana contida no Memorando a esse respeito não é incompatível com a Constituição.

d) Religião

O ponto do Memorando, ou seja, que os tibetanos sejam livres para praticar sua religião de acordo com suas próprias crenças, está totalmente de acordo com os princípios de liberdade religiosa da Constituição da RPC. Também é consistente com o princípio de separação entre religião e política adotada em diversos países do mundo.

O artigo 36 da Constituição garante que ninguém pode "obrigar os cidadãos a acreditar ou não em qualquer religião". Damos todo apoio a esse princípio, mas observamos que existem, atualmente, diversas formas importantes que as autoridades governamentais usam para interferir na capacidade de os tibetanos praticarem sua religião.

A relação espiritual entre mestre e aluno e a forma como se ministram os ensinamentos religiosos etc. são componentes essenciais da prática do Dharma. Restringir isso é uma violência à liberdade religiosa. De forma semelhante, a interferência e o envolvimento direto do Estado e suas instituições em questões de reconhecimento das reencarnações de lamas, tal como aconteceu na gestão de lamas reencarnados adotada pelo Estado, em 18 de julho de 2007, são uma grave violação da liberdade de crenças religiosas garantida na Constituição.

A prática da religião é ampla e fundamental ao povo tibetano. Em vez de ver a prática budista como uma ameaça, as autoridades preocupadas deveriam respeitá-la. Tradicional ou historicamente, o budismo tem sido um fator positivo de união entre os povos tibetano e chinês.

Apêndice E

e) Administração única

O desejo dos tibetanos de serem governados em uma única região autônoma está totalmente de acordo com os princípios de autonomia da Constituição. O fundamento lógico para explicar a necessidade de se respeitar a integridade da nacionalidade tibetana é claramente expresso no Memorando e não significa um "Tibete Grandioso ou Menor". Na verdade, conforme foi dito no Memorando, a própria Lei sobre Autonomia Nacional Regional permite esse tipo de modificação de limites administrativos, bastando para isso que os procedimentos adequados sejam seguidos. Desse modo, a proposta não viola, de maneira alguma, a Constituição.

Como os enviados disseram nas primeiras rodadas de conversa, muitos líderes chineses, incluindo o primeiro-ministro, Zhou Enlai, o vice primeiro-ministro, Chen Yi, e o secretário do Partido, Hu Yaobang, apoiaram a consideração de colocar todas as regiões tibetanas sob uma única administração. Alguns dos líderes tibetanos mais graduados da RPC, incluindo o 10º Panchen Lama, Ngabö Ngawang Jigme e Bapa Phuntsok Wangyal, também pediram isso, afirmando que fazê-lo estaria de acordo com a Constituição da RPC e suas leis. Em 1956, um comitê especial, que incluía o alto membro do Partido Comunista Sangye Yeshi (Tian Bao), foi escolhido pelo Governo Central para fazer um plano detalhado para reunir todas as regiões tibetanas em uma única região autônoma, mas o trabalho foi suspenso depois por conta de elementos ultraesquerdistas.

O motivo fundamental para a necessidade de integrar todas as regiões tibetanas em uma única região administrativa é abordar o profundo desejo dos tibetanos de exercer a própria autonomia como povo e proteger e desenvolver sua cultura e seus valores espirituais nesse contexto. Isso também constitui a premissa fundamental e o objetivo dos princípios constitucionais sobre a autonomia nacional

A voz de uma nação

regional, conforme reflete o artigo 4 da Constituição. Os tibetanos estão preocupados com a integridade da nacionalidade tibetana, a qual a proposta respeita e a continuação do presente sistema, não. Sua herança histórica, sua identidade cultural e espiritual, seu idioma e até mesmo sua afinidade particular com o singular meio ambiente do planalto tibetano são os elementos que unem os tibetanos em uma só nacionalidade. Dentro da RPC, os tibetanos são reconhecidos como uma só nacionalidade, não várias. Os tibetanos que vivem atualmente nas prefeituras e condados autônomos incorporados a outras províncias também pertencem à mesma nacionalidade tibetana. Os tibetanos, incluindo sua santidade, o Dalai Lama, têm como principal preocupação a proteção e o desenvolvimento da cultura, dos valores espirituais, da identidade nacional e do meio ambiente do Tibete. Os tibetanos não estão pedindo a expansão das regiões autônomas do Tibete, mas sim que tais áreas, já reconhecidas como regiões autônomas tibetanas, sejam reunidas sob uma única administração, como é o caso de outras regiões autônomas da RPC. Enquanto os tibetanos não tiverem a oportunidade de se governarem sob uma única administração, a preservação da cultura tibetana e do modo de vida do povo não poderá ser feita de forma eficaz. Atualmente, mais da metade da população tibetana está sujeita, principalmente e sobretudo, às prioridades e aos interesses de governos provinciais, nos quais eles não têm nenhum papel significativo.

Conforme explicado no Memorando, só é possível que o povo tibetano exerça realmente uma autonomia nacional regional genuína se puder ter o próprio governo autônomo, a própria assembleia popular e outros órgãos de autogoverno com jurisdição sobre a nacionalidade tibetana como um todo. Esse princípio se reflete na Constituição, que reconhece o direito das nacionalidades minoritárias para praticar a autonomia regional "em regiões nas quais vivem em comunidades concentradas" e para "criar órgãos de autogoverno

Apêndice E

para o exercício do poder da autonomia" (artigo 4). Se "a garantia e o respeito ao direito das nacionalidades minoritárias de administrar os próprios assuntos internos", declarados solenemente no preâmbulo da Lei sobre Autonomia Nacional Regional, forem interpretados para não incluir o direito de escolher formar uma região autônoma que englobe o povo como um todo em regiões contíguas, em que seus membros vivam em comunidades concentradas, então os próprios princípios constitucionais de autonomia ficam enfraquecidos.

Manter os tibetanos divididos e sujeitos a diferentes leis e regulamentações nega ao povo o exercício da autonomia genuína e dificulta a manutenção de sua distinta identidade cultural. Não é impossível para o Governo Central fazer os ajustes administrativos necessários quando em outros lugares da RPC, como é o caso das regiões autônomas da Mongólia Interior, Ningxia e Guangxi, em que isso foi feito.

f) Sistema político, social e econômico

Sua santidade, o Dalai Lama já declarou repetidas vezes que ninguém, muito menos ele, tem a menor intenção de restaurar o antigo sistema político, social e econômico existente no Tibete antes de 1959. A intenção de um futuro Tibete autônomo é a de aprimorar ainda mais a situação política econômica e social dos tibetanos, e não voltar ao passado. É inquietante e incompreensível que o governo chinês insista, apesar de todas as evidências em contrário, em acusar sua santidade, o Dalai Lama e sua Administração de desejarem restaurar o antigo sistema.

Todos os países e sociedades do mundo, incluindo a China, tiveram no passado sistemas políticos que seriam inteiramente inaceitáveis nos dias atuais. O antigo sistema tibetano não é exceção. O mundo evoluiu social e politicamente, dando longos passos em termos de reconhecimento dos direitos humanos e padrões de vida.

A voz de uma nação

Os tibetanos no exílio desenvolveram o próprio sistema democrático, assim como sistemas e instituições nas áreas da educação e da saúde. Dessa forma, os tibetanos se tornaram cidadãos do mundo em pé de igualdade com esses outros países. É óbvio que os tibetanos da RPC também avançaram sob o governo chinês e aprimoraram sua situação social, educacional, econômica e de saúde. No entanto, o padrão de vida do povo tibetano continua sendo o mais atrasado dentro da RPC e os direitos humanos dos tibetanos não são respeitados.

6. RECONHECIMENTO DA QUESTÃO PRINCIPAL

Sua santidade, o Dalai Lama e outros membros da liderança exilada não têm quaisquer demandas pessoais a fazer. A preocupação de sua santidade, o Dalai Lama é com os direitos e o bem-estar do povo tibetano. Desse modo, a questão fundamental que precisa ser resolvida é a implementação fiel da autonomia genuína, a qual possibilitará que o povo se autogoverne de acordo com suas próprias capacidades e necessidades.

Sua santidade, o Dalai Lama fala em nome do povo tibetano, com quem ele tem uma profunda e histórica relação baseada em total confiança. Na verdade, não há questão em que os tibetanos estejam tão unanimemente de acordo quanto em sua demanda pelo retorno de sua santidade, o Dalai Lama ao Tibete. Não se pode questionar que sua santidade, o Dalai Lama representa legitimamente o povo tibetano e que com certeza ele é visto como seu verdadeiro representante e porta-voz. Na verdade, a questão tibetana só pode ser resolvida por meio do diálogo com sua santidade, o Dalai Lama. O reconhecimento dessa realidade é importante.

Isso enfatiza o ponto, que sua santidade, o Dalai Lama costuma destacar, de que seu comprometimento com a causa do Tibete não é com o objetivo de reivindicar certos direitos pessoais ou cargos políticos para si mesmo, nem atentar para fazer reivindicações

Apêndice E

para a administração tibetana no exílio. Quando se chegar a um acordo, o governo tibetano no exílio será dissolvido e os tibetanos trabalhando no Tibete vão dar continuidade à principal responsabilidade de administrar o Tibete. Sua santidade, o Dalai Lama deixou claro em inúmeras ocasiões que ele não terá nenhuma posição política no Tibete.

7. A COOPERAÇÃO DE SUA SANTIDADE, O DALAI LAMA

Sua santidade, o Dalai Lama se ofereceu para publicar uma declaração, e continua preparado e disposto a isso, que serviria para acalmar as dúvidas e preocupações do Governo Central Chinês em relação à sua posição e às suas intenções nas questões identificadas anteriormente.

A formulação da declaração seria feita após amplas consultas entre os representantes de sua santidade, o Dalai Lama e o Governo Central Chinês, respectivamente, para assegurar que tal declaração satisfaça às necessidades fundamentais do Governo Central Chinês, assim como as do povo tibetano.

É importante que ambas as partes abordem quaisquer preocupações diretamente com sua contraparte e que não usem tais questões como meios de bloquear o processo de diálogos, como já ocorreu no passado.

Sua santidade, o Dalai Lama está tomando a iniciativa na crença de que é possível encontrar um denominador comum com a República Popular da China que seja consistente com os princípios de autonomia presentes na Constituição do país e com os interesses do povo tibetano. Com esse espírito, sua santidade, o Dalai Lama tem a esperança de que os representantes da RPC usarão a oportunidade apresentada neste Memorando e nessas Observações para aprofundar as discussões e fazer um progresso substancial para o desenvolvimento de uma compreensão mútua.

Notas

Introdução

12 O relatório sobre o Tibete: *Tibet since 1951: liberation, development and prosperity* (Gabinete de Inteligência do Conselho de Estado a República Popular da China, maio de 2021). p. 3, 4. Disponível em: http://english.www.gov.cn/archive/whitepaper/202105/21/content_WS60a724e7c6d0df57f98d9da2.html. Acesso em: 21 jan. 2025.

14 *Aprovaram uma série de resoluções:* Sobre importantes resoluções internacionais aprovadas sobre o Tibete, consulte: https://tibet.net/international-resolutions-and-recognitions-on-tibet-1959-to-2021/. Acesso em: 21 jan. 2025.

Capítulo 1: A invasão e nosso novo mestre

20 *Ao secretário-geral*: Texto completo em LAMA, Dalai. *My land and my people*. Nova York: McGraw-Hill, 1962. Apêndice II. Em resposta à invasão chinesa do Tibete, em 7 de dezembro de 1950, o primeiro-ministro Jawaharlal Nehru fez uma declaração ao Parlamento indiano na qual afirmou: "[…] como o Tibete não é o mesmo que a China, devem prevalecer, em última instância, os desejos do povo tibetano".

A voz de uma nação

27 *Ao se referir à busca por alimentos*: Essa declaração foi registrada em: SNOW, Edgar. *Red star over China*. Nova York: Random House, 1938. p. 193.

Capítulo 3: Uma visita à Índia

40 *Lançando bombas contra o mosteiro*: Para um relato detalhado sobre o bombardeio ao monastério de Lithang, em março de 1956, e o massacre de tibetanos em outras partes do Tibete Oriental nessa mesma época: LI, Jianglin. *When the iron bird flies: China's secret war in Tibet*. Califórnia: Stanford University Press, 2022. Especialmente capítulos 3–6.

41 *Todos os devotos de Buda:* LAMA, Dalai. *My land and my people*. Nova York: McGraw-Hill, 1962. p. 121.

42 *Expressei minha mais profunda admiração:* A tradução do texto completo em inglês do discurso do Dalai Lama está disponível em SHAKABPA, Tsepon W. D. *Tibet: a political history*. New Haven: Yale University Press, 1967. p. 329-331.

44 *A viagem para a Índia também foi:* LI, Jianglin. *Tibet in agony: Lhasa 1959*. Cambridge: Harvard University Press, 2016. O capítulo 2 da obra traz um relato detalhado sobre as reuniões do Dalai Lama com Zhou, bem como as reuniões deste último com Nehru, durante a visita do Dalai Lama à Índia em 1956.

46 *Zhou chegou a oferecer:* Isso é confirmado em NEHRU, Jawaharlal. *Selected works of Jawaharlal Nehru*, series 2, v. 36. Nova Délhi: Jawaharlal Memorial Fund, 2005. p. 600.

Capítulo 4: Fuga do país

50 *Claro, como estudante do Buda*: A recusa do Dalai Lama é relatada em KNAUS, John Kenneth. *Orphans of the Cold*

Notas

War: America and the Tibetan struggle for survival. Nova York: Public Affairs, 1999. p. 141.

57 *No passado, por milhares de anos*: Uma tradução para o inglês desse pronunciamento, assim como uma versão transliterada do texto tibetano, pode ser encontrada em: GOLDSTEIN, Melvyn C. *A history of modern Tibet*, v. 4: *In the eye of the storm.* Berkeley: University of California, 2019. p. 473, apêndice B.

57 *Como parte da estratégia geral do governo dos Estados Unidos*: Esse movimento de resistência tibetano posteriormente se reagrupou e estabeleceu sua base em Mustang, Nepal. Por fim, foi uma mensagem gravada do próprio Dalai Lama, trazida por uma delegação de Dharamsala, liderada por Phuntsok Tashi Takla, cunhado e chefe de segurança do Dalai Lama, que persuadiu a força de resistência tibetana a se desarmar. Para um relato completo da história do apoio estadunidense ao Tibete, principalmente seu apoio aos guerreiros da resistência tibetana, consulte KNAUS, John Kenneth. *Orphans of the Cold War: America and the Tibetan struggle for survival.* Nova York: Public Affairs, 1999.

Capítulo 5: Uma reflexão geopolítica

60 *Uma crônica antiga diz que esse rei*: Trechos traduzidos para o inglês de *The old Tibetan chronicle*, Pelliot Tibétain MS 1286, podem ser encontrados em: KAPSTEIN, Matthew T. *The Tibetans.* Oxford: Blackwell, 2006. p. 35.

65 *Tenho quase 58 anos de idade*: A tradução para o inglês dos trechos foi retirada de: MULLIN, Glenn H. *The fourteen Dalai Lamas: a sacred legacy of reincarnation.* Santa Fé: Clear Light Publishers, 2001. p. 437-439.

68 *A expansão da China até praticamente nossa porta*: O texto completo de carta de Sardar Patel para o primeiro-ministro

A voz de uma nação

Jawaharlal Nehru pode ser encontrado em: *Indian leaders on Tibet*, 5–11. Disponível em: www.friendsoftibet.org/sardar-patel.html. Acesso em: 21 jan. 2025.

71 *No fim, uma abordagem descuidada, instrumental*: Para mais informações sobre a importância do Tibete, principalmente de um ponto de vista ecológico, e um relatório da destruição dos ecossistemas tibetanos promovidos pelo regime comunista da China, consulte: BUCKLEY, Michael. *Meltdown in Tibet*. Nova York: Palgrave Macmillan, 2014.

71 *Um cientista ambiental chinês*: Citação em HE, Huaihong. *Social ethics in a changing China: moral decay or ethical awakening?* Washington, DC: Brookings Institution Press, 2015.

Capítulo 6: Devastação do Tibete e reconstrução no exílio

74 *Concluí dizendo que desejava*: O texto completo dessa primeira declaração para a imprensa do Dalai Lama pode ser encontrado em: *Facts about the 17-Point "Agreement" between Tibet and China*. Dharamsala: Department of Information and International Relations, 2022. p. 110–13. Disponível em: https://tibet.net/facts-about-17-point-agreement-between-tibet-and-china-2001/. Acesso em: 21 jan. 2025.

75 *Ninguém espera que a Índia entre em guerra com a China*: O texto completo dessa primeira declaração pode ser encontrado em: *Indian Leaders on Tibet*. p 18–19. Disponível em: https://tibet.net/indian-leaders-on-Tibet/. Acesso em: 21 jan. 2025.

76 *Se um tratado é violado por um*: O texto completo dessa primeira declaração pode ser encontrado em: *Facts About the 17-Point "Agreement"*. p. 114–17. Disponível em: https://tibet.net/facts-about-17-point-agreement-between-tibet-and-china-2001/. Acesso em: 21 jan. 2025.

Notas

76 *Tudo que ouvimos*: INTERNATIONAL COMMISSION OF JURISTS. *The Question of Tibet and the rule of law.* Genebra: International Commission of Jurists, 1959, vol. IV. p. 17, 18, 68.

77 *No segundo relatório*: INTERNATIONAL COMMISSION OF JURISTS. *Tibet and the Chinese People's Republic: A report to the International Commission of Jurists by its legal inquiry committee on Tibet.* Genebra: International Commission of Jurists, 1960. p. 13.

77 *Assim, enquanto eu estava em Nova Délhi em setembro*: O texto completo dessa carta para o secretário-geral da ONU pode ser encontrado em LAMA, Dalai. *My land and my people.* Nova York: McGraw-Hill, 1962. p. 218-220.

78 *Em 21 de outubro de 1959, a Assembleia Geral*: O texto completo dessa resolução e das resoluções subsequentes da ONU pode ser encontrado, em inglês, em: CENTRAL TIBETAN ADMINISTRATION. *International Resolutions and Recognitions on Tibet (1959 to 2021).* 6 ed. Dharamsala, Índia: Department of Information and International Relations, 2021.

78 *Duas cartas do secretário de Estado, Christian A. Herter*: O texto completo da carta de outubro de 1960 do secretário de Estado para o Dalai Lama está disponível em: https://history.state. gov/historicaldocuments/frus1958-60v19/d402. Acesso em: 21 jan. 2025.

80 *Na cerimônia, representando o povo tibetano*: O texto original em tibetano e a tradução para o inglês desse grande juramento podem ser encontrados em: GYARI, Lodi Gyaltsen. *The Dalai Lama's special envoy: memoirs of a lifetime in pursuit of a reunited Tibet.* Nova York: Columbia University Press, 2022. Apêndice A.

82 *O documento também inclui, no Artigo 36*: Uma tradução para o inglês de todo o texto dessa constituição do Tibete, promulgada

em 10 de março de 1963, pode ser encontrada em: www.tibet-justice.org/materials/tibet/tibet2.html. Acesso em: 21 jan. 2025.

82 *No decorrer dos anos, esse documento*: Essa constituição, após a aposentadoria parcial do Dalai Lama em 1991 e a devolução total da autoridade política para uma liderança eleita em 2011, foi revista e o texto completo desse documento pode ser encontrado, em inglês, em: https://tibet.net/about-cta/constitution. Acesso em: 21 jan. 2025.

85 *Por causa de muitos erros e equívocos*: A Tibet Information Network no Reino Unido conseguiu uma cópia dessa longa petição, que teve sua tradução para o inglês publicada com o título *A poisoned arrow: the secret report of the 10th Panchen Lama*. Londres: Tibetan Information Network, 1997. p. 113-114.

86 *Quando o idioma, os costumes, os hábitos*: *A poisoned arrow: the secret report of the 10th Panchen Lama*. p. 69.

86 *Antes da reforma democrática, havia mais de 2,5 mil: A poisoned arrow: the secret report of the 10th Panchen Lama*. p. 52.

87 *Em março de 1987, ele falou abertamente*: O texto completo da tradução para o inglês do discurso do Panchen Lama para o Comitê Permanente da Região Autônoma do Tibete, em Pequim, durante a Assembleia Popular de 1987 pode ser encontrado em: CENTRAL TIBETAN ADMINISTRATION. *The Panchen Lama speaks*. Dharamsala: Department of Information and International Relations, 1991.

88 *Desde a minha libertação, houve alguns desenvolvimentos*: Conforme relatado no *China Daily*, em 25 de janeiro de 1989, e citado em HILTON, Isabel. *The search for the Panchen Lama*. London: Viking, 1999.

90 *Fui informado de que ele descreveu a presença do regime comunista chinês*: As declarações do secretário Schlesinger estão citadas em: SMITH. *Tibetan Nation*. Boulder: Westview Press, 1996. 560n58.

Notas

Capítulo 7: Caminhos para o diálogo

92   *Se os 6 milhões de tibetanos no Tibete realmente estão mais felizes que nunca*: O texto completo dessa declaração está disponível em: www.dalailama.com/messages/tibet/10th-march-archive/1978. Acesso em: 21 jan. 2025.

93   *A não ser pela independência*: O irmão do Dalai Lama fez um relato detalhado dessa primeira reunião com Deng Xiaoping em sua biografia: THONDUP, Gyalo; BASSETT, Anne F. *The noodle maker of Kalimpong: the untold story of my struggle for Tibet*. Nova York: Public Affairs, 2015. p. 258-262.

99   *Se a identidade do povo tibetano for preservada*: O texto completo da carta do Dalai Lama para Deng Xiaoping pode ser encontrado em: https://tibet.net/important-issues/sino-tibetan-dialogue/important-statements-of-his-holiness-the-dalai-lama/his-holiness-letter-to-deng-xiaoping/. Acesso em: 21 jan. 2025.

101 *Eu disse que, para isso se tornar realidade*: O texto completo da declaração de 10 março de 1981 está disponível em: https://www.dalailama.com/messages/tibet/10th-march-archive/1981. Acesso em: 21 jan. 2025.

Capítulo 8: Apoio do nosso quarto refúgio

105 *A carta expressava apoio a conversas diretas*: ESTADOS UNIDOS. *Foreign Relations Authorization Act, Fiscal Years 1988 and 1989*, H.R. 1777, 100th Congress (1987). Seção 1243, ponto 14.

106 *O mundo está cada vez mais interdependente:* O texto completo do "Plano de Paz de Cinco Pontos" de Dalai Lama, apresentado no Fórum de Direitos Humanos do Congresso dos Estados Unidos, pode ser encontrado, em inglês, em: www.dalailama.com/messages/tibet/five-point-peace-plan. Acesso em: 21 jan. 2025.

A voz de uma nação

108 *Toda a região do Tibete, conhecida como Cholka-Sum:* O texto completo da proposta de Estrasburgo pode ser encontrado, em inglês, em: www.dalailama.com/messages/tibet/strasbourg-proposal-1988. Acesso em: 21 jan. 2025.

113 *Apesar de meu explícito anúncio público*: O texto da declaração para imprensa da Embaixada da China em Nova Délhi, conforme publicada no *News from China*, n. 40, em 28 de setembro de 1990, está citado em NORBU, Dawa. "China's dialogue with the Dalai Lama 1978–90: prenegotiation stage or dead end?", *Public Affairs*, v. 64, n. 3, p. 64, out. 1991.

117 *Aceito este prêmio com profunda gratidão*: O texto completo do discurso formal de aceitação do Prêmio Nobel da Paz pode ser encontrado, em inglês, em: www.nobelprize.org/prizes/peace/1989/lama/acceptance-speech/#:~:text=I%20accept%20the%20prize%20with,life%20taught%20and%20inspired%20me. Acesso em: 21 jan. 2025.

Capítulo 9: Desdobramentos da tragédia da Praça da Paz Celestial

124 *A percepção do Congresso é de que o Tibete*: O texto completo da resolução está disponível em: www.congress.gov/bill/102nd--congress/house-concurrent-resolution/145/text. Acesso em: 21 jan. 2025.

124 *Tive o prazer de me reunir com todos os ocupantes*: Em 12 de julho de 2024, o presente Joe Biden sancionou a Lei de Promoção de uma Resolução para o Conflito Tibete-China, que afirma "que declarações e documentos do governo dos Estados Unidos devem, conforme apropriado, combater a desinformação sobre o Tibete por parte do governo da China e do Partido Comunista Chinês, incluindo a desinformação sobre a história

Notas

e as instituições do Tibete". Disponível em: www.congress.gov/bill/118th-congress/senate-bill/138. Acesso em: 21 jan. 2025.

125 *Observei como essa transição impressionante*: O texto completo desse discurso pode ser encontrado, em inglês, em: https://tibet.net/important-issues/sino-tibetan-dialogue/important--statements-of-his-holiness-the-dalai-lama/embracing-the--enemy/. Acesso em: 21 jan. 2025.

128 *Se a China deseja que o Tibete continue fazendo parte da China*: O texto completo dessa nota detalhada que acompanhou a carta do Dalai Lama para Jiang Zemin se encontra no Apêndice C deste livro e também pode ser encontrada, em inglês, em: https://tibet.net/important-issues/sino-tibetan-dialogue/important-statements-of-his-holiness-the-dalai-lama/note-accompanying-his-holiness-letters-to-deng-xiaoping-and-jiang-zemin-dated-september-11-1992/. Acesso em: 21 jan. 2025.

129 *O documento apresenta uma série de argumentos*: Disponível em: https://en.humanrights.cn/1992/09/30/9ed6ff95f0ce-4c2099928bafef562f98.html. Acesso em: 21 jan. 2025.

129 *Por exemplo, uma das declarações oficiais*: tradução para o inglês é citada em BARNETT, Robert. (cd.) *Cutting off the serpent's head: tightening control in Tibet, 1994–1995*. 1. ed. Nova York: Human Rights Watch, Tibet Information Network, 1996. p. 32.

130 *Esse mesmo documento incitou as comunidades monásticas*: A tradução para o inglês é citada em: BARNETT, Robert. (ed.) *Cutting off the serpent's head: tightening control in Tibet, 1994–1995*. 1. ed. Londres: Human Rights Watch, Tibet Information Network, 1996. p. 33.

130 *A educação étnica não pode ser considerada bem-sucedida*: A tradução para o inglês é citada em BARNETT, Robert. (ed.) *Cutting off the serpent's head: tightening control in Tibet, 1994–1995*. 1. ed. Londres: Human Rights Watch, Tibet Information Network, 1996. p. 42.

A voz de uma nação

Capítulo 10: Práticas que me ajudam diante do sofrimento

132 *Eu realmente acredito que um movimento enraizado no ódio*: O texto completo desse discurso de 10 de março pode ser encontrado, em inglês, em: www.dalailama.com/messages/ tibet/10th-march-archive/1976. Acesso em: 21 jan. 2025.

Capítulo 11: O fim do milênio

145 *Sem buscar a independência para o Tibete*: O texto completo desse discurso pode ser encontrado, em inglês, em: https://tibet. net/important-issues/sino-tibetan-dialogue/the-middle-way-approach-a-framework-for-resolving-the-issue-of-tibet-2/. Acesso em: 21 jan. 2025.

146 *O documento concluía*: Disponível em http://un.china-mission.gov.cn/eng/gyzg/bp/199802/t19980201_8410934.htm. Acesso em: 21 jan. 2025.

147 *Na verdade, desde que o Dalai Lama*: O texto completo dessa coletiva de imprensa está disponível, em inglês, em: https:// china.usc.edu/president-clinton-and-president-jiang-zemin-%E6%B1%9F%E6%B3%BD%E6%B0%91-news-conference-beijing-1998. Acesso em: 6 set. 2023.

Capítulo 12: A última rodada de conversas

153 *No dia 18 de março de 2008, o líder do Partido Comunista no Tibete:* Isso foi reportado em BODEEN, Christopher, "Dalai Lama 'a Wolf in Monk's robes': China". *Toronto Star*, 19 mar. 2008, citando o jornal *Tibet Daily*.

154 *Convidado para discursar na cerimônia da Medalha de Ouro no Congresso dos Estados Unidos*: O texto completo do discurso do Dalai Lama nesse evento está disponível, em inglês, em: www.dalailama.com/messages/acceptance-speeches/

Notas

u-s-congressional-gold-medal/congressional-gold-medal. Acesso em: 21 jan. 2025.

155 *Enfatizei que os chineses e os tibetanos compartilham uma herança espiritual comum*: O texto completo desses apelos do Dalai Lama está disponível, em inglês, em: www.dalailama.com/messages/tibet. Acesso em: 21 jan. 2025.

156 *Embora nossa posição já estivesse clara havia anos*: O texto completo desse "Memorando sobre a Autonomia Genuína para o Povo Tibetano" se encontra no Apêndice D deste livro e também pode ser encontrado, em inglês, em: https://tibet.net/important-issues/sino-tibetan-dialogue/memorandum-on-geniune-autonomy-for-the-tibetan-people/. Acesso em: 21 jan. 2025.

157 *Essa mesma linha de crítica se repetiu depois em um documento oficial chinês*: O texto completo está disponível em: http://un.china-mission.gov.cn/eng/gyzg/xizang/200903/t20090303_8410897.htm. Acesso em: 21 jan. 2025.

158 *Confrontado com respostas injustas e excessivas à nossa proposta*: O texto completo do discurso do Dalai Lama na sessão plenária do Parlamento europeu pode ser encontrado, em inglês, em: https://tibet.net/address-to-the-plenary-session-of-the-european-parliament/. Acesso em: 21 jan. 2025.

158 *Apesar do ataque imediato e deliberado à nossa proposta*: O texto completo dessas observações ao "Memorando sobre a Autonomia Genuína para o Povo Tibetano" se encontra no Apêndice E deste livro e também pode ser encontrado, em inglês, em: https://tibet.net/important-issues/sino-tibetan-dialogue/note-on-the-memorandum-on-genuine-autonomy-for-the--tibetan-people/. Acesso em: 21 jan. 2025.

159 *Em 19 de março de 2011, quando eu estava com 75 anos*: O texto completo dos comentários do Dalai Lama sobre sua

A voz de uma nação

aposentadoria pode ser encontrado, em inglês, em: www.dalailama.com/messages/retirement-and-reincarnation/retirement-remarks. Acesso em: 21 jan. 2025.

Capítulo 13: Balanço geral dos acontecimentos

165 *Uma resposta explícita de Pequim*: Disponível em: https://www.chinadaily.com.cn/kindle/2013-10/23/content_17052580.htm. Acesso em: 21 jan. 2025.

Capítulo 14: Minhas esperanças

174 *Também disse que o governo de Pequim vive enfatizando a estabilidade*: A tradução completa para o inglês dessa sessão de perguntas e respostas com o Dalai Lama sobre sua aposentadoria pode ser encontrada em: www.nybooks.com/online/2010/05/24/talking-about-tibet/?printpage=true. Acesso em: 21 jan. 2025.

Capítulo 15: A situação atual e o caminho para o futuro

177 *Existem relatos preocupantes de crianças*: Disponível em: https://www.ohchr.org/en/press -releases/2023/02/china-un-experts-alarmed-separation-1-million-tibetan-children-families-and.

182 *Em 2011, fiz uma reunião*: O texto completo dessa declaração pode ser encontrado, em inglês, em: www.dalailama.com/news/2011/statement-of-his-holiness-the-fourteenth-dalai-lama-tenzin-gyatso-on-the-issue-of-his-reincarnation. Acesso em: 21 jan. 2025.

Capítulo 16: Apelo

189 *Os sábios que meditaram por muitos éons*: Esses versos são de Shantideva, *Bodhicāryāvatāra*, 1.7–8, 3.17, 21–22, e 10:55.

Notas

Traduzidos para o inglês pelo editor deste livro e para o português por Natalie Gerhardt.

Apêndice A: Tibete: um resumo da história

194 *Tanto o Tibete quanto a China devem manter o território*: A fonte para essa tradução para o inglês: RICHARDSON, H. E. "The Sino-Tibetan Treaty Inscription of AD 821–823 at Lhasa." *Journal of the Royal Asiatic Society*, v. 2, 178. p. 153-154.

198 *Na época, ele me contou que estava escrevendo um livro*: Hon--Shiang Lau era professor titular da City University of Hong Kong e seu livro *Tibet was never part of China since antiquity* foi posteriormente publicado em Taiwan em 2019.

Apêndice D: Memorando sobre a autonomia genuína para o povo tibetano

233 *Memorando sobre a autonomia genuína para o povo tibetano*: Apresentado pela delegação de Dalai Lama para a contraparte chinesa em 31 de outubro de 2008, na oitava rodada de conversas do segundo ciclo de diálogos formais, 2002-2010. A tradução para o inglês está disponível em: https://tibet.net/important-issues/sino-tibetan-dialogue/memorandum-on-geniune-autonomy-for-the-tibetan-people/. Acesso em: 21 jan. 2025.

Apêndice E: Uma observação acerca do "Memorando sobre a autonomia genuína para o povo tibetano"

253 *Uma observação acerca do "Memorando sobre a autonomia genuína para o povo tibetano*: Essas observações foram formalmente apresentadas pelos enviados de sua santidade, o Dalai Lama

para a contraparte chinesa durante a nona rodada de conversas em Pequim. A tradução para o inglês está disponível em: https://tibet.net/important-issues/sino-tibetan-dialogue/note-on-the-memorandum-on-genuine-autonomy-for-the-tibetan-people/. Acesso em: 21 jan. 2025.

Bibliografia selecionada

A poisoned arrow: the secret report of the 10th Panchen Lama. Londres: Tibetan Information Network, 1997.

AVEDON, John F. *In exile from the Land of Snows.* Nova York: Vintage Books, 1986.

BARNETT, Robert. (ed.) *Cutting off the serpent's head.* Londres: Human Rights Watch, Tibet Information Network, 1996.

BARNETT, Robert; AKINER, Shirin. (eds). *Resistance and reform in Tibet.* Londres: C. Hearst & Co. Publishers, 1994.

BROOK, Timothy; VAN WALT VAN PRAAG, Michael; BOLTJES, Miek. (eds.) *Sacred mandates: Asian international relations since Chinggis Khan.* Chicago: The University of Chicago Press, 2018.

BUCKLEY, Michael. *Meltdown in Tibet: China's reckless destruction of ecosystems from the highlands of Tibet to the delta of Asia.* Nova York: Palgrave McMillan, 2014.

DALAI LAMA, The. *Freedom in exile.* Londres: Hodder & Stoughton, 1990.

_____. *My land and my people.* Nova York: Grand Central Publishing, 1997. Publicado originalmente em 1962 por Weidenfield & Nicolson.

FRANKE, Herbert (ed.). "Tibetans in Yuan China." In: LANGLOIS, John D. (ed.) *China under Mongol rule.* Nova Jersey: Princeton University Press, 1981.

A voz de uma nação

GOLDSTEIN, Melvyn C. *A history of modern Tibet. V. 1, The demise of lamaist state, 1913–1951.* Berkeley: University of California Press, 1989.

_____. *A history of modern Tibet. V. 4, In the eye of the storm: 1957–1959.* Berkeley: University of California Press, 2019.

GYARI, Lodi Gyaltsen. *The Dalai Lama's special envoy: memoirs of a lifetime in pursuit of a reunited Tibet.* Nova York: Columbia University Press, 2022.

INTERNATIONAL COMMISSION OF JURISTS. *The question of Tibet and the rule of law.* Genebra: International Commission of Jurists, 1959.

INTERNATIONAL COMMISSION OF JURISTS. *Tibet and the Chinese People's Republic: a report to the International Commission of Jurists by its Legal Inquiry Committee on Tibet.* Genebra: International Commission of Jurists, 1960.

KNAUS, John Kenneth. *Orphans of the Cold War: America and the Tibetan struggle for survival.* Nova York: Public Affairs, 1999.

LAIRD, Thomas, com o Dalai Lama. *The story of Tibet: conversations with the Dalai Lama.* Nova York: Atlantic Books, 2006.

LI, Jianglin. *Agony in Tibet: Lhasa 1959.* Trad. Susan Wilf. Cambridge: Harvard University Press, 2016.

_____. *When the iron bird flies: China's secret war in Tibet.* Trad. Stacy Masher. Califórnia: Stanford University Press, 2022.

McCORQUODALE, Robert; OROSZ, Nicholas. (eds.) *Tibet: the position in international law. Report of the Conference of International Lawyers on issues relating to self-determination and independence for Tibet.* Londres: Serindia, 1994.

SCHWARTZ, Ronald D. *Circle of protest: political ritual in the Tibetan uprising, 1987–1992.* Nova York: Columbia University Press, 1995.

SHAKABPA, W. D. *Tibet: a political history.* New Haven: Yale University Press, 1967. Reimpressão por Potala Publications em 1984.

SHAKYA, Tsering. *The dragon in the Land of Snows.* Londres: Pimlico, 1999.

Bibliografia selecionada

SMITH, Warren. *Tibetan nation*. Boulder: Westview Press, 1996.

THONDUP, Gyalo; THURSTON, Anne F. *The noodle maker of Kalimpong*. Nova York: Public Affairs, 2015.

VAN SCHAIK, Sam. *Tibet: a history*. New Haven: Yale University Press, 2011.

VAN WALT VAN PRAAG, Michael C. *The status of Tibet: history, rights, and prospects in international law*. Boulder: Westview Press, 1987.

_____; BOLTJES, Miek. *Tibet brief 20/20*. Parker: Outskirts Press, 2020.

WOESER, Tsering. *Tibet on fire: self-immolations against chinese rule*. Trad. Kevin Carrico. Nova York: Verso, 2016.

Este livro foi impresso pela Lisgráfica, em 2025, para
a HarperCollins Brasil. O papel do miolo é pólen
natural 80g/m², e o da capa é cartão 250g/m².